阿部　猛　著

日本荘園史の研究

同成社　中世史選書　1

目　次

日本荘園史の研究

一　弘仁十四年の公営田制について
―研究史的に―

(一)　主要史料と研究文献

弘仁十四年（八二三）参議兼大宰大弐小野岑守の建議にもとづいて大宰府管内九国で実施された公営田《くえいでん》制は、「九世紀における律令体制の破綻・矛盾の進行に対処してその財政の危機を克服し歳入を確保するために、案出設置された国家経営の田制」であるが、「その内容については、種々論議があり、いまだ一定しないものが」あり、公営田制施行の意義についても諸説あって「定説をみるまでには至っていない」（『国史大辞典　4』宮本救氏稿）といわれている。公営田制の重要性は大方の研究者の認めるところであって、概説書類はもちろんのこと、高等学校用の教科書にも記述されている。九世紀、調庸の納入が停滞し中央財政が悪化したのに対応して「政府は直営田を設定し、その収益で調・庸にあたる品物の不足を補おうと試みた」が、その一例が公営田制であると、ある教科書（永原慶二氏ほか『日本史』学校図書）は書いている。

公営田制が、いわゆる律令制解体期の主要な問題のひとつであることは疑う余地もない。したがって、従来多くの論文が公営田制にふれてきたのであり、主要なものを列挙しても四〇篇を超える（後記）。「定説をみるまでに至ってない」とされる公営田制の問題は、今後もなお多くの研究者をとらえることになるであろうが、多岐にわたる論点を明らかにしておくことが、これからの研究になにがしか役立つのではないかと考え、研究史的な整理を試みたいと思う。専攻の方がたには周知のことであり、いまさらの感はあるが、初めに公営田制に関する主要史料と既往の論文を掲げる。以下、論述に当たっては、〔史料〕の場合は頭注の行数（①②③……）で当該部分を指し示し、〔論文〕の場合はその番号（1・2・3……）で示すこととし、いちいち史料の文、また論文名を引用しないことがある。

〔公営田制に関する主要史料〕（『政事要略』巻五十三―交替雑事―）

① 貞臨格云。太政官謹奏
應令太宰府管内諸國佃公營田事
一合九國口分幷乗田七万六千五百八十七町
　口分田六万五千六百七十七町
⑤ 乗田一万九百十町
應割取佃一万二千九十五町 國別有數
口分田五千八百九十四町
乗田六千二百一町
　隨色可輸地子。而府解惣申輸租。宜依本色。
⑩ 應役傜丁六万二百五十七人 五人作一町

右班田之歳。擇収百姓口分及乗田水旱不損之田。依件割置号公營田。率徭丁五人令營一丁。給功幷食一如民間。以正税宛營料。秋收之後返納本倉。每國令有乘田。若有年中益丁者。隨亦割加。擇村里幹了者。各爲正長。量其所堪。令領一町以上。緣田之事。惣委任之。若遭風損虫霜之害。依實免損。近百姓居各建一院。所獲之稲除田租納官兩色以外。便納此院。令易出納。

獲稲五百五万四千一百廿束

三千六百二町町別四百六十束　肥後國

八千四百九十三町町別四百束

除三百九十七万三千六百九十九束國別有數

佃功一百卌五万一千四百束町別百廿束

租料一十八万一千四百廿五束町別十五束

調庸料一百五十万七千七百九十束人別調廿束庸十束

徭丁食料七十二万三千八十四束人別米二升

修理溝池官舍料一十二万束國別有差

納官一百八万四百廿一束

右目録也。今納官之數。超於論定之息利。須田租納官二色爲糙之功。率十束給一束令易成事。

一應免調庸事

課丁六万二百卌人九國各有數

全輸三万二百九十九人

半輸二万九千九百卌一人
調庸准穎一百五十万七千七百九十束
右課役之民。率多貧窮。備貢調庸極爲大難。迯亡之由。更亦无他。今須調庸者夏月以正税宛寛價而交易。秋收之後以營田之獲返納。夫貧乏之民。夏月作調庸等物。迫於无食。減直賣失。臨貢調日。更倍價買求。民之大弊。故有此議。

一應給傜丁粮事
傜丁六万二百五十七人人別役卌日
粮稲七十二万三千八十四束九國各有數
右貧下之民朝不給夕。身當公事且求且役。飢餓之輩十而七八。今商量以營田之獲。依件宛給。

一應置修理池溝官舍料事
料稲一十一万束九國各有數
右百姓減少。破壞弥多。計笇傜帳。毎國无餘。今商量以件料。將宛役夫功食。其料亦可用獲稲。

以前案参議太宰大貳従四位下小野朝臣岑守表云。洪水滔天。大旱鑠地。自然之數大聖无免。唯堯湯之世有十年之蓄。不聞道殣相望弃損溝壑者。積蓄多故也。方今頻年不稔。雜以疫癘。臣所忝之道。非常被害。振恤數加。府庫稍罄。寛政頻行。民猶不足。比屋无爨炊之烟。連戸多荒凉之門。叵斯薄賦省傜。既闕支於公用。守常責民。輸貢之費无任。非有變治恐難興復。易曰。通其變使民不倦。劉子曰。明主務修其法。因時制宜。苟利於民。不必法古。害於事。不可循舊。夏商之衰不變法而亡。三代之興不相襲而王。由此觀之。法宜變動非一代也。今法者溺於故律。儒者拘於舊禮。若握一世之法以傳百代之民。猶以一衣擬寒暑。[以]一藥治痤瘕。臣變易常制輙上新議。事之曲趣具[于]表右。既免調庸兼給粮食。於民爲優。又古者九年耕。必有三年之食。以卅年通雖有凶年水溢民无菜色。今之所議九國卅年之積。三千二百餘万。以之混合正税。永代之蓄不謝上世。伏冀倉廩之實指期可待。禮節之知不在遐年。无任悃欵之至。謹詣朝堂上表以聞者。㊿伏奉去正月廿七日勅。岑守所言。便宜議定奏聞者。臣等才量淺近无稱天旨。但政或有宜於古而不利於今。或有便於彼而不行於此。然則岑守所言抑有可取。但古來所行誠憚卒改。臣等商量。試限四年。依件行之。伏聽天裁。謹以申聞謹奏。

弘仁十四年二月廿一日

〔公営田関係文献目録〕

1　瀧川政次郎　王朝時代の官営田に就て（『経済商業論纂』六号、『日本社会経済史論考』日光書院、昭和十四年、所収）

2　赤松　俊秀　公営田を通じて観たる初期荘園制の構造に就いて（『歴史学研究』七－五、昭和十二年、『古代中世社会経済史研究』平楽寺書店、昭和四十七年、所収）

3　石母田　正　古代末期の政治過程および政治形態〈社会構成史体系〉日本評論社、昭和二十五年（改題『古代末期政治史序説　上』未来社、昭和三十一年）

4　竹内　理三　貴族政治とその背景（『新日本史大系2　古代社会』朝倉書店、昭和二十七年、『律令制と貴族政権　第II部』御茶の水書房、昭和三十三年、所収）

5　直木孝次郎　律令制の動揺（『日本歴史講座2　古代中世―』東京大学出版会、昭和三十一年、『奈良時代史

6　直木孝次郎　古代末期の豪族（『ヒストリア』一六号、昭和三十一年）

7　竹内　理三　講座日本荘園史・第六講（『日本歴史』一〇八号、昭和三十二年）

8　黒田　俊雄　荘園制の基本的性格と領主制（『中世社会の基本構造』創元社、昭和三十三年、『日本中世封建制論』東京大学出版会、昭和四十九年、所収）

9　吉田　晶　納所小論（『史林』四一－三、昭和三十三年）

10　吉田　晶　佃経営に関する二三の問題（『魚澄先生古稀記念　国史学論叢』同記念会、昭和三十四年）

11　高橋　崇　上総国の公営田（『古代文化』三－七、昭和三十四年）

12　戸田　芳実　平安初期の国衙と富豪層（『史林』四二－二、昭和三十四年、『日本領主制成立史の研究』岩波書店、昭和四十二年、所収）

13　薗田　香融　出挙（大阪歴史学会編『律令国家の基礎構造』吉川弘文館、昭和三十五年）

14　村井　康彦　公営田と調庸制（『史林』四四－五、昭和三十六年、『古代国家解体過程の研究』岩波書店、昭和四十年、所収）

15　彌永　貞三　律令制的土地所有（『岩波講座・日本歴史・古代3』昭和三十七年、『日本古代社会経済史研究』岩波書店、昭和五十五年、所収）

16　門脇　禎二　律令体制の変貌（『岩波講座・日本歴史・古代3』昭和三十七年、『日本古代政治史論』塙書房、昭和五十六年、所収）

17　門脇　禎二　九世紀における「帰化人」の役割―石見国営田と志斐氏の場合―（『古代文化』九－五、昭和

18　田名網　宏　三十七年、『日本古代政治史論』塙書房、昭和五十六年、所収）

19　原　秀三郎　大宰府管内の公営田経営について―律令制の再検討によせて―（『歴史学研究』二七四号、昭和三十八年）

20　原島　礼二　八・九世紀における農民の動向（『日本史研究』六五号、昭和三十八年）

21　吉田　孝　公営田の正長の経営に関する二三の問題（『歴史学研究』二七六号、昭和三十八年）

22　早川　庄八　雑徭の変質過程（『古代学』一一―四、昭和三十九年、『律令国家と古代の社会』岩波書店、昭和五十八年、所収）

23　阿部　猛　律令財政の構造とその変質（『日本経済史大系1　古代』昭和四十年、『日本古代の財政制度』名著刊行会、平成十二年、所収）

24　脇田　晴子　公営田制の諸問題（『史流』六号、昭和四十年、『律令国家解体過程の研究』新生社、昭和四十一年、所収）

25　玉田　弘美　沽価法の成立と調庸制（『日本史研究』八六号、昭和四十一年、『日本中世商業発達史の研究』御茶の水書房、昭和四十四年、所収）

26　奥野　中彦　公営田制の一考察（『続日本紀研究』一四六・一四七合併号、昭和四十四年）

27　宮原　武夫　八・九世紀における私的土地所有制の歴史的性格（『日本歴史』二七九号、昭和四十六年、『中世国家成立過程の研究』三一書房、昭和五十四年、所収）
日本古代の人民闘争・勧農政策・宗教イデオロギー（『歴史学研究』別冊『世界史認識と人民闘争史研究の課題』昭和四十六年、『日本古代の国家と農民』法政大学出版局、昭和四十八年、所

収)
28 長山　泰孝　公営田制の再検討(『日本史研究』一二七号、昭和四十七年、『律令負担体系の研究』塙書房、昭和五十一年、所収)
29 小林　昌二　公営田政策の前提(『赤松俊秀教授退官記念　国史論集』昭和四十七年、『日本古代の村落と農民支配』塙書房、平成十二年、所収)
30 宮本　救　律令制的土地制度(『体系日本史叢書6　土地制度史I』山川出版社、昭和四十八年、『律令田制と班田図』吉川弘文館、平成十年、所収)
31 宮原　武夫　公営田と班田制(『日本古代の国家と農民』法政大学出版局、昭和四十八年)
32 笠井　純一　公営田制の基礎的考察(『日本史研究』一四一号、昭和四十九年)
33 中野　栄夫　律令制社会解体期の在地情勢―大宰管内公営田制の再検討―(『歴史学研究』四一六号、昭和五十年、『律令制社会解体過程の研究』塙書房、昭和五十四年、所収)
34 福岡　猛志　弘仁十四年二月二十一日官奏の性格―公営田制再検討のための史料批判覚書―(『名古屋大学日本史論集　上』吉川弘文館、昭和五十年、所収)
35 宮本　救　公営田制をめぐる諸問題(一)(『成蹊大学経済学部論集』六―一、昭和五十年、前掲書所収)
36 森田　悌　弘仁十四年官奏について(『続日本紀研究』一八一号、昭和五十年、『平安時代政治史研究』吉川弘文館、昭和五十三年、所収)
37 森田　悌　平安初九世紀の性格について〈補説・弘仁十四年公営田について〉(『金沢大学教育学部紀要〈社会・人文科学編〉』二五、昭和五十二年、前掲書所収)

38　長山　泰孝　公営田制に関する基礎的事実の検討（『日本史研究』一八二号、昭和五十二年）
39　宮本　救　弘仁十四年太政官奏文雑考（『井上光貞博士還暦記念　古代史論叢　下』吉川弘文館、昭和五十三年、所収、前掲書所収）
40　山里　純一　大宰府財政をめぐる諸問題（『国史学』一一五号、昭和五十六年）
41　佐々木恵介　大宰府の管内支配変質に関する試論―主に財政的側面から―（『土田直鎮先生還暦記念　奈良平安時代史論集　下』吉川弘文館、昭和五十九年、所収）
42　西別府元日　公営田政策の背景―弘仁末期の大宰府と西海道諸国―（『田村圓澄先生古稀記念　東アジアと日本　歴史編』吉川弘文館、昭和六十二年、所収）
43　宮本　救　公営田経営の一考察―営料と財源＝正税を中心に―（『関晃先生古稀記念　律令国家の構造』吉川弘文館、昭和六十四年）

(二)　太政官奏

前項に〔主要史料〕として掲げた弘仁十四年二月二十一日付太政官奏は『政事要略』（巻五十三）所収のものであるが、右の官奏は『類聚三代格』（巻十五）にも収められている。ただし両者の間には少し異なる点がある。〔史料㊶〕の「以前」の次に『類聚三代格』では「太政官去二月廿一日論奏偁」の一二字がある。さて、〔史料〕の太政官奏文そのものについての最初の本格的な検討は小林昌二氏（論文29）によって行われた。前田家本の『類聚三代格』では「太政官謹奏」でなく「太政官符」となっている由であるが（国史大系本）、この点は「太政官奏」とみてよい。

『養老令』の「公式令」によると、「奏」には論奏式、奏事式、便奏式の三種があるが、〔史料〕は第一の論奏式に相当すべきものと考えられる。「公式令」の文は、論奏式について「大祭祀、支度国用、増減官員、断流罪以上及除名、廃置国郡、差発兵馬一百匹以上、用蔵物五百端以上、銭二百貫以上、食粮五百石以上、奴婢廿人以上、馬五十匹以上、牛五十頭以上、若勅授外応授五位以上、及律令外議応奏者、並為論奏、畫聞訖、留為案、御畫後、注奏官位姓」と説明している。なお奏事式については「論奏外、諸応奏事者、並為奏事」といい、「其司位姓名等解状云云」というように、諸司の解状を得て奏聞する。便奏式は諸司からの解状または口奏によって「請進鈴印、及賜衣服、塩酒菓食、并給医薬、如此小事之類」を扱うとされている。さて『養老令』の「公式令」論奏式条は、その様式をつぎのごとく示している。

論奏式
太政官謹奏、其事
太政大臣位臣姓名
左大臣位臣姓名
右大臣位臣姓名
大納言位臣姓名等言、云々、謹以申聞謹奏
年月日
聞御畫

この論奏式と〔史料〕とを比較するとつぎのようなことが判明すると小林氏（論文29）はいわれる。論奏式の「其事」の部分が〔史料〕のどの部分に当たるのかをまず考える。〔史料〕には「一」を頭初に付した条が③㉖㉞㊳の各行にみられる。しかし、よく読むと、形式としておかしい点のあるのに気づく。③の「一合九国口分并乗田七万六千五百八十七町」の「事」書に含まれるべき内容は④〜⑨の各条文であって、⑩以下㉔までの各条文は③の事書と対応しない。構成上からは、③〜⑤、⑥〜⑨、⑩〜⑭、⑮〜⑰、⑱〜㉓、㉔の六項は並立すべきものであり、これら六項は②の「応令大宰府管内諸国佃公営田事」の内容をなすものであると思われる。『令集解』跡記には「問、其事、未知、有数事者、件何所有、答、従其事以下、約注件耳、又約云々所有」とある。右は、「其事」が「数事」にわたる場合、その区別をどこに置くかという問いに対して、「其事」より以下に区別を注するが、「云々」と記したのちに区別を置くのであると答えている。「数事」の具体的内容は「公式令」に掲げられていた「大祭祀」以下の数項目である（前出）。また『令義解』は「仮令、注云為充軍粮、用其国正税之類也」と注し、九世紀の段階で、正税の使用が主要な事項と考えられていたことは明らかである（論文29）。さて〔史料〕の太政官奏は②㉖㉞㊳の各行がそれぞれ「一……」と始まる事書に相当するのである。それが、②行に本来あった「一」が③行の頭に誤って付けられるようになってしまったのであろうと思われる。

論奏式による様式の問題でつぎに採りあげなければならないのは、太政大臣以下の「位臣姓名」が〔史料〕には欠けていることである。これについて小林氏（論文29）は、『貞観格』か『類聚三代格』かの編纂時に「太政官去二月廿一日論奏偁」（〔史料㊶〕の「以前」のつぎ）の一二字が書き加えられ、『類聚三代格』所収〔史料〕にのみこれが保存されたのであろうと推測している（宮本救氏〈論文35〉も同意見である）。

以上の検討から、小林氏は「この『太政官謹奏』文は『養老公式令』論奏式条にもとづき、太政官参議以上の議定の結果を論奏すべく記載されていること、その内容は『其事』が四種にわたる独自の項目として述べられているものといえよう。とすれば、文中に『府解』や『岑守上表文』があるが、この史料に一貫した立場＝太政官見解で

公営田経営計画表（府解＝原案と※太政官修正＝決定案）

面積

9国総計　76,587町
- 口分田　65,677町→5,894町
- 乗　田　10,910町→6,201町

→ 公営田　12,095町
- 肥後国　3,602町
- 他８国　8,493町

経営

- 労働力　徭丁　60,257人（１丁の労働日数30日）
- 方　法
  - １町の耕作人－５人
  - １町以上の監督－正長

穫稲（A）

- 肥後国分　町別　460束×3,602(町)→1,656,920束
- 他８国分　町別　400束×8,493(町)→3,397,200束

－5,054,120束

除稲（B）

- 佃　功　町別　120束×12,095(町)→1,451,400束
- 食　料　人別　0.4束×30(日)×60,257(人)→723,084束
- 調庸料　人別
  - 30束×30,299(人)（全輸）→　908,970束
  - 20束×29,941(人)（半輸）→　598,820束
  - （調20束・庸10束）　計　→1,507,790束
- 修理溝池官舎料　→　110,000束
- 租　料　町別　15束×12,095(町)→181,425束

3,973,699束
〔4,376,764束〕

※
- 租　料　町別　15束×5,894(町)→88,410束
  （元口分田）
- 地　子　町別　80束×6,201(町)→496,080束
  （元乗田）
- 計　→584,490束

納官（A－B）

1,080,421束
※〔677,356束〕

※〔　　〕太政官修正＝決定案

あるという史料批判上の原則をはなれて、大宰府解を過大に扱ったり、太政官見解の引用部分にすぎない岑守上表文を基準として全体の『合理的』解釈を行おうとしたりすることは本末顚倒である。また『其事』の四項の内容を無媒介に結びつけることもまた同様である」（論文29）と述べ、「謹奏」中の「大宰府解、岑守上表文は太政官の恣意的引用部分である」ともいわれる。これに対して笠井純一氏（論文32）は、「なるほど引用に際しては太政官の立場が色濃く反映されていようが、かといって内容的な検討を加えることなくこの史料を一元的にとらえることは、弘仁期の政治の動向を考える上でも有益ではあるまい」とし、官奏の本文に即した検討を行うべきであると主張された。〔史料〕それじたいの性格を明らかにすることは、もちろん〔史料〕の内容の理解と一体のものであって、両者を切り離して論ずべきものではない。この問題は、〔史料〕に示された公営田制そのものの理解にかかわる。そのことはのちにそれぞれの項で扱うが、〔史料〕の成立過程については、笠井氏（論文32）の理解にもとづいて宮本救氏（論文35）が、「大宰府解」原案申請→太政官議定謹奏＝「官奏」という一般の官奏と違って、「大宰府解」原案申請→太政官保留ないし却下→岑守上表→太政官に議定を命ずる勅→太政官議定謹奏＝「官奏」という手続きを経たのであろうと述べられているのを前提として承知しておきたい。(2) そして〔史料〕の内容については項目ごとに以下採りあげるが、その理解を容易にするため、宮本氏（論文43）が作成された「公営田経営計画表」を掲げておきたい（なお、類似の表は、村井康彦氏〈論文14〉や中野栄夫氏〈論文33〉も作成されている）。

(三)　地種と地積　―口分田と乗田―

〔史料③～⑧〕に従って、その地種と地積を示すと表1のごとくである。口分田からの割取率は九％で、意外に

表１　公営田の地種と地積

地種	九国総田数(町)	割取田数(町)	割取率(％)
口分田	65677.	5894.	9
乗　田	10910.	6201.	57
計	76587.	12095.	15.7

低い。しかし量的には、公営田中に口分田の占める割合は四八・七％、乗田は五一・三％で大差はない。割取された田は「水旱不損之田」（史料⑪）すなわち洪水やひでりで損害を受けることの少ない良田であった。実際には中田以上の田を択んで公営田に宛てた。「国別有数」（史料⑥）とあるが、国別の田数は不明である。(3) ただ肥後国には三六〇二町あり、その穫稲が「町別四百六十束」（史料⑯）であることから、上田に近い良田であることがわかる。(4)

肥後国の公営田数は全公営田数の三分の一に近い。ここで問題とされるのは、公営田の総田数一万二〇九五町という規模がいかにして決定されたかである。田名網宏氏（論文18）は、①この数は九国の中田以上の総数そのものである、②登録課丁の数に人別二段（口分田に相当する）を乗じた数、このいずれかであろうと考え、おそらく②によるものとされた。すなわち、徭丁六万二五七人（史料⑩）に二段を乗ずると一万二〇五一町四段となるが、この数は公営田総数（史料⑥）にほぼ近い。

これについて宮本救氏（論文39）は、「もし総徭丁数を基準とする算定方式をとったとすれば、まず九国それぞれにおける徭丁数が算定され、ついでそれに基いて各国の公営田が算出され、その徭丁数と田積の合計が記載されているべきはずである」、しかるにそのようになっていないのであり、この場合つぎの二つの場合が考えられるとする。すなわち、①記載の公営田田積、徭丁数のいずれかに誤りがある場合、②徭丁数に誤りはなく、各国の徭丁数にもとづいて人別二段の割合で田積を算出し、益丁（史料⑫）のことなどを考えて四三町六段の余裕を設定している場合、③公営田は、肥後国では上田の総田積、他の八か国では中田の総田積を以て算定され、それとはいちおう関係なく九国総徭丁数六万二五七人が算定されている、「五人作一町」（史料⑩）とは、その田積を徭丁数で除して得た近似整数値によるものであり、一方において、徭丁一人当たりの適正耕作規模が（男子口分田額も参照して）二段という数字も考慮されていたとする場合、以上の①～③のうち、宮本氏は、③が妥当性があると考えられたのである。

㈣　徭丁の口分田保有

公営田制が実施されたとき、その耕作に動員された徭丁には口分田が班給せられたか否か。これについては三つの説がある。第一は、役せられた徭丁の口分田はすべて取りあげられたとするもの。田名網氏（論文18）は、これまでの口分田耕作から遮断され、公営田の徭丁たることによってのみ生活があったということになる」といわれる。古くは瀧川政次郎氏（論文1）が同様に考え、宮原武夫氏（論文31）も「公営田は、徭丁の口分田であった」「公営田制は、班田年における課丁への口分田班給の形式をとって施行されたものであり、その意味で班田収授制の一形態である」と断じた（この点は結局「公営田制の意義」いかんにかかわる。後述）。中野栄夫氏（論文33）は、後述の長山泰孝氏（論文28）の説を批判しながら口分田取りあげ説に与し、玉田弘美氏（論文25）阿部猛（論文23）も同意である。

第二の説は原島礼二氏（論文20）によるものである。氏は、公営田に割き取られた口分田が全口分田積の九％弱にすぎないことに注目し、「令制の狭郷の場合の規定によって調整することは、それ程むずかしくないだろう。男なら七二歩を、女なら四八歩をへらせば事足りることとなる。そして若干の乗田の口分田化はその減少分を更に小さくしよう」と述べ、徭丁の口分田は少しへらされただけで支給されたと主張された。

第三の説は赤松俊秀氏（論文2）の古典的な学説で、公営田に割かれた口分田は、乗田と班田収授のさいに捻出された田で補い、徭丁には口分田が与えられたとするものである。この説には田名網氏（論文18）が批判を加えている。「毎国令有乗田、若有年中益丁者、随亦割加」（史料⑫）の文を赤松氏は「もし各国に乗田があり、それに益丁があればこれに公営田を耕作させる」と読んだが、これは誤読であると田名網氏はいわれる。確かに、「若」（もし）を乗田と益丁の両方にかけて読むことはできないであろう。「毎国令有乗田」すなわち乗田の保存は前提条件であろう。しかし、長山泰孝氏（論文28）は「徭丁が増加した場合、彼らが保有している口分田を公営田に転用するのではなく、彼らの口分田とは別に乗田を割いて公営田とし、それを徭丁に耕作させるものと考えられるから、公営田は徭丁が本来保有している口分田とは別に与えられるものであった」と考え、田名網氏の説を批判し、赤松氏説をとられた。この長山氏の論文を批判した中野栄夫氏（論文33）は「割加」を「乗田を割いて公営田とし」と読むのは正しくない、この文は「乗田」と限定はしていない、長山氏のように考えると乗田は残らないことになり、「毎国令有乗田」という趣旨と矛盾するという。その後、長山氏は中野氏の批判に反批判された（論文38）。長山氏は「若有年中益丁者、随亦割加」の文は「毎国令有乗田」を前提条件としている文で、両者が独立した文章であるとはみられない、「したがって右の一文は、公営田が本来的にはあくまでも口分田とは別に乗田を割いて設定さるべきものであったことを示す」といわれるが、この主張は理解しにくい。

一方、笠井純一氏（論文32）は長山氏の第一稿（論文28）について批判し、「毎国令有乗田」の「文言のポイントは『令有乗田』よりも『毎国』にある」と考え、「ある国では国内の乗田が殆どなくなるという事態も、論理的には考えられなくはない。そのような場合を予め想定して、必要なだけの乗田は必ず残すよう指示」したのであるとした。「公営田制を、全課丁＝徭丁を投入して経営するところに一つの意味があるものだとすれば、このように増加徭丁に対して公営田を支給できない事態は致命的」だと批判し、原島氏（論文20）の説が妥当であろうとしている。彌永貞三氏（論文15）は三つの説に検討を加えたうえで、いずれも積極的な根拠を認めがたいとし、「どちらかといえば」原島氏の説が「無難」であるといい「徭丁自身の口分田がなくなってしまったわけでもない」と述べられた。また宮本救氏（論文35）は、後述する「随色可輸地子、而府解物輸租、宜依本色」（史料⑨）の解釈とかかわって、とくに宮原武夫氏（論文31）が「毎国令有乗田」とは「乗田は旧来通り全額存続させよ」という意であるとする点をとらえて批判し、「毎国」に重点が存するという笠井氏説を容認しながら、「公営田設定によって何よりも考慮すべき益丁の場合の措置を指示すること」との関連から必要だったのであると述べられた。

(五)　公営田の経営

(イ)　労働力

公営田経営に動員された労働力については「応役徭丁六万二百五十七人五人作一町」（史料⑩）とある。この徭丁が何を指すかについては三説がある。第一は、九国のほとんどの全課丁を指すとするもの（赤松氏〈論文2〉田名網氏〈論文18〉玉田氏〈論文25〉阿部〈論文23〉）。第二は、徭役および課役免除正丁・次丁・中男を除く全正丁とするもの（原島氏〈論文20〉）。第三は正丁のみとするもの（宮原氏〈論文31〉中野氏〈論文33〉）である。〔史料〕では「徭丁六万二百五十七人」（⑩㉟）と「課丁六万二百卌人」（㉗）とあって、両者の間に一七人の差がある。この一七人は不課口で、調庸全免のものであろう。『養老令』の「戸令」によると、不課口とは皇親・八位以上・少丁以下・蔭子・耆・廃疾・妻妾女・家人・奴婢である。〔史料㉘㉙〕に「全輸」（＝輸調庸）「半輸」（＝輸調）とあることから、課丁には次丁・中男が含まれないことは明らかであり、第一の説は不確かな理解であると思われる。第二の説は「賦役令」水旱条にもとづく減免規定を根拠に考えているのは失当であり（中野氏〈論文33〉による批判）、第三の説が最も妥当のように思われるが、なお従前の諸論文に詳細な検討を加えた宮本救氏（論文39）は、①一七人は不課口というよりも課口のうち「見不輸」のものとみるべきである、②「課丁」「徭丁」はともに計帳を算定の基礎に置いているが、前者（あるいは後者）は公営田制立案以前二～三年の平均数で、そのために一七人の差が生じたか、いずれにせよ「多分に机上計算的性格」のものであるといわれ、結論は保留された。

㈺　「人別役卅日」

徭丁五人に公営田一町を営作させる（史料⑩⑪）。徭丁は人別三〇日を役する（史料㉟）。したがって一町歩当りの延労働力は一五〇人である。この徭丁の労働力の性質について、①雑徭説（竹内理三氏〈論文4・7〉阿部〈論文23〉、②非雑徭説（赤松俊秀氏〈論文2〉吉田孝氏〈論文21〉玉田弘美氏〈論文25〉長山泰孝氏〈論文28〉宮原武夫氏〈論文27・31〉笠井純一氏〈論文32〉中野栄夫氏〈論文33〉宮本救氏〈論文39〉）の二説があるが、前者は三〇日という日数に惹かれた考えで、妥当ではないであろう。もし公営田に投入された三〇日の労役が雑徭であるとすると、九国のほとんどの雑徭がこれに費やされたことになるのであって、きわめて常識に反する。また徭丁には佃功（＝手間賃〔史料⑲〕）と食料（史料㉒）が給与されるのであるから、もちろん本来の雑徭ではない。これは雇役というべきであろう（彌永貞三氏〈論文15〉吉田孝氏〈論文21〉）。この方式は「一如民間」（史料⑫）というように、平安初期の民間営田（荘園）のそれに倣ったものであろう。非雑徭説のなかで注目されるのは中野氏の論考（論文33）で、三〇日という数字を「調庸免除」の問題（史料㉑㉖）と関連させて説明している（後述）。

㈧　正　長

公営田の経営に当たっては「村里幹了者」をえらんで「正長」とし、一町歩以上の経営を委任する（史料⑬）。「量其所堪」りとあるように、能力または財力の多少によって預ける地積は異なる（史料⑬）。

徭丁五人に一町歩を預け、うち一人が正長となるというのは、その規模が意外に小さいという感じがある。このことは、公営田が良田を択び取ったことから、耕作があるていど散在形態をとったことと関係があるのではないか（赤松氏〈論文2〉）。公営田制の正長は荘長と「その呼称が類似しているように、同一性質の存在ということができる」と赤松氏はいわれたが（田名網氏〈論文18〉も同じ）、石母田正氏（論文3）は私営田領主とし、戸田芳実氏（論文12）は氏の提唱したいわゆる富豪層とし（門脇氏〈論文16〉も同じ）、阿部（論文23）も力田《りきでん》の輩をそれに考えて(5)いる。しかし中野氏（論文33）が批判的に述べられたように、呼称の類似からただちに正長＝荘長とすることはゆるされないし、その規模から考えて、これを富豪層とみなすことも当たらないであろう。やはり原秀三郎氏（論文19）原島礼二氏（論文20）長山泰孝氏（論文28）玉田弘美氏（論文25）そして中野氏らがいわれるように、徭丁の中の幹了者、すなわち、あえていえば田堵層と考えることが妥当のように思われる。

㈥　穫穎

公営田耕営の結果、予定される穫稲数は、肥後国については町別四六〇束で、460束×3602＝1656920束となり（史料⑯）、他の国ぐにについては町別四〇〇束で、400束×8493＝3397200束となる（史料⑰）。合計して五〇五万四一二〇束となる。『弘仁式』（主税式公田条）の田品制による穫稲数は、上田～五〇〇束、中田～四〇〇束、下田～三〇〇束、下々田～一五〇束であるから、肥後国の場合は上田と中田の中間値、他の諸国の場合は中田相当ということなる。いうまでもなく、穫稲は「束」単位であるから穎稲（穂についたままの稲）を以てとる。ただし「若遭風損虫霜之害、依実免損」（史料⑬）とある。損免の規定は〔史料〕には記されていない。『養老令』の「賦役令」の損免規定は班田農民の戸単位の規定であり、公営田制にこれが適用されることはなかったであろう。文字どおり「依実免損」のであり、ケース・バイ・ケースということであろうか。

穫稲は「田租納官両色」（後述する）を除き、他はすべて「院」に収納する。院とは倉庫のことであるが、それは「近百姓居、各建一院」（史料⑭）とされている。かの元慶年間の畿内の官田の場合には「又若有営田之地去倉稍遠、国司随其便宜量建小院、令易出納、以省民煩」（『類聚三代格』巻十五・元慶五年二月八日太政官符）といわれている。すなわち、既設の国郡の正倉から遠い所では「小院」を建てたのであるが、公営田の場合も同様である。ただ、小院は「近百姓居」（百姓の住まいに近づけて＝近いところにの意であろう）建てるとのみあって具体性がない。正長一人ごとに小院一つというのは余りにも数が多すぎて現実的ではない。しからばどれくらいの地域を単位として小院は建てられたのか、明らかではない。私は、小院は必ずしも新造されたのではなく、いわゆる里倉（村井康彦氏〈論文14〉）を以て代用した場合が多かったのではないかと思う。(6)

(七) 除　穎

前項の穫稲数から、佃功、食料、調庸料、修理溝池官舎料、租料などが控除される。順次それを述べる。

(イ) 功と食

徭丁には功と食が給される(7)（史料⑪）。佃功は町別一二〇束である（史料⑲）。食料は人別二升で、徭丁六万二五七人を三〇日間役するから、2升×60257×30＝3615420升となる。これを「束」に直すと〔史料㉒㊱〕のごとく七二万三〇八四束となる。ところで〔史料⑪⑫〕に「給功并食一如民間、以正税宛営料、秋収之後返納本倉」とある。

ここで問題とされるのは「営料」と「功」「食」の関係である。笠井純一氏（論文32）は、営料とは佃功を指し、食料を含まないとされた。この説は宮本救氏（論文35）によって補強され、『延喜式』（巻二十二）にみえる省営田・国営田、貞観十八年（八七六）の薩摩国勧学田（後述）や元慶官田（前出）などを示して、いずれも佃功（営功・種子＝種子農料）のみの支給が一般的であって食料の支給は異例のこととされた。民間営田（＝荘園）においても、貞観十八年東大寺領近江国愛智荘の場合、佃二町の営料に稲一〇〇束が支出されたが、食料は給されない（『平安遺文』一巻一七二号）。さかのぼって奈良時代、東大寺領越前国桑原荘の場合、溝の開掘・修理や舎屋・垣の修理には功・食が給されるのに対して、開田には町別一〇〇束の功のみであった（天平勝宝九年二月一日越前国使解など。『大日本古文書』四、『寧楽遺文』下）。しかるに公営田の場合「給功并食一如民間」（史料⑪）というのは、平安初期の労働力不足の状況のもとに、当時の格（『類聚三代格』巻十九・延暦九年四月十六日太政官符、『類聚国史』巻七十九・弘仁二年五月二十一日勅）がいうように、農繁期とくに春の播殖期に、魚酒を供して農人（田人）の労働力を確保しようとする風習のあったことと対応している、というのである。(8)また山里純一氏（論文40）は「給功并食一如民間」「以正税宛営料、秋収之後返納本倉」（史料⑪〜⑫）を連続した文章と認めず、したがって功・食と営料を関連づけて理解することは困難であるといい、笠井・宮本説に与した。

これに対して村井康彦氏（論文14）長山泰孝氏（論文38）は、営料は功・食を含むと理解される。長山氏は、前掲の二つの文章を連続したものとして読むべきであるとし、〔史料㊲〕が「右貧下之民朝不給夕、身当公事、且求且役、飢餓之輩十而七八」として徭丁への食料支給の必要を説きながら、実際には「今商量、以営田之獲、依件宛給」といって収穫後にまとめて給するのは辻褄が合わない、ここで「営田之獲」といっているのは「以正税宛営料」(史料⑫)を言い換えたものであって、後者は支出行為を、前者は返納行為を指しているのだとされた。これについては、宮本氏(論文43)も批判されるように、長山氏の理解には無理があろう。農民に対する食料の支給は秋収ののちである。

(ロ) 調庸料

穫稲から差引かれるもののひとつは調庸料「一百五十万七千七百九十束」で、人別に調二〇束、庸一〇束の割合である(史料㉑)。課丁六万二四〇人のうち全輸(計三〇束を納める)のもの三万二九九人で九〇万八九七〇束、半輸(調二〇束のみ納める)のもの二万九九四一人で五九万八八二〇束である。この調庸料によって本来課丁が負うべき調庸現物を交易により調達する。

ごくふつうに考えれば、調庸料は穫稲中から支出されるのであるから、秋収ののちに交易が実施されるのが当然のことと思われるのであるが、〔史料㉛~㉜〕はつぎのような手続きを記している。夏月、正税を支出(借用)して「宛寛価而交易」し、秋収ののちに営田の穫稲を以て返納する(正税に戻す)というのである。その理由としては、第一に、課役の民はおおむね多くは貧窮のものであり、調庸を備貢することが大きな負担となり逃亡者も出るありさまである(史料㉛)。第二に、貧乏の民は夏月に調庸物を作るが、食料欠乏に陥ると安値で売って食料にかえてしまう。そこで、いざ貢調の期になると高値で調庸物を買い求めて貢進するという事情があった(史料㉜~㉝)からである。すなわち、夏月、国が(課役の民、貧乏の民から)調庸現物を買い上げる、その代価に宛てた正税は秋に営田穫稲中から補塡するのである。(9) 貢納物である調庸物に対して代価が支払われるのであるから「免調庸」という

郵便はがき

料金受取人払

麹町局承認

3569

差出有効期間
平成18年10月
30日まで

102-8790

104

東京都千代田区飯田橋4-4-8
東京中央ビル406
株式会社 同成社
読者カード係 行

ご購読ありがとうございます。このハガキをお送りくださった方には今後小社の出版案内を差し上げます。また、出版案内の送付を希望されない場合は右記□欄にチェックを入れてご返送ください。 □

お名前《ふりがな》　　歳　　男・女

〒　　TEL

ご住所

ご職業

お読みになっている新聞・雑誌名

〔新聞名〕　　〔雑誌名〕

お買上げ書店名

〔市町村〕　　〔書店名〕

愛読者カード

お買上の
タイトル

本書の出版を何でお知りになりましたか？

イ．書店で　　ロ．新聞・雑誌の広告で（誌名　　）
ハ．人に勧められて　　ニ．書評・紹介記事をみて（誌名　　）
ホ．その他（　　）

この本についてのご感想・ご意見をお書き下さい。

注文書

年　月　日

書　名	税込価格	冊　数

★お支払いは代金引き替えの着払いでお願いいたします。また、注文書籍の合計金額（税込価格）が10,000円未満のときは荷造送料として380円をご負担いただき、10,000円を越える場合は無料です。

ことになる。

竹内理三氏（論文4・7）はこの点をとらえて、調庸収取の停止＝地税収取への転換として公営田制を位置づけ、薗田香融氏（論文13）も「調庸を地税化することに成功したのが、公営田制度の歴史的意義だったといえよう」といわれた。すでに赤松俊秀氏（論文2）も「従来は、租のみ土地に課せられ、調・庸・雑徭等はみな人を対象として課税されていたのである。それが租・調・庸がともに、土地の耕作そのものを直接に対象として課せられることになったのであって、律令税制としては大きな変化が生じたのである」と述べておられた。

これに対して村井康彦氏（論文14）は、主として竹内氏の地税化論を批判して、調庸制（貢納制）から交易制への転換を示したものとして公営田制を位置づけられた。幾分かの相違はあるものの、門脇禎二氏（論文16）奥野中彦氏（論文26）玉田弘美氏（論文25）早川庄八氏（論文22）らも同様に考えておられるようである。村井氏は、「公営田制は、調庸制の延命をはかったものでこそあれ、それを停止し土地生産物収取に切換えたものではない」といわれた。氏は国衙と大宰府の間の関係でみるから調庸制は残っているといわれるのであるが、国衙と農民の関係でこれをみると、農民にとっては調庸制は消滅したのである。農民にとっては、功・食を給される三〇日の労働が課されるのみであり、調庸は免除されたのである。ここでは調庸はすでに「税」ではなく、三〇日の労働も「雇役」というのが当たっている（彌永貞三氏〈論文15〉）。

調庸免除について独自の見解を示されたのは中野栄夫氏（論文33）である。氏は「人別役卅日」（史料㉟）と「人別調廿束／庸十束」（史料㉑）との関係から考察する。結論のみ記すと、「調＝二〇日（実役）＝二〇束（稲）」「庸＝一〇日＝一〇束」という等式が確認され、ここから「人別役卅日」＝「人別調廿束／庸十束」とされ、三〇日間役すれば調庸は免ぜられるという。(10)

これについて長山泰孝氏（論文38）は、調分二〇日、庸分一〇日の合計三〇日と徭丁の耕作日数との一致は偶然にすぎないとし、「免調庸」というのは「文字通り農民に対して調庸現物の納入を免除したということではなく、その現物を穫稲をもって買上げることをいっているのであって、農民は代価をうるにせよ調庸現物を納入する義務を依然として負っていると考えられる」「すなわち政府にとって調庸の輸納とは、定められた時期に無償で現物を貢納することをいうのであって、夏期に代価をえて手放す行為は調庸の輸納とは認められない。したがって調庸現物は政府の手に入っていても、これは調庸納入とは認めないが、しかし現物が政府の手中にあることは間違いないのだから、農民に対して秋にあらためて調庸の納入を求めることはしない。これを『免』といっているのである」といわれる。ずいぶんとまわりくどい言い様であるが、はじめに結論ありきの感は免れない。のちに中野氏（論文33）が反批判されたように、実は「夏に現物を買い上げて、秋の調庸物収納はしないという理解は」どの説でも同じであり、長山氏説はとくに異なるものではない。

調庸の問題について、いまひとつ長山氏は「公営田制はやはり農民の広汎な窮乏化という現実を前にして、政府が乗田を利用することによって農民を救済するとともに、調庸現物を確保しようとする制度であった」といわれるが、中野氏は政府が交易の対象としたのは一般の農民とは限らない、長山氏は「中野氏の所論は、力田の輩とよばれる有力農民と手工業生産とを、あまりにも直接的に結びつけすぎた議論ではなかろうか」といわれるが、事は当時の調庸物の生産形態の問題にかかわるのであって、実際多くの農民がそれぞれ自らの手で調庸物を作っていたとは考えられないと述べられた。

宮本救氏（論文43）は、「『調庸料』の夏期の支出は、その夏期に『貧乏之民』が貢納のため作った調庸等の物を売らねばならないほど『迫於無食』といった食糧不足の窮迫状況にあったことに配慮したものである」といい、㋑春の播種期～佃功二四束、㋺夏の食糧不足期～調庸料（全輸三〇束、半輸二〇束）、㋩秋の収穫期～食料一二束というように適切に支出されているとみる。宮本氏は「もしその交易の相手が力田の輩だけならば、なにも夏期における農民の窮乏をとりあげ、『故有此議』と交易の実施を夏期にする必要はない」と中野氏説を批判される。中野氏は、すべての調庸物が力田の輩との交易で調達されるとはいっていないのであるが、私も、当時の調庸物生産のあり方は、個々の農民が自らの手で織物などを生産していたとは考えがたいと思うので〔史料㉛～㉝〕の文章の理解は困難なもののように思えるのである。

ところで〔史料㉛〕の「夏月以正税宛寛価而交易」の「寛価」であるが、これをどう読むべきか。赤松氏（論文2）は「正常の値をもって買い上げることにし」たと読み、村井氏（論文14）は「寛価・賤価すなわち低廉な価で交易＝買上げている」とし「それは百姓の貧窮につけ込み低価で買いとった富豪輩の行為と本質的に変るところがない」といわれた。田名網氏（論文18）玉田氏（論文25）も寛価＝安価とし、異説はない。国史大系本『類聚三代格』が「寛」字に「ヤスキ」とふってあるので、そのように読んでいたにすぎない。漢字としての「寛」には「ひろい」「ゆたか」「のびやか」「おだやか」「ゆるやか」「はなれる」「いつくしむ」などの意がある（『大漢和辞典』）。国語「ヤスキ（イ）」に漢字を宛てると、たぶん「賤」である。貧乏の民が夏月食料不足のため「減直」して売り失うという状況を救済するために、交易すなわち調庸物を買いあげるのであるから、文章の流れとしては良い値で買いあげるとしたいところである。中野氏（論文33）が延喜十四年（九一四）八月八日太政官符（『政事要略』巻五十三）の筑前国の例を参照して述べられたように、絹一疋＝稲八〇束、調絹は四丁で一疋であるから、80束÷4＝20束で、安すぎる値ではない。

㈧　修理溝池官舎料

表2　修理料（単位：千束）

国　名	区分	本稲数
筑　前	官 池	6 30
筑　後	官 池	6 —
肥　前	官 池	6 30
肥　後	官 池	10 40
豊　前	官 池	6 30
豊　後	官 池	6 30
日　向	官 池	— 20
大　隅	官 池	— 20
薩　摩	官 池	20 —
壱　岐	官 池	— 5
小　計	官 池	60 205
総　計		265

修理溝池官舎料は計一一万束で、国により額に相違がある（史料㉓㊴）。秋収ののち穫稲のうちから支出される。この溝池官舎料が、直接公営田にかかわるもののみに宛てるか、九国全体の溝池官舎料なのか不明である。「右百姓減少、破壊弥多、計竿傜帳、毎国无餘、今商量以件料将宛役夫功食、其料亦可用獲稲」（史料㊵）とあるので、九国全体にかけて読むべきものかと思う。修理溝池料については、天長二年（八二五）十二月二十一日太政官符（『政事要略』巻五十四・天長三年七月十五日太政官符所引）によって修理料が設置され、大国～四万束、上国～三万束、中国～二万束、下国～一万束の出挙稲を置いた。参考のために『延喜式』（主税式）における官舎・溝池料をみると表2のごとくである。溝池料についてはこれを欠くものがあり、整備されていない。合計二六万五〇〇〇束で、これに出挙利率の〇・三を乗ずると七万九五〇〇束で、公営田制における修理官舎溝池料はこれを上回る。(11)

(二)　租　料―地子―

営田穫稲中から租料が控除される（史料⑳）。一八万一四二五束という数字は、いうまでもなく、町別一五束に全公営田面積一万二〇九五町を乗じたものである。問題とされるのは「随色可輸地子、而府解惣申輸租、宜依本色」（史料⑨）の一文である。この文章をいちおう直訳すると「色（＝種類のこと）に随って地子を輸すべきである。ところが大宰府解は、すべて輸租にするといっている。しかし、よろしく本色によるべきである」となる。田名網氏

（論文18）は、「岑守案は、すべて田租を輸すべきものとされていたのを、口分田に由来する田地においては輸租とし、乗田に由来する田地に対しては輸地子とした」といわれる。赤松氏（論文2）玉田氏（論文25）も同様である。長山氏（論文28）は、「依本色」の部分の解釈は同じであるが、府解を修正したのは太政官ではなく「大宰府の官人らの計画を岑守が検討したうえで修正したもので、この注釈（＝〔史料⑨〕を指す）自体、原案に織りこみずみのもの」であったとする。

門脇禎二氏（論文16）は、原案がすべて輸租であったものを、すべて輸地子に変更したとする。この決定の裏に平安初期のいわゆる新官人群の存在を考えるのである。また原島礼二氏（論文20）は、府解が全乗田を公営田（＝輸租田）としようとしたのを、「毎国令有乗田」と「随色可輸地子」とによって、それを中止させたのだと解する。宮原武夫氏（論文31）は、府解は乗田（＝地子田）をなくして、すべて輸租田（＝口分田）にしようとしたものであったが、それを修正して、乗田の存続とそこからの地子の輸納を命じたものであると解した。阿部（論文23）は主として田名網氏説を批判するかたちで見解を述べた。田名網・赤松氏によると、

15束×5894＝88410束（口分田に由来するもの）
460束×6201＝2852460（乗田に由来するもの）
｝計2940870束

となって、公営田からの穫稲は営料にも及ばないという点を指摘し、〔史料⑨〕を公営田のみにかけて解釈するのではなく、公営田に割取された残りの乗田にかけて解釈せざるをえないとする。すなわち、残乗田について、府解は輸租とする（＝口分田に編入する）としたのを、太政官は本色にしたがい輸地子（＝口分田に編入せずに乗田として残す）と修正したのである。

福岡猛志氏（論文34）は以上の諸説の問題点を指摘し、とくに阿部説については、その行きつくところ公営田制

それじたいの否定となってしまうと誤りを指摘し、「いうまでもなく、公営田施行を前提とした上で、その地目が、輸租なのか輸地子なのかということに」問題はあるのであり、「穫稲計算の基礎となる『町別四六〇束・四〇〇束』は、地子を除いた分ではなく、全収穫の数値とみるべきである」といわれる。そして阿部が直訳した文章について、これをつぎのように読み直した。「色にしたがえば、地子を輸すべきである。ところが、大宰府の解ではすべてを輸租にするといっている。したがって、よろしくこの色によるべきである」。つまり、福岡氏は注記（史料⑨）は「乗田部分にのみかかるものであり、かつ公営田に割取された部分にのみかかるものである」という。これによると、太政官による修正は公営田の施行期限を四年に限定しただけで、他は府解原案通りということになる（山里純一氏〈論文40〉も同意）。

宮本救氏（論文35）は、「本色」についての福岡氏の解釈には無理があるとして却け、結局「この太政官の修正によると、公営田において、口分田部分から租を、乗田部分から地子を輸納することになるわけであるが、それは公営田の全てを輸租とし、九国全体の租と地子の輸納額に大きな変更を加える原案に対して、公営田の設定によっても、何等それぞれの輸納総額に変更を加えないようにしようとする処置である」とされた。また彌永貞三氏（論文15）は、「本色」を「この色」と読むことに疑問を持ちつつも、結論的には福岡氏説を支持された。

西別府元日氏（論文42）は、弘仁末年における西海道諸国の疫病の流行と死亡人口分田の増加という社会的背景に注目し、「乗田は税目別の区分からすれば輸地子田であるが、解文（＝府解）にみえる乗田の多くは死亡人口分田から編入されるべき土地である。これらは受田者があれば本来口分田として輸租田となる土地であるから、輸租田としたいと大宰府は申請している。疫死による受田対象者の大幅減少などという特別な事情から班田後に『乗田』となる土地であるから、ここでは大宰府の解にしたがって、この死亡人口分田から生じる乗田は旧来どおり輸租田とする」と〔史料⑨〕を読んだ。

(八)　出挙の問題

公営田制下で公出挙が平常通り行われたか否かについて議論がある。山里純一氏〈論文40〉による整理に従うとつぎのごとくである。

㋑公出挙は全面的に停止されたとする説〔田名網氏〈論文18〉阿部〈論文23〉〕㋺平常より縮小して行われたとする説〔原島氏〈論文20〉玉田氏〈論文25〉〕㋩平常通り行われたとする説〔笠井氏〈論文32〉長山氏〈論文38〉〕

㊁正税出挙は中止されたが公廨・雑稲の出挙は平常通り行われたとする説〔宮原氏〈論文31〉中野氏〈論文33〉〕

さて〔史料〕において公出挙にふれた部分は「以正税宛営料、秋収之後返納本倉」〔史料⑫〕と「納官一百八万四百廿一束／右目録也、今納官之数、超於論定之息利」〔史料㉔㉕〕のみである。「納官」については後述するが、その納官の数すなわち一〇八万四二一束は「論定」稲の出挙の利稲数を上回るというのである。まず『弘仁式』〔主税式〕にみえる九国の出挙官稲式数を示すと表3のごとくである。㋑説は営料を佃功・調庸料・徭丁食料・修理溝池官舎料の合計三七九万二二七四束を公営田実施の第一年めに正税から支出しなければならないのであるから、九国の正税四五九万束のほとんどを消尽する形となる、したがって公出挙は停止したのであろうと考えたのである。この説は「営料」を前記

表3　出挙官稲　　（単位：万束）

国名	正税	公廨	国分寺料	府官公廨	計
筑前	20	20	4	15	59
筑後	20	20	2	10	52
肥前	20	20	4	15	59
肥後	40	40	8	35	123
豊前	20	20	2	10	52
豊後	20	20	2	15	57
日向	15	15	3		33
大隅	6	6			12
薩摩	6	6			12
計	167	167	25	100	459

のように理解したが、事実は、正税から支出したのは佃功（史料⑲）と調庸料（史料㉑）のみとするのが正しく、㋑説は成り立たない。㋺説について、まず玉田氏は弘仁十四年八月一日太政官符（『類聚三代格』巻六・承和五年六月二十一日太政官符所引）に着目する。

府解偁、管内出挙、府国公廨、各別有数、謹案延暦十六年格云、公廨者欠負之儲者、然者管内諸国、有未勘之年、須以両色公廨先補欠負等、而府官人千里離家、一方従事、非京非国中間孤居、如不給公廨、何能存計、加以此府所掌雑掌、触類繁積、有彼欠失、何以補之、望請、件公廨雖有未納猶被全給、謹請官裁者、右大臣宣、宜論定并公廨計見納数、毎色相率、先令割置、不得以府公廨補当国欠失等者

これによると、公営田制の行われた弘仁十四年の時点で公出挙が行われていたことは明らかであると玉田氏はいわれる。また笠井氏（論文32）は、当時の官稲出挙は式数のすべてが出挙に出されるわけではなく、三〇％ていどであったと思われるから、正税から営料が支出されたとしても、平常どおり出挙を行うことは可能であったとされる。これに対して㊁説の宮原氏（論文31）や中野氏（論文33）は、公廨・雑稲出挙は行われたが、正税（狭義の）出挙が行われていたかどうかわからないとされた。宮本氏（論文43）は、前引太政官符中の「有未勘《（納）》之年」の部分に注目し、これは「須以両色公廨先補欠負等」と不可分の関係にあり、その前提条件をなす「未勘(納)」とは「田租の未納ではなく、出挙の未納それも正税出挙を中心とするものであった」とし、公出挙（正税・公廨・府官公廨出挙）は行われていたと、玉田氏らの説に与した。

研究史の大勢は、公営田制下でも公出挙は存続していたとの見解をとっている。公出挙の存続が認められると、先にみた修理溝池官舎料の問題にこれがかかわってくる。雑稲出挙が行われていたとすると〔史料㉓㊴〕の一一万束は「百姓減少、破壊弥多」（史料㊵）という状況に対応して、その修理・整備にとくに多量の支出を必要としたの

だと考えるべきであって、公出挙停止に対応するものとみるのは妥当でないことになる（山里氏〈論文40〉）。

(九)　納　官

穫稲五〇五万四一二〇束（史料⑮）から「除」分三九七万三六九九束（史料⑱）を差引いた残り一〇八万四二一束は「納官」される（史料㉔）。納官分の稲は田租とともに「糙」とする。糙はモミズク、モミヨネ、カチシネ（籾）である。すなわち、穀化する。その功賃として一〇束について一束が支払われる。「納官」の「官」が何を指すかについて二つの意見がある。一はこれを国衙とし、他はこれを太政官とする。この問題は「今納官之数、超於論定之息利」（史料㉕）の一文とかかわる。田名網氏（論文18）奥野氏（論文26）や阿部（論文23）は「官」を国衙と考え、赤松氏（論文2）は太政官とする。村井氏（論文14）は、初め赤松氏説に与したが、のち訂正され、国衙とされた。

さて「超於論定之息利」の文であるが、旧稿（論文23）で阿部はつぎのように考えた。「除」分の三九七万三六九九束（史料⑱）から租料一八万一四二五束（史料⑳）を引いた残り三七九万二二七四束が正税から支出される。もしそれを出挙した場合には、その利稲は、3792274束×0.3＝1137682束２把　となる。これは納官分よりも少ないが、実際、出挙に当たってはかなりの未納が見込まれるのであるから、やはり納官の数は論定の息利を上回るとした。また玉田氏（論文25）は広義の正税から調庸料を引いた残りの額の息利九二万七六六三束を「論定之息利」と考えた。しかし、玉田氏また田名網氏や阿部は「論定」稲を広義の正税と理解しているが、これはやはり本来の意味の狭義の「正税」稲とすべきであろう。とすると、狭義の正税は表３にみるごとく、九国合計で一六七万束であり、公出挙利率〇・三を乗ずると五〇万一〇〇〇束となる。これによると、明白に納官の数は論定の息利を大幅に超え

る（中野氏〈論文33〉山里氏〈論文40〉）。

しかし、公営田の純収益に当たる「納官」がなぜ「論定」＝「（狭義の）正税」出挙の息利と対比されるのかという問題が残る。「それは論定＝正税（狭義）出挙を停止して、その本稲を公営田の営料として支出したからではないか」（宮本氏〈論文43〉）とも考えられるからである。宮原氏（論文31）は「一般に公営田においては、正税出挙を停止して、正税出挙本稲をもって公営田の営料に充てたものと思われる」とし、「納官」と「論定の息利」を対比するいわれはここにあるという。この点について宮本氏（論文43）は、「『納官数』を『論定之息利』と比較したのは、正税収益において『納官数』が正税に混合される新たな収益であり、その有益性を強調するには、従来からの正税収益の中心である『論定之息利』＝正税（狭義）出挙の利をもって示すのがもっとも適切であると考えたからであろう」といわれる。〔史料〕の「納官」が国衙入を指すことはまず疑いのないところであり、それは正税に混合される（すなわち動用穀）。地子は一般には太政官に送られたが、九国の場合は大宰府に入る。

㈡　九国卌年之積

小野岑守の表に「今之所議九国卌年之積、三千二百餘万、以之混合正税、永代之蓄不謝上世」（史料㊽㊾）とある。赤松氏（論文2）は、納官分の三〇年分の蓄積とみて、岑守の考えではこれを正税に混合（国衙入とする）しようとしたのであるが、太政官によって修正され太政官入としたとされた。これについて田名網氏（論文18）は租入の蓄積であるとされた。阿部（論文23）も、公営田に割取された口分田の残りは五万九七八三町で、その租入は、15束×59783＝896745束　公営田からの租入は一八万一四二五束で、九国の租入の合計は一〇七万八一七〇束となる。

その三〇年分の蓄積は三二三四万五一〇〇束となり、岑守の上表文の「三千二百餘万」に見合う。もしこのうえ徭丁に口分田が与えられたとすると、三〇年の積は三七七六万八二三〇束とかなり大きい数になってしまうと述べた。納官物の三〇年分とすると、岑守案では、1080421束×30＝32412630束　と計算されるが、太政官による修正案では、口分田から割取された部分からの租は　15束×5894＝88410束　で、乗田から割取した部分から収納した「地子」80束×6201＝496080束　は小院に収納されず大宰府に送られて府中雑用に宛てられる。したがって、納官分は六七万七三五六束となり、その三〇年分は二〇三二万六八〇束となる。田名網氏は、岑守の案の「蓄積」を不動倉に入れるものと理解されたようであるが、この点は村井氏（論文14）の批判のごとく、正しくないであろう。正税に混合するとは、動用に加える場合にいうのである。

一方、福岡氏（論文34）は、三〇年という年数は「ひとつの算定基準と理念」であって、公営田の三〇年間実施という計画を示すものではないといわれる。山里氏（論文40）も福岡氏に賛意を表し、「あくまで算定の基準を示したものであり、その数字は儒教的理念の一つの表現であったとみる方が穏当である。少なくともこれをもって原案における公営田の実施年限であるとするのはうがちすぎる考えといわねばならない」といわれる。長山氏（論文28）も、「『永代の蓄上世に謝《は》じず』という言葉は、上文の『堯湯之世有十年之蓄』（史料㊶㊷）や『古者九年耕必有三年之食、以卅年通雖有凶年水溢、民無菜色』（史料㊽）に相い応ずる文飾豊かな表現であり、『卅年之積』も納官分三〇年の総計の意で必ずしも蓄積を意味しない。ここで岑守がいっているのは、要するに納官分を正税に混合するということだけであり、そのことは納官分をすべて不動穀として蓄積することを意味しないのである」と同様に述べておられる。

(二) 九国公営田制の消長

弘仁十四年の公営田制の計画は、小野岑守の表の文言によれば「変易常制、輙上新議」(史料㊼)ものであった。これをうけた太政官は「但古来所行誠憚卒改」として「試限四年依件行之」(史料㊶㊷)とした。前項の「卅年」と関連させてこれを四年に短縮した(修正した)ととるべきではなく、文字どおり試行したとうけとるべきであろうと福岡氏(論文34)はいわれる。

さて、公営田制のその後の推移はほとんど明らかにならない。肥後国では嘉祥二年(八四九)に営田期間が切れたが、「而澆季之民窮弊殊甚、若無営田之利潤、必輸調庸之闕貢」といい公営田経営の継続を要望した。同三年大宰大弐清原真人長田の申請によって、弘仁十四年のごとく公営田制を実施することとした。これも期間は四年で、斉衡二年(八五五)にまた行われた。その太政官符(『類聚三代格』巻十五・斉衡二年十月二十五日太政官符)は「今准件符、只指田数及獲稲用途、非謂年限、亦□於四年、但有不堪営田国者、具状申請」といっているので、公営田の施行は肥後一国に限らず、条件の整ったところでは、どの国でも行われたと推測できる。(12)

筑前国では「土地薄埆獲輸数多」のゆえに耕作数年にして停止したが、貞観十五年(八七三)に再設置された(『三代実録』巻二十四・貞観十五年十二月十七日条)。その要点は①班田の日に良田九五〇町を択びとる、②土人・浪人を論ぜずにこれを頒ち耕佃せしめる、③夏時に正税を代価として調庸を買い備え、秋日穫稲を以て本倉に返納する。弘仁の公営田制に比して異なる点は②であって、貞観のそれでは「不論土浪人」(13)とある。弘仁十四年の公営田では浪人のことはとくに問題とされなかったが、ここに至って「不論土人浪人」とされたことの意義は大きいものがあったと思われる。戸田芳実氏（論文12）はこの点に注目し、八世紀後半貞観・元慶年間以降、浪人を土人（民）のごとく扱う国例が成立し、律令的公民身分の重大な修正が始まったとされた。原秀三郎氏（論文19）は戸田氏の説を継承して、「従来専ら検括の対象であった浪人を直接経営の中に組入れ収奪の対象とするに至ったが、かかる状勢を契機に所謂『同類』組織が在地豪族・田堵層の中に形成されはじめ、又富豪浪人も在地での定着化を行わざるを得なくなったと思う。そして彼らの経営の中に農奴制がもはやさけがたい必然性をもって形成されてくるのではなかろうか」と、中世への展望にまでつなげてこれを評価した。

(三) その他の公営田

弘仁の大宰府管内公営田に類似したものは他の地域でも幾例か拾うことができる。順次簡単にみていく。

(イ)石見国営田……『日本後紀』（巻二十二）弘仁四年二月十一日条に「令三石見国営二乗田卌町一、以二其所レ獲、塡二故年未納一、営功種子、借二充正税一、限以二三年一、地子依レ例輸レ之」とみえる。記述が簡にすぎるが、その要点は①公営田には乗田を宛てる、②穫稲の一部は旧年の「未納」すなわち出挙稲の未回収部分に塡納する、③功料と種子料は正税を割いて宛てる、おそらく弘仁の公営田の場合と同じように秋収ののち本倉に返納するのであろう、④営田は乗田を割いたものである、乗田は輸地子田であるから、その地子分は穫稲中より支出する、⑤実施期間は三年とする、というのである（門脇禎二氏〈論文17〉）。

(ロ)上総国公営田……『三代実録』（巻三十五）元慶三年（八七九）五月十三日条に「上総国司言、頻年灾疫、百姓多死、調庸租税、未進猥積、望請二ケ年間、停二止出挙一、佃二公営田一、正税本穎依レ式借貸、穫稲残穎、附レ帳言上、

許レ之」とある。その要点は、①期間は二年間、②この間は公出挙を停止する、③正税本穎を割いて営料に宛てる、これは借貸の形で支出する、したがってのちに正倉に返納されるのであろう、④穫稲は未進分の調庸租税の補塡に宛てる、というのである（高橋崇氏〈論文11〉）。

(ハ)薩摩国勧学料田……貞観十八年（八七六）五月二十一日太政官符（『類聚三代格』巻十五）にみえる。仁寿二年（八五二）薩摩国では日向・大隅等の国に倣って勧学料田一〇町を設置した。乗田を割き、学生料五町、薬生料五町に宛てた。その後貞観十八年に至り、さらに乗田二一町三段を加えて計三一町三段を営作させた。穫稲から営料と地子（乗田に見合う）を差引いて定稲四七五七束六把をうる。営料の中味は不明であるが、弘仁公営田の場合は佃功は段別一二束であり（史料⑲）、また貞観十八年の近江国愛智荘の佃の営料が段別一〇束であったのも想起される（『平安遺文』一巻一七二号）。

営作田	31町　3段		
穫　稲	9390束		
	（段別　30束）		
除　分	地子	1502束4把	
	営料	3130束	
定　稲	4757束6把		

(ニ)壱岐島の営田……『三代実録』（巻二十八）貞観十八年三月九日条にみえる。参議大宰権帥従三位在原行平の申請にもとづく。対馬に対して九州の六か国から防人年粮穀二〇〇〇石と雑用料を移送していたが、その額は運賃を含めて五万四〇五〇束に及んでいた。年粮穀の運送には綱丁・挾抄・水手一六五人を要し、運賃は一万三三五四束であった。年粮穀は壱岐島に集積し、そこから対馬に送るが、漂没するものも多かった。大同年間からは所出の六か国に運ばせることになっていた。これにかえて新たな営田が計画されたのである。壱岐島の水田六一六町から百姓口分田・雑職田を除くと、死去口分田・疫死口分田・国造田などが計一〇〇町余あった。そこで課丁一〇〇〇人を動員して一〇〇町の田を営み、穫稲二万九六四〇余束をうる（町別約三〇〇束で下田なみ）。これを対馬に送る。壱岐の課丁は約二〇〇〇人で、うち一〇〇〇人は油を、一〇〇〇人は府儲油と雑穀を負担していたが、営田と運漕

に従事する見返りとしてこの負担を免除した。太政官では、水田を営み年粮に宛てるのは旧例に乖くことであるがといいながら、二年間の試行を認めたのであった。右の試みは結局四年行われ、元慶三年（八七九）十月に停止され、年粮田（営田）の地子は島司が収納して正税に混合し、漂没による損失を塡たすこととした（『三代実録』巻三十六・元慶三年十月四日条）。

(ホ)信濃国の営田……『三代実録』（巻四十七）仁和元年（八八五）二月八日条にみえる。乗田三〇町を以て国厨佃を営む。その地子は太政官厨家に進納するものである。

(ヘ)元慶官田……元慶三年、畿内五か国に四〇〇〇町の官田を設定した（大塚徳郎『平安初期政治史の研究』、村井康彦『古代国家解体過程の研究』など）。中央財政の膨脹とその支出増大による諸国正税・不動の「用尽」という状況を打開しようとする一施策であったが、設定された官田の経営は一部を直営、他を地子制・賃租制とした。直営部分の経営の在り様はつぎのごとくである。①営料は町別一二〇束で、春時正税から支出し、秋収ののち本倉に返納する。②穫稲数は上田三二〇束、中田三〇〇束に減定する。③穫稲収納の便のために小院（倉）を建てる。④営田には土人・浪人を問わず力田の輩をえらんで正長とし、その事に預からしめる。正長は規定の穫稲数を請負う。正長を監督するものとして惣監を置く、というものである。この方式は公営田の再版である。

(ト)疫死・流死百姓口分田……延長三年（九二五）十二月十四日太政官符（『政事要略』巻六十）天慶五年（九四二）十二月二十九日太政官符（同上）にみえる。中野栄夫氏（論文33）による紹介がある。諸国の疫死・流死百姓の口分田を賃租に出し、その地子を代価として調庸中男作物を買いあげるものである。このようにすれば「雖レ無二本丁一輸物自備」るのである。

(三) 公営田制の意義

弘仁十四年大宰府管内公営田および類似の営田制の意義を最後に考える。第一は、その直営形態の採用という点である。石母田正氏(論文3)は、そこに奴隷制的経営の存在を想定し、田名網宏氏(論文18)門脇禎二氏(論文16)も同様に理解している。しかし「直営」を無限定に強調するのは必ずしも正しくない。営田の監督者である正長は村里の幹了なる者からえらばれ、おそらく百姓の住まいに近づけて建てられた小院(倉)は彼ら正長の管理するところであったろう。あるいは、むしろ公営田制のために、わざわざ新たに小院を建てることはなく、たぶん、正長とされた幹了なる者の私倉が小院として代用されたのではないかと思われる。黒田俊雄氏(論文8)は、「直営田」(=公営田)の耕作収穫は「実際には徭丁の属する個々の戸=経営に割当てられて耕作されたのではないか」と問題を提出されている。

長山泰孝氏(論文28)はさらに進めて、「官奏に描かれている制度は机上で練られた全体的な計画、いわば青写真であって、この計画が在地において実施に移される場合、その実態には自ら異なるものがあったと考えられる」とし、具体的には、「徭丁に割り当てられた田は、現実には農民の戸田に組みこまれ、戸田経営の一環として耕作されたのではなかろうか」と述べられ、中野栄夫氏(論文33)もほぼ賛意を表しておられる。しかし、この点について原島礼二氏(論文20)は、それならばなぜ正長が「力田」でなければならないのかがわからないとし、むしろ郷長のごとき行政上の担い手でよかったのではないかと批判される。そして氏は、吉田晶氏(論文10)が、正長経営下の徭丁の単純協業を推定しておられるのに賛意を表された。

第二は、営田穫稲を以て租調庸を支弁し、さらに溝池官舎修理料をも弁じようとした点に公営田制の意義を認めうる。公営田制の主要な眼目が調庸の確保にあったことは疑いないであろう。公営田制の採用は律令税制の変改を意味する。

第三に、律令制の解体過程にこのような形態の営田の企画実施されたことの意義をどうとらえるか。従来の諸見解はおおむね二つに分れる。一は律令制の維持しがたい状況を認めたうえで、新しい方式として営田を評価するものである。そのさい営田に動員された労働力（農民）については、いわば「地位の向上」の方向、農民解放の方向でこれを評価するものである[14]（赤松俊秀氏〈論文2〉）。

他は全く逆で、班田農民がその身分を奪われて奴隷的に編成されたとみるものである。例えば石母田正氏（論文3）は、「班田農民が課役をはたし得なくなったばかりでなく、口分田経営そのものが破産して飢餓の輩が十人のうち七八人という状態が公営田を設立せしめる客観的基礎となっている。班田農民の経営そのものが破綻して、課税の対象としての価値をうしなった以上、のこるものは班田農民の唯一の財産としてのなまの労働力であって、この労働力を国家みずからが組織し駆使することによって、租庸調を実質的に確保するばかりでなく、そこから利益さえあげようとしたのである」「公営田制度は、農民の私的経営を強化し、土地私有を確立しようという傾向とは逆にむしろそれを否定することのうえに成立するのであるから、そこには本質的に新しいものは存在しないのである。それは律令制的秩序の破綻を反動的に、奴隷制的に再組織しようとするものにほかならない」といわれる。

宮原武夫氏（論文31）は石母田氏の見方を継承し、「律令国家は本来農民の戸の生産物を収奪の対象とするたてまえであったが、農民のさまざまな抵抗に直面した結果、収奪の対象を正丁のナマの労働力に集中してきたのである」といわれる。また、原秀三郎氏（論文19）は、「公営田経営は一般徭丁にとっては勿論、一見彼らの能力を尊重されたかにみえる正長にとっても、著しく苛酷な収奪方式」であり、さらに「かかる政策は結果的には農民の階層分解に拍車をかけるものであり、彼らの意図に反して客観的には富豪浪人以下郡司土豪層＝『富豪層』とその周辺の小経営農民との結合を促進させるものである」と述べておられる。

公営田に投入された労働力の性格について具体的に論じたのは田名網宏氏（論文18）である。氏は、①公営田に動員された徭丁は口分田を班給されなかった、②徭丁には功・食などが支給されるが、その額は一人当たり六四束九把で、一日当たりの食料を二把四分とすると、年間の二七〇日分を支えるにすぎず（収入がきわめて少ない）、以上の二点から、徭丁を奴隷的性格のものと規定した。②の点は論ずるまでもないであろう。収入の多寡によって奴隷的か否かは決せられるものではない。①の点について、氏のいわれるごとく、「口分田から遮断される」ことが班田農民「身分」を剝奪されることではあろう。しかし、班田農民「身分」を失うことが「階級」としての奴隷になることだという理屈はわからない。加えて、田名網氏の理解に賛同しがたい点は、徭丁を孤立した個人として扱っているところである。徭丁の家族ないし家族を含む共同体の問題が、氏の考察からは脱落している。徭丁を以て「公営田経営専従者」とする氏は、「徭丁六万二百五十七人人別役卅日」（史料㉟）の文を無視している。

平安初期の社会情勢を顧みると、主要な問題のひとつに公民の浮浪・逃亡の問題があった。この問題は奈良時代以来のひき続きであるが、口分田を抛棄した農民たちの行方はどこであったか。それは王臣寺家の荘園や地方豪族層の大経営へ吸収されていったのであった。(15) 平安初期のこの時期、慢性的な労働力不足の状態が続き、民間営田においても「魚酒」を用意して「田夫」を誘わなければ必要な労働力を確保できなかったのである（『類聚三代格』巻十九・延暦九年四月十六日太政官符、『日本後紀』巻二十一・弘仁二年五月二十一日条）。公営田制が農民に功・食を給し「調庸を免ずる」条件を提示しなければ徭丁を確保できなかったのだと考えるべきであろう。元慶の官田経営においても、設置後二年にして、半ば直営を廃して賃租にきりかえ、しかも直営部分について穫稲数を減定する譲歩をせざるをえなかったのは「欲ㇾ令㆓農民不ㇾ有倦心㆒」したためであった[16]（『類聚三代格』巻十五・元慶五年二月八日太政官符）。

すなわち、公営田制とは、「口分田」から離れた農民を「公営田」という名の「口分田」に定着させようとするものだったと表現することもできよう。宮原武夫氏（論文31）は「公営田制度は班田収授制の一形態である」といわれたが、制度の評価についての違いはあるものの[17]、同様の意味あいとしてとらえることができよう。もちろん公営田は口分田そのものではないが、課丁を把握し、調庸正税未進の増大に対応する「律令制」維持策とみることができると思う。その場合、「村里幹了者」（史料⑬）を正長に任じて営田を委任した点は意義ふかい。「貧乏之民」（史料㉜）「飢餓之輩」（史料㊲）すなわち「疲弊した弱小農民から直接収奪を行なうのではなく、より安定した経営を営む中間層から従来にまさる収取を行なおうとした点にこの制度の特色」（笠井純一氏〈論文32〉）があったと思われる。それとかかわって、中野栄夫氏（論文33）も強調されているように、公営田制は、「在地における手工業生産物の掌握者たる力田の輩を調庸物貢進のメカニズムの中にくり込んだシステムであったこと」に注目すべきであろう。笠井氏は、公営田制からさらに先を見通して「それはやがてみられる徴税の請負化の第一歩とみることもできる」と述べられたが賛成である[18]。

注

（1）「公営田政策が何故に大宰府から提案され、西海道諸国で実施されたのであろうか」と西別府元日氏（論文42）は問題を提出され、「西海道の疫病と死亡人口分田と乗田」「死亡人口分田と乗田」「西海道の勘会制度と公営田」について考究された。氏もいわれるように、弘仁十四年の大宰管内公営田制の立案、施行された原因あるいは、この制度をとりまく客観的な状況についての考察は今まで手うすであったといえよう。この問題については西別府氏のほか長山泰孝氏（論文28）山里純一氏（論文40）佐々木恵介氏（論文41）が論じている。

（2）森田悌氏（論文36）は、大宰府解と岑守上表とは、同一文書の二様の呼称であると主張され、これに対して宮本救氏（論文39）が批判を加えられた。

（3）『倭名類聚鈔』による九国の総田数は下表のごとくで、計一〇万三八〇〇町となる。うち約二〇%が荒廃田（不堪佃田）、約七四%が堪佃田の口分田・乗田（史料③）、残りは神田・寺田・在外諸司職分田・射田・学校料田（不輸租田）、郡司職分田・位田・墾田（輸租田）、無主位田・闕郡司職田（輸地子田）などであろうと宮本氏（論文39）はいわれる。

国　名	田数(町)
筑　前	18500
筑　後	12800
肥　前	13900
肥　後	23500
豊　前	13200
豊　後	7500
日　向	4800
大　隅	4800
薩　摩	4800
計	103800

（4）〔史料⑯〕には「肥後国」の記載がある。他の本では大書されているものもあるというが、考えてみると少し不審な気もする。肥後国のみが上田に近い町別四六〇束の穫稲で、他の八国がすべて町別四〇〇束の中田であるという点はいかに考えるべきか。肥後国には中田扱いのものが全くなかったというのも不自然な気もする。「肥後国」の注記が後人の追記である可能性も否定できないのではないか。

（5）力田の輩については、亀田隆之「『力田者』の一考察」（『人文論究』一四―三、『日本古代用水史の研究』吉川弘文館、昭和四十八年、所収）を参照。

（6）吉田晶氏（論文9）は「小院」を「（農民的）納所の先駆」と評価された。

（7）門脇禎二氏（論文16）は、太政官による修正案（決定案）では「佃功を否認」した、すなわち、徭丁に佃功は支給されなかったとされる。これは、門脇氏が、「右目録也」（史料㉕）までを岑守による原案とし、それより以後の部分が太政官による修正案と考えられたためである。しかし門脇氏の読み方には賛成できない。

（8）赤松俊秀氏（論文2）は「一如民間」の一文を起点として公営田制と荘園制との関連を想定し「公営田の構造を論じて、それにより初期荘園の構造の一斑を明らかにしようと」されたのであった。

(9)　田名網氏（論文18）は「徭丁は夏月調庸料の支払を受けて調庸物を国に売り渡すが、秋には穫稲の中からその調庸は補塡されるから、いったん買上げられた調庸物は、徭丁にとっては無償でその手に戻るわけである。したがって調庸料はすべて徭丁の収入となるのである。そして徭丁の手に戻った調庸物は、律令制によって従来通り現物で大宰府庫に納入されるのである」といわれる。しかし〔史料〕を読むと、傍線のような解釈はどこからも生じない。事柄は田名網氏のごとく複雑に理解すべきではなく、公営田の穫稲の一部を以て政府が農民から調庸物に相当するものを買うのであり、それ以外の何物でもない。

(10)　脇田晴子氏（論文24）は「公営田制は、令制における人身賦課としての手工業生産物の提供が、労働力の提供に移ったと解釈すべきもの」とされた。

(11)　玉田弘美氏（論文25）は「公営田の溝池修理官舎料は、延喜式に記されている九国の修理料の合計約三〇万束の三分の一にあたり……」といわれたが、出挙本稲数と利稲数を混同した誤解であろう。

(12)　田名網宏氏（論文18）は「一応肥後国の場合に限ると考えるのが妥当であろう」といわれる。

(13)　『延喜式』（巻二十七・主税下）の青苗簿帳式によると、農業経営にかかわって律令国家が把握の対象とした農民は二種類である。一は「戸主」（＝土人）で、その経営する田地は「戸田」と称され、他は「浪人」で、その経営する田地は「営田」と称された（下表。阿部猛「青苗簿考」〈『古代文化』九－四、昭和三十七年、『律令国家解体過程の研究』新生社、昭和四十一年、所収〉を参照）。

- 土人　戸田
  - 売口分田
  - 見営田
    - 租田（口分田）
    - 買口分田
    - 地子田（乗田）
- 浪人　営田
  - 買口分田
  - 地子田（乗田）

(14)　宮原武夫氏（論文31）は、赤松氏の研究姿勢について適切な指摘を行っておられる。すなわち、赤松氏は内田銀蔵氏の班田制に関する学説―班田収授制の起源を上古の班田慣行に求める学説（『日本経済史の研究』上巻、同文館、大正十年）―を再評価し、それに対する瀧川政次郎氏（『律令時代の農民生活』刀江書院、昭和十八年など）らの、班田制が大陸の制度の輸入模倣によるものとの説を否定し、日本経済の発展の自主性と連続性を認めようとされた。赤松氏はつぎのようにいわれる（「大化改新の田制改革に就いて」『東亜共栄の歴史』目黒書店、昭和十七年、所収）。「内田博士の班田慣習説が否認せられてから、我が経済史学界の動向は急激に暗欝な方向を辿り始めた。昭和の初年以来最近の支那事変勃発頃までの学界の傾向がそれであって、経済活動に本有の建設的の部門は全然注目されず、階級的搾取の悲惨なる事実のみが徒らに誇張して説かれたに過ぎないのである。この傾向は当時の国内の思想の傾向と密接な関係があったのであるが、かかる研究の行き着くところは、日本経済の自己否定であることは、云はずして明らかである。我が学界は自国の経済力を自ら過少に評価することを以て、是も正しい学的なる態度としたのである。併しながら、かかる立場が如何に誤ったものであるかは満洲事変以来、我が国力の止まざる発展の事実が最も明白にこれを実証した」「私の論は、初期荘園が班田制の支持に依って発達した事実から出発するのである。従来の見解では、荘園は浮浪人の如き班田と関係を絶った者を使用して開墾され耕作されたと解しているが、これは甚だしい誤謬であって、事実は班田農民の餘剰労力を蒐めて開墾経営されたことは嘗って明らかにしたところである（＝〈論文2〉を指している）」と。いわゆる初期荘園が奴隷あるいは浮浪人によってではなく、班田農民の労働力によって支えられたという見方は、第二次世界大戦後、岸俊男氏（『日本古代政治史研究』塙書房、昭和四十一年）によって詳細に検討され、現在では常識化している。そのことじたいは問題とすることはないが、赤松氏は第二次大戦中の論稿「日本農業発達の歴史的性格」（『東亜共栄の歴史』）でつぎのように述べておられる。「定住農民は口分田等に依って生活が保証せられているために、その努力は頗る強く、荘園の収穫は大部分その手に帰し、所有者の収入は総収入の二割程度の地子に止まり、それ以上を超えることは許されなかった。かかる農民に有利な荘園収穫の分配の規定であったればこそ、農民は荘園の経営に積極的に関心を持ち、その維持発展に努めた」「何時の時代であっても、労資の円満なる協調がなければ、産業の発達は期待できるものではない」と。赤松氏の公営田制に関する論文がこのような姿勢で書かれたものだったことを認識する必要がある。阿部猛「戦争と歴史家―赤松俊秀『東亜共栄の歴史』」（『日本社会史研究』二八号、平成二年）参照。

(15)　直木孝次郎氏（論文5）は「豪族の下に吸収されようとする農民の余剰生産力を、政府の手に繋ぎとめようとするのが、公営田制の本質なのである」といわれた。また戸田芳実氏（論文12）は、富豪層の私営田経営の抑圧・制限の上に成り立つものであって、公営田制は「富豪層にたいする律令国家の挑戦であった」と述べておられる。門脇禎二氏（論文16）は、公営田制は「富豪層の手なれた経営法を国家権力の手に取り上げるという意味をもっていた」といわれる。

(16)　瀧川政次郎氏（論文1）は「即ち辺防の屯田は、早く平安朝初期に賃租田となり、畿内の官田は供御田を除いては延喜の頃までに大体賃租田となり、公営田も亦後に賃租田たる警固田、府儲田に変化するに至った。斯くの如く田地の経営が田主の直接の営佃を離れて賃租による間接の経営に移って行ったことは、奈良朝から平安期にかけての農業経営の一般的趨勢であったと言える。（中略）奈良朝の墾田が平安朝の庄園に変化して行く過程が田園奴隷を使用して耕作していた羅馬貴族の大私有地が、漸次農奴に小作せしめる中世的庄園に変化して行く過程に酷似しているのは面白い。それは兎も角として、我が王朝の官営田が漸次賃租田にその地位を譲って行ったことは、奈良朝の墾田が平安朝の庄園に発達して行った一つの過程を示すものとして、我が経済史家の特別の注意を要求するものであると思ふ。」と述べ、公営田制を、奴隷制から農奴制への過渡期に位置づけようとされた。また黒田俊雄氏（論文8）は「本来的には奴隷制的ともみなしうる令制の官田のような経営から地子田への過渡的形態ではなかったかと推測する」と述べられた。

(17)　宮原武夫氏（論文31）は「公営田制は、制度的には勿論のこと、本質的にも班田収授制そのものである」といわれるが、この点は笠井氏（論文32）も批判しておられるように、従えない。

(18)　徴税請負の問題については、阿部猛「摂関期における徴税体系と国衙」（古代学協会編『摂関時代史の研究』吉川弘文館、昭和四十年、『平安前期政治史の研究　新訂版』高科書店、平成二年、所収）を参照されたい。

二　転換期としての十世紀

㈠

第二次大戦後「十世紀」を積極的にとりあげたのは石母田正氏の『古代末期の政治過程および政治形態』(1)であるが、その第一章は「古代の転換期としての十世紀」とされている。この論文は、日本の古代から中世への転換を巨視的にとらえるひとつの方法を示したものだが、それを具体的に描いたのが、著名な『中世的世界の形成』(いま岩波文庫に収める)だったと思われる。石母田氏の右の二著は、かつて、古代・中世史を学ぶ者にとって必読の書であった。

さて、表題の十世紀について考えたいが、その前に、九世紀の様子を少し眺めておきたい。九世紀は、政治史のうえでは「良吏の時代」だといわれる。律令制の諸矛盾が露わになり、さまざまな問題が生じてきてはいたが、有能な地方官(国司)の努力によって、わずかに政治が支えられていたというのである。当時の史料では、そのような官人は「良吏」と呼ばれていた。もちろん、それは政府の側から見ての良吏であり、法に則って政務を遂行する「循吏」であるが、法や規定に忠実な官人は、時として人民にとっては「酷吏」となる。(2)

天安元年（八五七）対馬守立野正岑が、同国の郡司・百姓に館を包囲され放火されたあげく射殺された。なぜこのようなことになったのか、事件の背景には、無実の百姓らが投獄されたりする苛酷なことがあったらしい。(3) 貞観三年（八六一）伊勢国の百姓らが、同国の介清原長統以下の諸国司および郡司ら二七人を、帳簿不正の廉で訴えた。(4) また同十七年には、越前守弘宗王が百姓らに訴えられた。それは、出挙稲の数を規定よりふやし、その利息を個人の所得としたというものである。ただし、このとき弘宗王はすでに卒去しており、したがって罪を断ずるには至らなかった。(5) ところが、この弘宗王は、これより先貞観四年には、大和守として「頗る治名あり」―有能な地方官だと称揚されていた。(6) さきに述べたように、「良吏」と「酷吏」とは、ときとして同一官人の表裏をなすものといえようか。

少し大胆な言い方をすると、平安時代を通して、中央政府（太政官）の関心は「調庸の確保」にあったように思われる。延暦四年（七八五）遠江国が貢進した調庸物が濫穢で官用に耐えず、一般に諸国の貢物は粗悪で「多不㆑中㆑用」といわれ、(7)「自㆑今以後、有㆓如㆑此類㆒、専当国司、解㆓却見任㆒、永不㆓任用㆒、自余官司、節級科㆑罪、其郡司者加㆓決罰㆒、以解㆓見任㆒、兼断㆓譜第㆒」と処罰規定を定めた。実際、同年七月には、土佐国の「貢調愆㆑期、其物亦悪」く、国司目以上を解任した。(8) ついで、延暦十六年四月十六日太政官符（『類聚三代格』巻八）は、「諸国調鏤已悪亦薄、班㆓給公私㆒、曽不㆑中㆑用」と記し、その罪を国司・郡司およびそれを扱う官人に帰している。調庸の粗悪であることを知っている専当の国司は、それを貢進すれば処罰されるとわかっているので、自らは病気と称して入京せず、在京の国司にそれを渡して責任を免れようとすることがあったので、延暦二十一年には、そのような国司の公廨を没収することにした。(9) 大同二年（八〇七）には、粗悪の罪を賊盗律の盗犯の罪に准ずる刑に宛て、かつ公廨を以て塡納させるという強い態度を示した。(10) その後も、調庸の合期・精好を求める官符は枚挙にいとまないほど出されている。

粗悪の内容は、例えば、絹の如くにして絹にあらず、破れたクモの巣のようであり、布の如くにして布にあらず、規定の寸法に合わず、短かったり幅が狭かったりする。[11] また、因幡・但馬などの国の絹は野草の皮をまぜて織ったものだという。[12] 仁和三年（八八七）諸国の調庸を調査したところ、粗悪はなはだしく、検査を担当していた大蔵省の官人たちが責任を問われ左遷された。[13]

調庸確保のためにとられた方策のひとつが弘仁十四年（八二三）大宰府管内で試行された公営田制である。[14] この制度については、のちにまた述べるが、公営田制は、これより先、弘仁四年に石見国で、のち貞観十八年（八七六）薩摩国と壱岐島で、元慶三年（八七九）上総国でも行われた。[15] 上総国の場合、国司の申請によると、「(上総国では)頻年災疫、百姓多死、調庸租税、未進猥積、望請、二箇年停二止出挙一、佃公営田、正税本穎、依レ式賃貸、穫稲殘穎、附レ帳言上」[16] というのであり、調庸租税の未進が増大していく現状を打開しようとするものであった。

(二)

令制の六年一班は平安初期にはすでに守られず、承和元年（八三四）畿内では一紀（＝一二年）一班となっており、九世紀半ばには、五〇～六〇年も班田が実施されない状況にあり、延喜二年（九〇二）太政官は一紀一班の励行を諸国に命じた。[17]

延喜十四年（九一四）に書かれた三善清行の「意見十二箇条」は、はなはだ有名である。全一二条にわたって、十世紀初頭に権力が当面していた諸問題について、その閉塞状況を打開するための方策を述べたものとして、当代の主要史料としての価値を持っている。

しかしながら、清行の意見は、現実の施策としてはほとんど実を結んでいないとし、むしろ、「いわゆる律令体制末期の寛平延喜時代を、中級官人として地方と中央で生き抜いた文人清行が、晩年に機会を与えられて公表した一種の回顧録ともいいうる」(18)とさえいわれる。多くの書物においても、意見十二箇条を積極的に評価するものはほとんどなく、どちらかといえば、現実の政治・社会状況にフィットすることのない、空疎な作文にすぎないと酷評されたりする。清行が、文章道出身の儒者官人であったこと、意見十二箇条がきわめて修飾の多い文章であること、儒教的な尚古思想が随所に見られることなどから、なおさらのこと、その実効性が疑われたりするのもやむをえない。

私は、先に、意見十二箇条全文の注釈を試み、ていねいに読み直す機会があった。(19)そのさい気になったのは、第三条の「請勅二諸国一、随二見口数一、授二口分田一事」の内容である。煩瑣ながら全文を引いてみる。

右臣伏見二諸国大帳一、所レ載百姓、大半以上、此無レ身者也、爰国司偏随二計帳一、宛二給口分田一、即班二給正税一、徴二納調庸一、於レ是有二其身一者、纔耕二作件田一、頗進二租調一、無二其身一者、戸口一人、私沽二件田一、曾不二自耕一、至二于租税調庸一、遂無二輸納之心一、謹撿二案内一、公家所三以班二口分田一者、為下収二調庸一挙中正税上也、而今已奸二其田一、終闕レ貢、牧宰空懐二無用之田籍一、豪富弥収二并兼之地利一、非二唯公損之深一、亦成二吏治之妨一、今須レ令三諸国閲二実見口一、班二給其口分田一、其遺田者、国司収為二公田一、任以沽却、若納二地子一、以充二無身之民調庸租税一也、猶所レ遺之稲、委二納不動一、今略計二其応レ輸之数一、三二倍於百姓所レ進之調庸一也、為レ公有レ利、為レ民無レ煩、此皆国宰専行応レ無二殊妨一、然而事乖二旧例一、恐有二民愁一、伏望、中勅二諸国一、試令二施行一

この条文が、「閲二実見口一、班二給其口分田一」というように、班田を励行せよと述べていることは事実であるが、

それに続いて「其遺田者、国司収為二公田一」といっているところが、むしろ重要なのであり、その公田を「任以沽却、若納二地子一、以充二無身之民調庸租税一」という点に眼目があったと読むべきであろう。

すなわち、大帳に記載されていながら現実には存在していない百姓の口分田を引きあげて、実在の百姓にのみ口分田を班給し、引きあげた田を、国司が、①賃租田とするか（沽却）、②地子田としその収入を以て「無身之民調庸租税」に宛てる、そしてなお余剰があれば、その分を不動倉に入れる。こうすることによって、ざっと計算しても、その収入は通常百姓が納める調庸の三倍にもなるというものである。この条文での三善清行の関心は「班田制」というより「調庸」の確保にあると読みとれる。

意見十二箇条が書かれたときから、さかのぼること一二年、延喜二年（九〇二）三月十三日に「応レ勤二行班田一事」という太政官符（『類聚三代格』巻十五）が出されていた。いわゆる延喜の国政改革にかかわる官符のひとつで、卒然と事書の部分を読めば、この官符も班田の励行を求めたものと読めるが、実のところ、内容に立ち入ってみると、

使下不課之戸多領二田疇一、正丁之烟未上授二口分一、調庸難レ済大概由レ此

と述べているのであり、定期的な班田が行われないため、右のような状況が生じ、調庸が確保できないことを憂えているのである。同じ三月十三日付のいまひとつの太政官符（『類聚三代格』巻八）が「応二調庸精好一事」と述べているのは、それ以前の法令の繰り返しという印象を拭えないが、先の班田励行を求める太政官符とセットになっていると理解することができる。

意見十二箇条よりもあと、延長三年（九二五）十二月十四日付太政官符（『政事要略』巻六十）は、「応下以二疫死并流死百姓口分田地子稲一充二価直一令二交易一進中調庸中男作物等上事」と記し、より具体的に事のさまを述べている。見るとおり、「疫死并流死百姓」の口分田を地子田とし、その地子を代価として調庸を確保する政策であり、承平三

年（九三三）の勘解由使勘判抄（『政事要略』巻五十三）は、阿波国について「无レ身百姓口分田」は地子田とし「宛二行堪者一、殊令二営作一、以二其地子一交二易進調庸中男作物一」と具体的に述べている。また、天慶四年（九四一）駿河国についても同様に述べ（同上）、同五年十二月二十九日太政官符（同・巻六十）は「除帳百姓口分田」を地子田とし、その地子を以て「令レ交二易其所当調物一」めよと命じている。

三善清行の意見十二箇条の第三条は、右のような「口分田の地子田化」政策の流れに乗ったものであると考えられる。ここで想起されるのは、意見十二箇条より九〇年前に大宰管内で施行された公営田制である。この制度について簡単に説明すると、つぎのようである。九国の口分田の約九％（五八九四町）と乗田の五七％（六二〇一町）を割いて公営田とし、ここに六万余人の労働力を投入して得た収穫を以て、租・調・庸のみならず、池溝官舎修理料をもまかない、なお納官分（余剰）は一〇八万束余にも及ぶという壮大な計画であった。[20] 公営田制で、公営田に割き取られた口分田は、全口分田の九％にすぎず、大まかにいえば、班田制には手をつけないで実施されたものであった。しかも、その眼目は口分田・乗田の一部を地子田化することによって、調庸租税を確保しようとするものであって、基本的には、地子を代価に宛てて調庸を調達する、先に見た十世紀の政策と相違するところはない。

(三)

十世紀後半の政治的動向を眺めてみて、やはり注意されるのは、郡司・百姓らによる国司弾劾事件である。地方政治を具体的に担っていたのは在地の郡司層である。律令制度の中で郡司は特異な存在で、いわゆる官僚制の貫徹した古代律令国家組織の中にありながら、「非律令」的性格を持つものといわれる。[21] 郡司制において特徴的なことのひとつは、その譜第性（世襲制）にある。しかし、すでに桓武朝において「子孫相襲、永任二其官一」じてきた郡司につき「宜乙其譜第之選、永従二停廃一、取下芸業者聞堪二理郡一者上為甲之」[22]とし、譜第性否定の方針をうち出していた。[23]九世紀以降には、非世襲原理による郡司任命（擬任制）が一般的になるが、[24]譜第名望家の没落と、中央から下向し土着した国司層に系譜を引く在地領主層の郡司への進出が明確になる。

十世紀末、永延二年（九八八）十一月の尾張国の郡司・百姓らによる守藤原元命弾劾事件はあまりにも有名である。郡司・百姓らが国司を訴える事件は九世紀以来のものであるが、十世紀から十一世紀の前半にかけて、愁状を捧げて多数の郡司・百姓らが都に上ってくる事態は特異なものがある。なかでも、守元命を訴えた三一か条に及ぶ約八〇〇〇字の解文は、その内容の具体性ということもあって、貴重な史料となっている。[25]多岐にわたるその訴えは、要するに、在地から最大限の収奪を意図する受領と、それを阻止しようとする郡司・百姓—とくに郡司層との利害の衝突である。その背景には、受領による官物請負制の存在があったのである。

元来、律令制そのものの中に、地方官による租税官物徴収請負的性格が存在したのであり、その部分が平安時代になって顕在化したといってよいであろう。規定の徴収額を切り下げ（「減省」という）[26]、その差額が地方官（受領）のふところに入るという仕組みである。

分憂之職、拝二一国一者、其楽有レ餘、金帛満レ蔵、酒肉推レ案、况転二任数国一乎[27]

右の文章は、天元二年（九七九）七月二十二日付で平兼盛が提出した申状の一部である。国司（分憂之職）というものは、一国の国司を拝命しただけでも、その収入は多く、倉庫は金や絹でいっぱいになり、ぜいたくな暮らしができるというものだ、それが幾つかの国を転任するとなればなおさらです、というのである。このような貴族・官人たちのものの見方は、現在残る申文の類にごくふつうに認められる。天禄四年（九七三）の藤原篤茂の申文に[28]

は、淡路守に任命して下さい、淡路は小国にすぎないのですから、何も循良の吏をえらぶ必要もないでしょうといっている。また、長徳二年（九九六）の文章博士大江匡衡の申文は、[29]検非違使の任を全うした功労によって受領に任命して下さいと述べ、家は荒れて風雨を避けることもできません、年老いた母は憂いに沈んでいます、学者を受領に任命しないのは学問を軽んじている証拠ですなどと、恨みごとをいっている。[30]

彼らは、受領を歴任することによって莫大な財産を蓄え、その財力で宮殿の造営や寺社の造営・修理を行い、その「功」によって、さらに官位を求めた（成功《じょうごう》）。太政官を核とする財政運営が破綻し、個別の政治的な事業や宮殿・寺社の造営など国家的事業を、受領たちに官職・位階を餌にして請負わせるのであり、ここに至って「律令国家」は解体したといってよいであろう。[31]

注

（1）石母田氏のこの書は、はじめ昭和二十五年（一九五〇）に「社会構成史体系」の一冊として日本評論社から刊行され、のち同二十六年に、一五編の個別論文を補遺として加え『古代末期政治史序説』（未来社）として出版された。

（2）「循吏」とか「酷吏」というのは、中国史上の用語である。鎌田重雄「漢代の循吏と酷吏」（『史学雑誌』五九—四、昭和二十五年）、布施彌平治『明法道の研究』（新生社、昭和四十一年）参照。

（3）『文徳天皇実録』（巻九）天安元年（八五七）六月二十五日条に「大宰府飛駅言上、対馬嶋上県郡擬主帳卜部川知麻呂、下県郡擬大領直浦主等、率二党類三百許人一、囲二守正七位下立野正岑館一、行レ火射二殺正岑并従者十人防人六人一」とあり、七月十六日条に「下二制大宰府一、免下宥対馬嶋賊類被レ劫二入賊党一、及獄中死亡実無レ罪者妻子上」とある。

（4）『日本三代実録』（巻五）貞観三年（八六一）七月十四日条に「先レ是、伊勢国司介従五位下清原真人長統、大掾正七位上藤原朝臣秋実（中略）惣廿七人、為二安濃郡百姓神人部東成、建部継束一、所レ告下隠課丁一百十八人、不上レ附二大帳一、遺二散位従七位上藤原朝臣朝野一推レ之、長統等罪当二徒以下一、是日拠二去年十一月十六日詔書之旨一並原免」とある。

(5)『日本三代実録』(巻二十)貞観十三年(八七一)十月二十三日条に「太政官論奏曰、越前国守従四位下弘宗王、為二百姓一所レ訴、増二出挙之数一、欲レ私二其息利一(中略)刑部省断曰、弘宗身卒、不二更論レ罪一」とある。

(6)『日本三代実録』(巻六)貞観四年十二月二十七日条の藤原良相上表に「大和守弘宗王、頗有二治名一、多宰二州県一」とある。

(7)『続日本紀』巻三十八・延暦四年五月二十四日条。

(8)『続日本紀』巻三十八・延暦四年五月二十八日条。

(9)『類聚三代格』巻八・延暦二十一年八月二十七日太政官符。

(10)『類聚三代格』巻八・大同二年十二月二十九日太政官符。

(11)『日本三代実録』巻九・貞観六年八月九日条。

(12)『政事要略』巻五十一・天暦元年閏七月二十三日太政官符。

(13)『日本三代実録』巻五十・仁和三年四月十三日条。

(14)『類聚三代格』巻十五・弘仁十四年二月二十一日太政官謹奏。

(15)公営田制については多数の研究があるが、それを整理した阿部猛「弘仁十四年の公営田制について―研究史的に―」(『帝京史学』六、本書所収)を参照。

(16)『日本三代実録』巻三十五・元慶三年五月十三日条。

(17)『類聚三代格』巻十五・延喜二年三月十三日太政官符。

(18)所功『三善清行』(吉川弘文館、昭和四十五年)。

(19)阿部猛「三善清行『意見十二箇条』試注」(『帝京史学』一三号、平成十三年)。

(20)阿部猛・前掲(注15)論文。

(21)坂本太郎「郡司の非律令的性質」(『日本古代史の基礎的研究　下』東京大学出版会、昭和三十九年)。

(22)『類聚国史』巻十九・延暦十七年三月十六日詔。

(23) 阿部猛「桓武朝政治の性格」(『平安前期政治史の研究　新訂版』高科書店、平成二年)。
(24) 高田実「十世紀の社会変革」(『講座日本史　2』東京大学出版会、昭和四十五年)。
(25) 阿部猛『尾張国解文の研究』(大原新生社、昭和四十六年)。
(26) 村尾次郎『律令財政史の研究』(吉川弘文館、昭和三十六年)、村井康彦『古代国家解体過程の研究』(岩波書店、昭和四十年)、阿部猛『律令国家解体過程の研究』(新生社、昭和四十一年)などを参照。
(27) 『本朝文粋』巻六。
(28) 同右。
(29) 同右。
(30) 以上のような官人の姿勢については、阿部猛「三善清行と藤原敦光」前掲〈注23〉書、同『平安貴族の実像』(東京堂出版、平成五年)などを参照。
(31) ここでは簡略に述べたが、詳しくは、大津透『律令国家支配構造の研究』(岩波書店、平成五年)、佐々木宗雄『日本王朝国家論』(名著出版、平成六年)などを参照。

三　悪党大江泰兼

―阿波国富田荘史断片―

寛喜二年（一二三〇）正月、山城国淀津で、春日神社御供所造営材木および用途が大江泰兼らによって奪い取られる事件があった。ついで泰兼は、阿波国富田荘《とみだのしょう》において雑掌代を追却する乱暴を働いた。当然、その行動は「悪党」的なものと見なされた。確かに、泰兼の行動は「悪党」そのものであった。大江泰兼がなぜ悪党的行動をとるようになったのか。それは、舞台の中心となった阿波国富田荘の歴史を回顧することによって明らかになるであろう。

㈠　富田荘の成立

富田荘は阿波国名東郡にあった荘園で、その位置は現在の徳島市のあたりである。この荘園については、つとに、中村直勝・沖野舜二氏の研究[1]があったが、両氏とも関係文書の一部を参看されなかったこともあって、かなり重要な事柄を逸した憾みがある。本稿ではその点を補いつつ述べてみたいが、関係史料はきわめて限られており、十三世紀初頭の約三〇年間の事柄がやや詳しく知られるにすぎない。

寄　進　建仁三年（一二〇三）左兵衛少尉大江泰兼は、相伝の所領である阿波国名東郡の南助任保と津田島の地を春日神社に寄進した。[2] これらの地は、もとは当国住人の前右兵衛少尉藤原親家と前右近衛将監粟田重政の開発所領であったが、由緒あって、これを泰兼に譲り渡したものであった。[3] 泰兼は「有二年来之宿願一之上、且為レ断二向後窂籠一、且為レ仰二神威一」めに、これを春日神社に寄進したのである。

春日社司はその子細を阿波国司に通知し、[4] その結果、永代不輸の社領として、勅事・院事・役夫工米以下大小の国役および国使の入部を停止する旨の国司庁宣が出された。寄進者である泰兼は、子々孫々までも領主として一事以上（＝万事）沙汰する権限を手中に留保したが、「或背二寄文之状一、或違二社家政所下文状一」い年貢の油以外の社役を荘民に賦課したりすれば、その地位を失うという条件つきであった。

建仁三年十一月、社家は以上のことを南助任保・津田島の住人に通知した。[5] 翌月、春日社司は太政官に南助任保・津田島の「不輸」を申請した。社司解状は寄進の経緯と四至を記し、また春日社に不輸の荘園が少なく、諸人寄進の「上分」で神役を勤行していること、ことに常灯の料油が不足しているので、祠官が奔走した結果、件のところから灯油一石を備進し、これを仙洞長日御祈用途に宛てたいと申請のあったことなどを述べ、国司免判のとおりに特権を認めてほしいと要求したものである。翌四年二月十七日左弁官下文[6]によって「勅事院事役夫工造内裏御願寺所課大祓清祓已下大小国役」と「官使国使入部」を停止することが認められた。

規模　元久元年（一二〇四）九月、宣旨および国司庁宣によって「官使国使相共堺二四至一打二牓示一」ち立券した。[7] それによれば、南助任村（保）[8]の四至は、

東限津田西江并北海　南限八万堺勢因峯　西限名東庄堺　北限吉野河

とある。牓示は、坤（西南）は名東荘との堺[9]と八万堺にひとつ[10]、脇牓示として離（南）の八万堺勢因峯にひとつ打った。乾（西北）は吉野川岸の一九条九里三六坪に牓示を打った。ただし、吉野川の流路は必ずしも明確ではない

表1　里別耕地面積（段・歩）

条	里	田	畠	荒	合計
19	6	3.000			3.000
	7	5.120	3.000		8.120
	8	1.060	7.300		9.000
	9		24.000		24.000
20	7	38.240	30.060	26.000	94.300
	9	.060	8.240	19.000	27.300
21	9	14.120	7.180	101.060	123.000
22	8	21.120	50.060	156.240	228.060
合計		84.000	131.120	302.300	518.060

から、その位置は判然としない。艮（東北）は海に至る。他に「懸札」[11]の在所として副浜北崎と大角豆島が挙げられている。津田島は現津田町であるが、震（東）は当然海なので牓示を打たず、兌（西）は南助任と堺を接するからこれも打たず、坎（北）も右と同じ理由で打たず、離（南）のみ勝浦荘と堺を接するから椎崎南鼻に牓示を打った。[12]立券文に記された荘領は合計五二町三段一八〇歩で、立券文の記載にしたがって、里別に田・畠・荒地の面積を集計すると表1のごとくである。

十九条六・七・九里、二十条九里、二十一条九里の五か里については、例えば、

十九条六里　卅六坪田三段　七里一坪田二段　三坪田二段　十二坪三段内田一段 畠二段

のように「坪」表示によって田畠等の地積が示されているが、十九条八里、二十条七里、二十二条八里の三か里では、例えば、

廿二条八里　一所九段内田一段 畠八段　一所三段内田二段 荒七段　畠一段

のように「坪」表示はなく「一所……」と記されている。ここは吉野川流域の低湿地であり、くり返す洪水によって条里が失われてしまったことによるのである。表1は立券文記載の合計数字と少し相違するところがあるが、およその見当はつく。[13]

立券の翌年、元久二年（一二〇五）津田島の地頭椎名五郎入道（先地頭は兵衛尉親家）が年貢未進か何かのこと

によって春日社からその改補の要求が幕府に出され、また惣追捕使（守護）佐々木経高（中務入道）が荘内に乱入するのを停止してほしい旨の訴状が出されたらしい。これについて、関東御教書[14]は守護の新儀非法停止を命じ、北条時政は書状[15]を春日神主（中臣時定）に与え、地頭については、させる過ちなくば改易しがたい旨を答えるとともに、年貢においては怠りなく納入するよう地頭に命ずると約束した[16]。その後数年を経て、富田荘は一時国司に収公され「顚倒」したが、春日社の訴えによるのであろう、建保二年（一二一四）四月に至って復活した。その条件は、矢上荘（板野郡）を国領とし、そのかわりに富田荘を社領として認めるというのである[17]。

(二)　悪　党

大江泰兼愁状　承久三年（一二二一）いわゆる承久の乱が起こり、その翌年三月、大江泰兼は春日神社に愁状[18]を提出した。六か条より成るこの愁状は、関係文書中で最も長文のものであるが、その要旨を左に記す。

①自分（大江泰兼）は阿波国南助任保・津田島を藤原親家・粟田重政から伝領したが、これを春日社領として寄進したいと国司（冷泉大納言入道四条隆房）に申請し、免判を蒙り、泰兼の子々孫々まで本領主として相伝領掌すべしとのゆるしを得た。

②関白九条兼実から、興福寺金堂の廻廊五八間の造営を命ぜられたが、春日大明神に起請し、期日以前に違乱なく造立することができた。これ冥慮の致すところと、私領を春日社灯油料に寄進したいと申し出たところ、九条殿（兼実）は「於㆓保元以後新立庄㆒者、併可㆑被㆓国領㆒」きだが、別段を以て計らうという言葉を賜わった[19]。その御教書を中御門殿（京極良経）に奉り、不日奏聞を経て宣旨を下された。その後、官使が現地に下向し、

国使とともに「堺二四至一、打二牓示一」った。立券の確かなること、宣旨および両度の庁宣によって明白である。社領として数十年を経たものを、なんでたやすく国領となすことができようか。

③元久年間、当国（阿波）住人中務経高入道[20]が荘内に乱入して狼藉を働いたとき、停止の旨の鎌倉故右大将家（頼朝）の下文を賜わっている。

④すでに春日社領として灯油を貢納しているが、さらに興福寺領として報恩会用途米三〇石（延久宣旨枡で計量する）を貢納する。その内訳は、富田東荘・津田島・田宮島[21]から各一〇石である。もし自分（泰兼）が訴訟をしなければならないようなとき、興福寺として何の沙汰もなく、自分に不利なことがあるようでは、これは自分の本意ではないから解状を二通作る。一通はのちの証拠のために別会所の櫃に納め、いま一通は、泰兼の子々孫々が領主職を相伝すべきだという旨の別会所の外題を賜わって、永代の証文としたい。

⑤当国司（四条隆房の子隆衡）の代となり、叡山末の祇園社の造営料を徴収するとして国使が荘内に乱入して神人百姓らを凌轢した。これは未曾有の悪行である。何で往古の春日社領が祇園社造営料を負担しなければならないのか。この点は、ただに泰兼一人の愁歎であるのみならず、おそらくは興福寺三千衆徒すべての者の怒りうらみとするところである。

⑥去年、富田荘の年貢などを船に積み、阿波国にある末社[22]の別当安養坊の諒解を得て、船に榊をたて神人らを動員して点定したところ、国衙使数十人がやってきて榊を抜き捨て、船を国の津に着岸せしめたが、とにかく出船し、興福寺領和泉国日根郡谷川荘の津に着岸した。当時、阿波国には関東の武士[23]が充満していたが、何らの妨げもなかった。船を谷川荘に数日間留めおいたが、何らの沙汰もなく、去年（承久三年）十二月晦日のころ、阿波目代の使者が来て国に漕ぎ帰らせ押取した。

以上が領主泰兼の愁状の内容であるが、中村直勝氏もいわれるように、ここには、かなり事情不明の事柄がある。④に見える富田東荘と田宮島であるが、これは新出の地名である。中村氏は、これらの地は吉野川口の新出の砂洲で、泰兼がこれを新たに領有しようとして、報恩会米寄附を条件に保護を受けようとしたものかと考えている(24)。しかし、確かなことはわからない(25)。

藤原隆衡奏状　おそらく、それは承久の乱後の混乱に伴う事件なのであろう。大江泰兼の領有は危機に陥る。貞応三年（一二二四）四月二十二日、按察使藤原隆衡（前国司隆房の子）は太政官に一通の奏状(26)を提出した。その内容は、およそつぎのごときものであった。

　父が国司のとき、矢上保（板野郡）を季保入道に宛て、富田保ならびに津田島を泰兼に宛て給わった。ところが両人は、その別納知行の保を季保の養君である大納言三位の領として春日社に寄進し、荘号を申請し庁宣を下された。季保と泰兼は奸計をめぐらして、これを私領となさんとして官符をうけた。これは不当なことであるから罪科に処すべきところであったが、自分（隆衡）は他国に遷任され、また阿波国が熊野造営料に寄附されて荘号を停止されたので沙汰やみとなった。ところが今度、当国が祇園社造営料に宛てられたので、熊野造営の前例に従うべきだとその沙汰をしたところ、春日社側は、社領の顚倒を企てるものだと衆徒らをあい語り濫訴した。そこで、矢上保だけは免除する旨の庁宣を下した。しかるに本領主の忠連・重政らが季保・泰兼の「奸謀掠領」を遁れるために四条家にこれを寄附した。そこで自分は両荘を春日社に寄進し、年貢として、矢上分は油一石二斗と二寸半板五〇枚、富田分は油一石を毎年怠りなく社家に納めるようにしたい。このような次第であるから、永く四条家の子々孫々まで進退せしめられるよう。

すなわち、従来「藤原親家・粟田重政→大江泰兼→春日神社」と寄進されていたものを、「忠連・重政→四条隆衡

↓春日神社」とし、泰兼の領有を隆衡が奪うということになるのである。

大江泰兼陳状

大江泰兼は、もちろん手を拱いていたわけではない。おそらく右の官宣旨の出る以前、同年の三月十五日付で興福寺別会五師宛に陳状(27)を提出し自己の主張を述べている。その要旨はつぎのごとくである。

春日社領の富田荘については、証文によって理は明らかであって、いまさら事新しくいうまでもないことである。もともと富田郷は自分（泰兼）の相伝の領知であって、元久の頃春日社に寄進し、当時の国司（隆房）によって庁宣を下され、永代不輸社領として泰兼の子々孫々領主として領知するよう認められた。そのうえ宣旨によって官使・国使・社家使あいともに「堺二四至一打二牓示一」ち立券した。かくして社領として数十年間、定められた社家の年貢・上分米・油を違乱なく勤仕してきた。ところが、現国司の代になり、近年、国目代・雑掌らが自分の国役を押し懸け、これを祇園社造営用途料だと偽ったり、あるいは興福寺別当故二条僧正御房の去文があるとか、あるいは阿波本郡と相博するとか、このように、いわれのないことを巧み、国領としてしまった。承久四年夏頃に解文を奉って社家ならびに衆徒御中に訴えたところ、「尤以可レ有二御沙汰一」と評議一決した。またその折、のちのために領主解状や証文等の案を別会所の櫃に入れておいた。自分は、従来の社家上分に加えて領主得分を割分して報恩会用途料をも興福寺に寄進して寺社両方の威光を募ろうとした。ついで貞応二年秋の頃、社家連判下文・衆徒御下文を持ち神人・仕丁を従えて荘家に下向したとき、地頭以下荘民らはみなこれを拝し、もとの如く荘家落居し、社家年貢もきちんと納めるようになった。ところが、矢上荘の領主（伊賀前司入道季保）が別の宿願により、御供所大炊屋を造営したいと申請した。その作事について計画を立てているということであった。そして富田・矢上両荘ともに、衆徒の訴訟によって一向寺社につけられるということであった。それについて愁訴すべきであったが、憚りあり空しく年月を送ってしまった。およそ憲政沙汰の法は貴賤親疎を論ぜず、道理を以て先となし、証文を以て宗となすべきである。神は非礼を受けずという。だから寄進の領主である自分を捨て給うはずはない。しかし、この両三年、御供所造営用途料として年貢を点定せられたが、一向に作事のことはない。いったいどういうわけか。自分としては、社家下文や衆徒下文を持った神人・仕丁が荘に下向してくれればこれに従い、猶予せず納入するつもりである。

しかし、五月二十一日付官宣旨[28]によって隆衡側の主張が全面的に認められ、泰兼は排除されることになった。[29]

悪党泰兼　泰兼は承伏しない。かれの行動はまさに「悪党」化する。[30]寛喜二年（一二三〇）正月、泰兼は御供所造営材木并用途を山城淀津で奪取した。この旨を殿下政所に申し上げたところ、泰兼は大明神御敵人であり罪科軽からずと仰せ出されたが、「御参宮[31]」「寺家御辞退[32]」「御初任[33]」などのことが続いたので処置がおくれていた。それをよいことに泰兼法師は図に乗り、数多の人勢をひきいて荘家に乱入し、種々乱妨を働き雑掌代を追却した。いったい、寺家一円地においては訴えは寺社に出すか殿下政所に出すのが常道であるのに、泰兼が訴を関東（鎌倉）に提起したのは、神威を軽んじ、違勅の責をも招く梟悪の企てである。これは、泰兼が守護と親昵の間柄にあるゆえに行われたことだと寺家はいう。

こうした事情を興福寺別会所は書き記して、富田荘・津田島の神人百姓らに送った。そして右の下文[34]は、住人らにたいして、もし泰兼の使者と称する者がいたらこれを搦め取ること、もし同心せしめ寄宿を許す者があれば荘内を追却し所領を没収することを命じ、御供所材木については雑掌末吉の沙汰にしたがって怠りなく備進するよう催している。この紛争がどのような結末をみたか、史料を欠き不明である。

その後、文永九年（一二七二）の二月騒動（北条時宗が南方六波羅時輔を討った事件）での功により、得能弥太郎通純が富田荘を賜わったことが『豫章記』（『群書類従』巻三九六）に記されているのをみる。またはるかのち、阿波国助任郷の名は『小早川家文書之二』の中にみえる。すなわち、貞治二年（一三六三）六月二十九日小早川重景譲状（六八号）に、安芸国都宇荘や竹原荘などとともにその名がみえるのをはじめとして、以後十五世紀半ばまでの譲状に現われている。[35]

注

(1) 中村直勝「春日社領『富田庄』に就いて」（『寧楽』一一号、昭和四年、のち『荘園の研究』星野書店、昭和十四年に再録）、沖野舜二『阿波国庄園考』（小宮山書店、昭和三十七年）。
(2)『鎌倉遺文』三巻一四一〇号・一四一一号。
(3)『鎌倉遺文』三巻一四三三号、五巻二九三七号。
(4) 当時の阿波守は冷泉大納言隆房。中村直勝・前掲（注1）論文では「四条兼房」とするが誤りか。
(5)『鎌倉遺文』三巻一四一〇号・一四一一号。
(6)『鎌倉遺文』三巻一四三三号。
(7)『鎌倉遺文』三巻一四八一号。
(8) 徳島市内に、上助任、下助任の地名が現存する。
(9) 名東荘との堺は、条里でいえば一九条の西辺。沖野舜二・前掲（注1）書は、現在の佐古と蔵本の境界とする。
(10) 徳島市街の西南に、下八万、上八万の地名が現存する。
(11) 牓示や脇牓示と並べて記されている。札を懸ける行為は「点札」であるが、牓示打ちの前に行われる。大石直正「荘園公領制の展開」（『講座日本歴史3　中世1』東京大学出版会、昭和五十九年）。
(12) 富田荘の西方、すなわち名東荘のあたりには、奈良・平安時代に東大寺領新島荘があった。新島荘は天平勝宝元年（七四九）に野占使によって占定され、天平宝字二年（七五八）の絵図によると、名方郡一九条一〇里・一一里、二〇条九里・一〇里・一一里の五か里にわたり、三二町一段六九歩の地積を有した。その一部はのちの富田荘の地と重なっている。天暦四年（九五〇）の東大寺封戸荘園等寺用帳では八八町余（うち田地は三町七〇歩）とみえるが、長徳四年（九九八）注文の原本とみられる欠年目録では、すべて「右庄田地川成荒廃」と記されている。新島荘のその後の運命は定かではない。阿部猛「初期荘園の没落—東大寺領阿波国新島荘—」（『日本荘園成立史の研究』雄山閣、昭和三十五年）、丸山幸彦「八～十世紀の東大寺領阿波国新島庄について」（『瀬戸内海地域文化の特質に関する史的研究』科学研究費研究成果報告書、研究代表者松岡久人、昭和五十三年）参照。

(13)　ただし、他に面積表示のない島嶼として仏師島・津田島・知岐礼島の三島があった。

(14)　『鎌倉遺文』三巻一五四二号。

(15)　『鎌倉遺文』三巻一五四三号。

(16)　『鎌倉遺文』三巻一五四四号。

(17)　『鎌倉遺文』四巻二一〇〇号・二一〇一号・二一〇三号。

(18)　『鎌倉遺文』五巻二九三七号。

(19)　保元の荘園整理については、阿部猛『律令国家解体過程の研究』（新生社、昭和四十一年）、鈴木敏弘「保元元年新制と荘園整理」（中野栄夫編『日本中世の政治と社会』吉川弘文館、平成十五年）などを参照。

(20)　中務経高入道とは阿波国守護佐々木経高のこと。かれは承久の乱に京方に与同し滅び去った。佐藤進一『増訂鎌倉幕府守護制度の研究』（東京大学出版会、昭和四十六年）一九八頁。

(21)　JR徳島駅の西北、鮎喰川南岸に「田宮」の地名がある。

(22)　この「末社」がどこの春日神社を指すか不明。中村直勝・前掲(注1)論文は「これが現在大瀧山公園にある春日社の起原か」と記している。

(23)　中村直勝・前掲(注1)論文は、国の津を旧吉野川口の「粟津浦」かという。

(24)　中村直勝・前掲(注1)論文（『荘園の研究』六七九頁）。

(25) 承久の乱に際して伊予国の御家人河野通久は「関東討手ノ大将トシテ上洛シ、宇治川ノ先陣ヲ渡シ」恩賞として富田荘を賜わったが、これを伊予国久米郡石井郷と換えてもらったという（『群書類従』巻三九六『豫章記』所収の貞応二年八月十七日関東下知状〈『鎌倉遺文』五巻三一四八号〉六波羅施行状〈同・五巻三一五九号〉）。貞応三年正月二十九日関東下知状（同・五巻三二〇七号）は事情をつぎのように伝える。すなわち、河野氏においては、承久の乱に際して、父の通信は京方に与同して咎を受けたが、子の通久は関東方として戦い阿波国富田荘地頭職を勲功賞として貰った。しかし、河野家の相伝の下人のうち旧好を忘れぬ輩の主家を訪うこと多く、それについて伊予国の新補地頭は制止を加え、ややもすれば咎めることがある。そうした事情からも、富田荘のかわりに石井郷を賜わりたいと願ったのであった。

(26)『鎌倉遺文』五巻三二三七号。

(27)『鎌倉遺文』五巻三二三八号。

(28)『鎌倉遺文』五巻三二三七号。

(29)『春日神社文書』一巻二七三号・二七四号・五四一号なども関連する。

(30)『春日神社文書』二巻六五三号の欠年某解状に、「相二語悪党一、打二止件料材木一、押二領御年貢一」とある。

(31) 関白道家の春日参宮のこと。「明月記」によると二月二十七日。中村直勝・前掲(注1)論文（『荘園の研究』六八六頁）。

(32) 三月九日の興福寺別当大僧正実尊の辞任を指す。

(33) 三月九日の権僧正実信の興福寺別当就任を指す。

(34)『鎌倉遺文』六巻三九九四号。

(35)『小早川家文書之一』所収の、応永七年二月九日小早川仲好譲状（七六号）、同三十四年十一月十日小早川弘景譲状（七三号）、正長二年七月二十日同譲状（七八号）、宝徳二年正月二十九日小早川盛景譲状（八五号）など。

四　越中国堀江荘について

―成立と構造―

越中国堀江荘は、京都祇園社（八坂神社）の荘園として知られている。祇園社の歴史は九世紀後半に始まるが、堀江荘が同社領となったのは十二世紀も終わりの頃である。祇園八坂神社に伝えられた記録・文書によって、堀江荘の歴史をうかがい知ることができるが、史料は必ずしも豊富とはいえない。従前、それら史料に拠った研究論文も数編あって、ほぼ様相は明らかになっているのであり、いまさら屋上屋を架する必要もないと思われるが、一、二気づいた点もあるので、あえて論ずることとした。以下に堀江荘の歴史を逐っていきたい。(1)(2)

(一)　荘の成立

堀江荘の成立　堀江荘が祇園社領となる以前の様子をうかがうことのできる史料が、わずかに存在している。すなわち、康治元年（一一四二）十月、散位宮道朝臣季式なるものが、越中国新川郡内の村々を松室法橋に寄進したというのが、堀江の名が出てくる最初である（『八坂神社記録』、以下『記録』と略記、下巻五四九頁）。掲げられた村名は、力万村・堀江村・伊遠乃見村・小泉村・梅沢村・高槻村・本庄村・西開発村・大力村の九か村で、さらに四至を記している。

ここに見える地名および四至記載から、その範囲を現在の地図上に求めると、富山市の東部から滑川市・上市町などに至る、東西約六・五キロメートル、南北約七キロメートルにわたる、かなり広い地域になるようである。もちろん、この広大な地域がすべて開発されていたということではなく、未開の部分は多かったと思われ、森林原野の中に前掲の村々が成立していたというのが実状であろう。(3) 季式は相伝領掌のこの地を下司職留保の条件で寄進したのであるが、翌年五月、越中守源資賢(4)は留守所に庁宣を下して「力万村・堀江村・本庄村・小泉村・梅沢村・西開発村」(前述寄進文書が掲げる村名とは少し相違している)を松室法橋領として「国使并領家之使共行向、慥可令境四至」と命じた(『記録』下巻五五〇頁)。

久安二年(一一四六)十二月二十三日、越中守(『大日本史』「表」によると藤原顕成)は荘の官物雑事を免除し、翌年正月十五日留守所はこれを荘に伝えた(『記録』下巻五五〇頁)。そしてさらにその翌年の久安四年十月二十六日、松室法眼(法橋ではなく法眼とある)は、荘を越中守すなわち藤原顕成(5)に寄進した(『記録』下巻五五〇頁)。このあたり史料不足で、その後の事情をうかがうに不便であり、これ以上は推測をめぐらすにすぎないので記述を控えたい。(6)

祇園社と堀江荘との関係がいつから始まったのか判然としない。久保田氏はこれを文治二年(一一八六)のこととし、根拠として「社家条々記録」(『記録』上巻五八六頁)のつぎの記事を挙げている。

文治二年六月十六日、被始行六月会、料所越中国堀江荘法会料所、同国梅沢、小泉、滑河三ヶ村舞楽禄・酒肴料所

庄役次第

堀江庄役十二貫導師呪願各一貫、諸僧中十貫、支配見別紙

三ヶ村役五貫楽人舞人禄饗膳等料

法会次第如安居会

しかし、右の記事のみからは、文治二年に堀江荘が祇園社領となったことを確認することはできない。確認できることは、同年、六月会が始められたことと、鎌倉末期[7]にその料所として堀江荘が宛てられていたことの二点である。堀江荘が院宣によって「不輸」とされたのが正治二年（一二〇〇）であるというのを見れば（『記録』上巻五八七頁）、むしろ六月会の始められた文治よりものちに神事用途料として施入されたと考えることができる。しかもこれは、単なる推測というものではない。「六月会とは、六月十四日の御霊会、十五日の臨時祭に引きつづいて、十六日に行はれることになった法会」[8]であるが、元久二年（一二〇五）九月十六日太政官符（『記録』下巻五五二頁）に、「当六月十五日御霊会導師呪願百僧布施供米楽人舞人饗禄料所也」とあるように、のちには御霊会の一法会として位置づけられたものであった。そして、右の元久の官符は、実は祇園社領としての堀江荘の成立の事情を推測するうえでの重要な手がかりを提供する史料である。

元久二年の官符は、大別当大法師晴円の申請にもとづいて太政官が越中国に下したもので、官使・国使あいともに、四至を堺し牓示を打ち「所々并大祓使闘入大小国役等」を停止し、晴円の門弟に相伝領掌せしめよというものであった。晴円の解状も、堀江荘を「保」号を以て呼んでいるが、官符は「感神院六月御霊会用途料、便補当国堀江保壱処事」といっている。ここに堀江荘成立の由緒が語られている。堀江荘は便補保から成ったものであるという。推測するに、もと六月会が始まったとき、その費用は越中国所在の封戸物か、あるいは同国の正税・官物を以て支弁されるものであったが、それを堀江保の官物を以て代える（便補する）に至ったのではあるまいか。もしそうだとしたならば、堀江の地がなぜ便補地としてえらばれたのかが、つぎに説明されなければならない。

多くの例が示すように、いわゆる便補保の成立とは、単に官物・封物代を某所に便補することによって成立したというような単純なものではなく、便補地と領有主体の間に何らかの因縁があり、その因由に拠って候補地としてえらばれていることを考慮せねばならない。堀江荘の場合には、大別当大法師晴円とその父玄有がかかわりあうが、玄有は、同じく祇園社領であった丹波国波々伯部保の立保にかかわった行円の孫である。行円は近江国守富保の保司でもあり、一一世紀末から一二世紀初頭に、祇園社領の確立に活躍した人物であった。(9) 堀江荘の開発領主と見られる宮道氏、その寄進をうけた松室法橋、越中守藤原顕成ら、そして玄有・晴円らの間柄を明確にすることは必ずしもできないが、前述のごとき事情を推測してもよいと思う。

丹波国波々伯部保　先にふれた波々伯部保の成立について補説する。所伝によると、波々伯部保は、承徳二年（一〇九八）に感神院の長日神供料として寄附された四か保のひとつである（『記録』上巻五七七頁）。のちの史料によると、波々伯部村について「件村者、為当所天神毎日調供御供料米之所、被便補之一色不輸之保也」(10) といわれている。「寄附」するとは、具体的にいえば、同村に料米を「便補」したということである。もと神供料として封戸が感神院に寄せられたのであったが、その「御封」の便補として立保されたものだったのである。(11) ところで、波々伯部村については承徳二年十月十五日付の田堵等解(12) なる著名な史料がある。右の解は、同村の田堵一三人（ただし署判者は一〇人）が合計二五町八段三〇代の「所領」を感神院に寄進したといわれるものであるが、これについてあらためて考えてみたい。右の解は案文であるが、首尾部を抜書きすると左のごとくである。

　　草南条波々伯部村田堵等解　申立券進各所領田事

　　　合弐拾五町捌段参拾代（中略）

　右件田、各先祖相伝之所領也、而脩年之間、為領知更无他妨者、感神院御加徴米之代、所立券之進如件

そして解文の末尾には「件波々伯部村、任田数加徴米代、大別当行円自各領主之輩手、所伝領明白也、而領掌之

後無他妨、仍所司等加署判之」として感神院所司の署判があり、首部に別筆で「以行円私坪付、令寄進神領之所見也」とある。解文本文によると、田堵らは感神院に所領を寄進したというが、その内容は「加徴米」を感神院に差出すということであろう。問題は、別筆のいう大別当大法師行円が「私坪付」を以て寄進したという点である。これは承徳二年に便補保となる以前から、田堵らと行円の間に加徴米を媒介とする結びつきが存在したのであり、波々伯部村が便補保にえらばれる契機は、右のごとき田堵と行円の関係にあったのである。田堵らは「加徴米」を寄進することによって、たぶん神人・寄人の称を獲得したのであり、寄進立保によって、大別当行円は波々伯部保の保司職を獲得したのである。

近江国守富保　康和四年（一一〇二）、近江国蒲生郡守富保の官物が祇園社感神院の封物代に便補され、所当の徴集は保司行円が行うことになった。(13) 便補は行円の申請によって行われたものであり、元来守富保は行円の「開発田」であったらしい（『記録』上巻五七八頁）。便補保となったのちも、守富保については、便補した残りの官物は郡司の管理下にあり、また雑公事を徴収されるという状態は続いていた。ところが翌康和五年、雑公事（臨時雑役）を封戸の中男作物油代に便補することになり、万雑事を一切停止され、作人の在家役も免除されるに至った。(14)

近江国細江保　同じく感神院の便補保となった近江国坂田北郡細江郷の場合はつぎのごとくであった。承徳年中、感神院の御封が犬上郡内の某保に便補され、大別当勝尊が保司として供役をつとめ数十年を経たが、保から所当が納入されない事態に陥った。そこで保延年中にその代償として、細江郷内の「散位源保之坪付」を以て保田とした。ところが、同坪付の田を領作していた院庁大番舎人らが「自往古無指領主、自号開発田、不信用国司庁宣」として三〇町の所当米を納入しなかった。院庁下文が出されて、結局舎人ら住人も承知したが、その後再び「保民等為宗難済」という状況になった。(15)

下野国薗部保　応保二年（一一六二）、下野国薗部郷について、国司庁宣は、これを東大寺御封便補保とすることを留守所に告げ、万雑事を停止し「郷分田代荒野」の開発権を保司に宛行った。(16) この保司はおそらく開発領主だったのであり、御封便補とは、開発領主＝保司に東大寺封物を請負わせる体制とも言い換えることができるのである。庁宣が「件郷依有便宜、撰所建立也」という「便宜」とは右のような事情を指していると考えることができる。

保の類型　以上に示した各保は、いずれも元来が単純な公田ではなくて、特定の領主によって開発された（あるいは開発されたといわれた）土地であり、そしてそれは国衙領内における、いわゆる別符・別納の地であった。便補するにさいしては、そうした土地が「便宜」のところとされ、指定されたのである。そして守富保や細江保のごときは、便補以前に感神院所司によって私領として坪付も定まっていたものを、あらためて便補保としたものであり、いわば既成事実を庁宣によって追認するにすぎない。一方、薗部郷のような場合は、国衙が開発領主である保司に封物を請負わせるかたちをとるのである。前者は、封主が上層農民を独自に組織することによって支配する形態であり、後者は、在地領主を媒介とする支配様式である。(17)

(二)　役夫工米および下地中分

寛喜事件　寛喜元年（一二二九）七月、造外宮役夫工米の賦課について、神部らが祇園執行の晴円法眼房に発向し、堀江荘の課役を譴責し刃傷に及ぶということがあり、また祇園の神宝を切り損じたという訴えにより検非違使庁の実検が行われた。(18) この事件は大きな政治問題となり陣座でとりあげられ、現在その定文の内容が知られる。(19) 寛喜元年秋、廟堂の構成は表1のごとくであるが、定文に名の見えるのは太字で示した人物のみである。順次その主張を見るとつぎのごとくである。

○左大臣藤原良平……法家の勘申によると、法眼晴円が神役（役夫工）を対捍し神部を傷つけたことは八虐にもひとしい重科であって、赦すべきではない。太神宮は他社に異なり、他社の例によって律すべきではない。のみならず、神部にもし誤りがあったとしても、造宮使にはその科はないのであり、造宮使を造意の咎に処するとは不審のことである。なお、神宮側の主張と晴円の言い分を問い、所犯の実否を明らかにすべきであり、そのうえで重ねて罪状の沙汰があるべきである。

○按察使藤原兼宗と参議左大弁藤原家光……両者の言い分は相違し分明でない。法家の勘文もまた錯乱し虚実を明らかにしがたい。就中、勘文のなかに造宮使の責任を追及する文があるが、これは誤りである。平範輔のいうように、承安年間の宮司有長罪科のことは先例とすべきではなく、神部の所行の責を宮司に及ぼすことは正しくない。また神部は、晴円は神部の捧ずる榊を折り棄てたと訴えるが、このことは検非違使庁の実検文には記されていないことであるから、さらに尋究すべきである。所詮、さらに詳しく対問して、重ねて法意をさぐり計らい行うべきである。

○大納言源定通……法家勘状の誤りについては右大弁（＝平範輔）と同意見であり、罪名紕断の沙汰について

表1　寛喜元年の廟堂の構成

関　白	藤原道家
左大臣	**藤原良平**
右大臣	**藤原教実**
内大臣	藤原兼経
大納言	藤原忠房・**源　定通**
権大納言	源　雅親・藤原基嗣・藤原基家
	藤原実氏・藤原家良・藤原実親
	藤原家嗣
中納言	藤原公氏・藤原経通・**源　通方**
権中納言	**藤原実基**・藤原高実・藤原国通
	藤原定高・藤原盛兼・藤原頼資
	源　具実
参　議	藤原伊平・藤原隆親・藤原為家
	藤原家光・藤原宣経・藤原頼隆
	平　経高・平　範輔
前大納言	**藤原兼宗**

は権中納言（＝藤原実基か）の議に同意である。従前の法を参照すると、処罰については神民と平民とは区別すべきである。晴円に八虐（相当）の罪あるとき、何で造宮使を同罪とすることができよう。

○中納言源通方……法家勘文の誤りについては右大弁（＝平範輔）の議に大略同意する。両者の言い分は一致せず、にわかに定めがたいので、さらに対問して真偽を尋究し、かつ法家に命じて重ねて勘申せしむべきである。もし、それでも不分明ならば軽い処分に止むべきである。「刑疑従軽之故」である。

○権中納言藤原実基……明法勘状については同前。勘状によると、晴円が榊を折り棄てた件については無実とし、桙を破損した件についてはその科を挙げているが、なぜか。「彼是申状非無疑殆」――よって、早く両方を対問し、その状跡にしたがって広く法家の勘状を召し、また神祇官に命じて先例を勘申させ、そのうえで沙汰あるべきである。「刑之不濫、君之明也」という。

○参議備前権守平経高と参議右大弁平範輔……神宮奏状等を引き、法家勘状が法の解釈・適用を過っていること、検非違使庁の実検文によると、神部が数か所の疵を蒙ったというのにそれに触れず、造宮使については、「破却顕仏之御躰」により、賊盗律の条文を適用して徒三年という。しかも造宮使は実行に加わっていないが謀首であるという。晴円の弟子が刀を抜いて走り廻ったという件につき、実証があるならば杖一百の罪に科すべきである。榊を折り棄てた件については、確かな証拠があれば罪科に処するのが当然ではないか、何で罪を免れることができよう。さらに事実を究明すべきである。

以上が陣定文に見える諸意見であるが、共通していることは、事実関係が不分明であるのでさらに究明せよということである。ただしその後のことは不明である。

寛元の相論　さて、鎌倉時代、堀江荘にも地頭が置かれていたが、感神院側を代表するのは預所＝雑掌であった。

寛元（一二四三～四六）の頃、荘内西条村の雑掌藤原康久と地頭代左兵衛尉国継法師（法名心仏）の間に相論が起った。当荘の地頭職は越中守護名越氏の領するところであって、地頭代国継法師は土肥氏であった。[20]訴陳の詳細は不明であるが、寛元二年の関東下知状に拠ってみると、[21]大概つぎのごとくであった。

○雑掌康久……西条村の年貢は六月御霊会用途に宛てられるが、去る仁治二年（一二四一）七月に私が預所に補任されて以後、地頭代はわずかに六石八斗余の年貢を納めただけで、他はすべて抑留している。早く規定どおり年貢を納入するように命じて欲しい。

○地頭代心仏……西条村は小泉村の中の小村である。前の預所円印法橋の時代には一円知行だったので面倒なことはなかった。ところが、近年になって預所職を数人の子に分割処分したため、それぞれの預所から使者（＝預所代）が入部してきて煩いが多いので、私としては、もとのように一括して小泉村の領家の方に年貢を納めている。康久は西条村の預所ということであるが、それならば、小泉領家の許で西条村の分を請取ったらよいであろうといったまでで、年貢抑留などということは毛頭もないのである。

右の両者の言い分について、幕府はつぎのように裁決を与えた。

○幕府……①所領を子息らに分割処分するのは定法であり、年貢の本数が増加したのではないから、これを以て煩いありというのは当たらない。地頭代心仏が預所にそむき、小泉領家方に年貢を弁済するというのは自由の至りであるから、預所康久補任以後の年貢を究済すべきである。②公田定数は円印の目録に拠れ。③佃米増減のことは荘例に任せよ。

裁許は明らかに地頭にとって不利であった。のち建長八年（一二五六）、堀江荘内の小泉・梅沢・西条の三か村につき、感神院側は地頭の非法を訴え裁判に持ち込もうとしたが、幕府は両方の申請に任せてこれを中分し、牓示を打たしめた。[22] 裁判に入る前に下地中分の和与が成立したのであり、これは和与中分の早い例に属する。[23]

(三) 荘の構造

内検取帳の復原　堀江荘の内部構造を詳しく知らせる史料は乏しいが、ここに建治元年（一二七五）の堀江荘南方の内検取帳[24]と題する史料がある。同史料は完全なものではなく、欠損部があり、また錯簡があって紙の継ぎを誤っているところがあるから、まずそれを正さなければならない。すでにその試みは加部忠夫氏によって、いちおう行われているが、それを参考にして、以下作業を試みる。

文書は全一〇紙より成るが、これを『八坂神社文書』所収の排列のまま（『鎌倉遺文』や『富山県史』所収のものも排列は同様である）、

A―B―C―D―E―F―G―H―I―J

と記号を付する。これを、記載内容によって復原してみると、以下に示すように、

A―I―E―H―J―G―C―F

の順になる。ただし［B］と［D］は孤立しており、取帳のどの部分を構成するか不明である。B紙に「二十一」と記されていることからすると、元来この取帳は全二二紙以上から成る長大なものであったらしい。

［A］

越中國堀江庄南方建治元年御内検取帳名丸事
合

一一郎丸名分
一所一段六十分　　一所一反三百分 天王内免　一所三百分
一所二反十分内 不一反 作一反十分　　一所一反三十分　一所二反内 不一反(作、下同ジ) 乍一反
一所二反六十分内 不六十分 乍二反　　一所二反大内 不大 乍二反　一所大六十分

〔I〕

除　内免四反小 天王元日田
　　殘田九反　小免
　定田六反
御佃一反　分米二石五斗定
雑免一反　分米一斗四升定
御公事田四反　分定安反別二百文定　以上錢八百文
　布免二反　分布四反定　反別二百文以上錢四百文
加徴米二斗八升　反別一斗四升定
五斗代一反　分米五斗
八斗代一反　分米八斗
以上米五石二斗二升内
御佃折入三斗二升五合

〔E〕

井析　三斗
御絹手一石一斗　絹代錢壹貫二百文定
夫代壹貫文定
殘御公物三石四斗九升五合
以上御年貢錢參貫四百文
一能住名分
惣田數二十九(丁)反六十分　除内免一丁一反半
殘田一丁七反大
小免
定田一丁四反十五分
除御佃一反　分米二石五斗
雜免二反　分米二石二斗八升反別一石一斗四升定
定御公事田一丁一反十五分分定安以上貳貫二百九文
布免五反　分布十反定　段別二百文定以上壹貫文

〔H〕

加徵米七斗　反別一斗四升定
八斗代二反　分米一石六斗　反別八升定
七斗代一反十五分　分米七斗二升八合

九斗代三反　分米二石□
以上十石五斗八合
除　御佃折入三斗二升五合定
井析三斗
御絹手一石一斗　絹代錢壹貫二百文定
夫代壹貫文定
殘御公物八石七斗八升三合
以上御年貢錢五貫四百九文
一貞延名分
惣田數一丁六反半内此内河成二反半不二反午一丁二反
除内免四反半天王元日田

［J］

小免
定田伍反
御佃一反　分米二石五斗定
雜免一反　分米一石一斗四升定
御公事三反　分定安錢陸百文反別二百文定
布免二反　分布四反定　代錢四百反別二百文定
加徵米二斗八升反別一斗四升定

八斗五升代一反　分米八斗六升定
　以上四石七斗七升内
御佃　折入三斗二升五合
井粁　三斗
御絹手一石一斗　絹代錢壹貫二百文
　　　　　　　　夫代壹貫文
殘御公物三石四升五合
御年貢錢三貫二百文

〔G〕

一國弘名分
一所二反皆河成一反大作小　一所四反不一反作三反　黒河内免
一所四反大内皆河成三反乍一反　一所一反　一所三百分　一所大
一所一反小　一所大　一所大廿分　一所六十分皆不
　以上一丁六反卌五分皆□六十分乍一丁九十五分
　除内免三反
　　殘田七反九十五分
　　　小免
定田五反
□作一反□
雑免一反　分米一石一斗四升

御公事田三反　分定安錢陸百文反別二百文定
布免二反　分布四反　肆佰文定反別二百文定
御加徵米二斗八升

〔C〕

井析三斗
絹手一石一斗　絹代錢壹貫二百文
夫代壹貫文
殘御公物二石九斗九升五合
御年貢錢三貫二百文
一平藤三入道在家
合
一所小廿分　一所二反不一反乍一反　一所二反皆河成一反乍一反
以上四反小廿分内皆河成一反、不一反乍二反小
小免
御公事田一反大　分定安錢三百三十五文
夫代五百文
殘御公物分米一石六斗六升六合六夕
都合御年貢錢八百三十五文
一御前町在家

［F］

合

一所三反三百分　一所大　一所小　以上四反三百分

小免定田三反二百分

布免一反　分布二反　代錢二百文定

加徵米一斗四升

御公事田二反小八十分　分定安四百八十八文定

夫代五百文

八斗代二反　分米一石六斗

本斗代小八十分　分米五斗五升

殘御公物二石一□(斗)五合

都合以上壹貫百八十八文

以上惣都合名分在家御年貢米廿二石一斗三升四合六夕

以上同名分在家惣都合御年貢錢足十柒貫二百卌二文

［B］

三合四夕四才

以上名分在家惣都御年貢錢足十八貫三百廿三文

一町口壹丁四反大但町口三十三口二ハル　地子錢〇《ひとくちに》二百文定

以上町口錢一口ニ二百文定合六貫六百文

一神講田　　六反内　三反山王十一月御祭田（陀脱カ、下同ジ）
二反阿弥堂修正田
一反梅宮九日田

一地頭給二丁坪成光

一堀内九丁八十分　此内

神講田

除

〔D〕

一地頭給分

合

一所一反　犬丸　　一所二反　御門丁　　一所三反　源三郎跡

一所四反　斎藤次分　　一所四反　八郎作　　一所三反　藤内作

藤内作　　一所二反半　堀内　　一所三反　八幡杉

一所二反　もんそし　　一所二反　不作　　一所二反　御前町

以上三丁半

一神講田分

一所二反半三月三日田　　一所二反四月三日田　　一所二反　さえへい田　　一所一反七月七日

一所一反六月日御供田　　一所五反仁王講田　　一所一反半六月七日　　一所一反半薬師堂正月修正田

一所一反同御堂修理田　　一所七十苅同御堂燈油田　　一所一反同御堂二月修正田　　一所三反六月十四日

一所一反正夫田佛供田阿弥堂　　一所一反地蔵堂（理、下同ジ）修里田　　一所二反立山内免　　一所一反阿弥堂御供田

一所一反［　］［　］　　一所二反護摩堂佛供田　　一所三反天王修里田

表2　堀江荘の名・在家の構成

名・在家	惣田数	内免	定田	佃	雑免	公事田	布免
一郎丸名	一町・四反・二二〇歩	四反・一二〇歩	町 六反・〇〇〇歩	一反・〇〇〇歩	一反・〇〇〇歩	町 四反・〇〇〇歩	二反・〇〇〇歩
能住名	二・九・〇六〇	一・一・一八〇	一・四・　一五	一・〇〇〇	二・〇〇〇	一・一・　一五	五・〇〇〇
貞延名	一・六・一八〇	四・一八〇	五・〇〇〇	一・〇〇〇	一・〇〇〇	三・〇〇〇	二・〇〇〇
国弘名	一・六・〇三五	三・〇〇〇	五・〇〇〇	一・〇〇〇	一・〇〇〇	三・〇〇〇	二・〇〇〇
平藤三入道在家	四・一二〇					一・二四〇	
御前町在家	四・三〇〇		三・二〇〇			二・二〇〇	一・〇〇〇

荘の構造　ここでは、いちおう［A］→［D］のすべての文書が堀江荘南方の取帳を構成するものであるという前提に立ち、以下において当荘の構造をうかがうこととする。

取帳には、一郎丸名［AIE］・能住名［EH］・貞延名［HJ］・国弘名［GC］の四か名と、平藤三入道在家［C］・御前町在家［CF］の二か在家の田数と負担の内容が語られている。記載にしたがって、田地についてまとめると表2のごとくである。表において定田と称するのは、佃・雑免・公事田の合計である。布免は公事田の中に含まれる。佃が一段宛で均等なのは他の諸荘園に多く見られる例と同様である。つぎに、名・在家が負担する年貢・公事を記載にしたがって整理すると表3のごとくである。分米と加徴米の合計から除かれるのは佃折入・井料・絹手米である。絹手米は代銭納とされるので、計算上「除」とされるのである。(25) この荘園で注目されるのは銭納部分の大きいことで、表3に見えるように、公事銭・分布銭・分布代銭・絹手代銭・夫代銭の四種類があり、結局「公事」はすべて代銭納となっている。

市庭在家　かつて佐々木銀彌氏は、その論文(26)において堀江荘の取帳に触れて、つぎのように述べられた。

堀江荘の内検取帳は錯簡が甚だしく、厳密にいって一郎丸名の名分在家の年貢銭一八貫三二〇文、能住名の年貢銭一七貫二三二文は、はたしてそれぞれの名分年貢銭かどうか疑問の点も残されているが、とにかく名別在家年貢銭が徴収されていたことは事実であろう。

佐々木氏の理解の妥当でないことは、すでに加部氏が指摘したとおりであるし、前述したところからも判断されると思う。佐々木氏は『八坂神社文書』所収文書の排列をそのまま認め、錯簡を正すことがなかったので、右のごとき理解に陥ったのである。しかし、それはそれとして、佐々木氏もいわれるように、名別・在家別分銭の賦課台帳が作成されるということは「名主を中心とする農民自身の年貢販売」の存在を推測させるのである。すでに豊田武氏は堀江荘の市場屋敷の存在を指摘しているが(27)、そのもとづく史料はいま問題にしている取帳の[B](28)である。「町

表3　堀江荘の名・在家別負担

名・在家	佃分米	雑免分米	布免加徴米	同分米	小計	除分			残公物	公事銭	分布代	絹代	夫代	年貢銭合計
						佃折入	井料	絹手						
一郎丸名	二五・斗	一・四斗	二・八斗	一三・斗	四二・二斗	三・二五斗	三・斗	一一・斗	二四・九五斗	八〇〇文	四〇〇文	一二〇〇文	一〇〇〇文	三四〇〇文
能住名	二五・	二三・八	七・	五〇・二八	一〇五・〇八	三・二五	三・	一一・	八七・八三	二二〇九	一〇〇〇	一二〇〇	一〇〇〇	五四〇九
貞延名	二五・	一一・四	二・八	八・六	四七・八	三・二五	三・	一一・	三〇・五五	六〇〇	四〇〇	一二〇〇	一〇〇〇	三二〇〇
国弘名	二五・	一一・四	二・八	一二・七五	五一・九五		三・	一一・	三七・九五	六〇〇	四〇〇	一二〇〇	一〇〇〇	三二〇〇
平藤三入道在家					一六・六六六					三三五			五〇〇	八三五
御前町在家			一・四	二一・五	二二・九					四八八	二〇〇		五〇〇	一一八八

表4　堀江荘の神講田

No.	神　講　田	地　積
1	薬師堂正月修正田	反 歩 1.180
2	同二月修正田	1.－
3	同修理田	1. －
4	同灯油田	70　刈
5	三月三日田	2.180
6	四月三日田	2. －
7	六月日御供田	2. －
8	六月七日（田）	1.180
9	六月十四日（田）	3. －
10	七月七日（田）	1. －
11	山王十一月御祭田	3. －
12	梅宮九日田	1. －
13	仁王講田	5. －
14	立山内免	2. －
15	黒河内免	4. －
16	地蔵堂修理田	1. －
17	阿弥陀堂修正田	2. －
18	同御供田	1. －
19	正夫田仏供田阿弥陀堂	1. －
20	護摩堂仏供田	2. －
21	天王修理田	3. －
22	さつへい田	2. －

口」は一町四段大で三三口、「ひとくち」に地子銭二〇〇文、計六貫六〇〇文というように、いわゆる地口銭の徴収であり、これを市場町と見るものである。町口一町四段大であるから一戸当りの敷地は一六〇歩となり、たぶん均等割になっていたのであろう。中世の絵巻物、例えば『一遍上人絵伝』に見える信濃佐久伴野荘の市や備前福岡の市における市屋は、掘立柱に草屋根または板屋根の簡素な造りで、仮屋である。市の開催日にのみ使用されるものであり、ここに人は住まない。堀江荘の場合は町口銭を徴収される在家であり、仮屋ではなかろう。

仏神免　［B］［D］に示された神講田を一覧すると表4のごとくである。内容不詳の点も多いが、簡単に見ると以下のごとくである。①正月修正会は正月元日から三日、または七日まで行われる法会である。ただし、元日からとは限らない。結願ののちに、堂押しといって、お堂の中で多くの男女が押し合う行事、裸祭などの行事の行われることがある。鬼会と称し追儺祭を行うところもある。②二月修正、すなわち修二月会（修二会）は一日から始まる。③修理田は堂の修理費に宛てるもの、④灯油田は灯明料に宛てるものである。灯油田のみ「刈」[29]表示である。

⑤三月三日はいまならばひな祭りであるが、これは上巳の祓を指すのであろう。⑥四月三日は不詳であるが、土地によっては、お田植まつりを行うところがある。⑦〜⑨六月は祓の多い月である。十四日田は御霊会のそれであろう。なお六月晦日は「名越の祓」である。⑩七月七日は七夕であるが、盆の行事として意識されていたのではないか。七日に魂迎えを行うことは多かった。⑪山王日吉神社の祭りであるが、ふつうは陰暦四月の中の申の日が祭日。⑫梅宮社とすれば古来四月酉の日が祭日である。⑬仁王講は仁王般若経を読誦する法会で、鎮護国家・万民豊楽を願う。⑭⑮は不詳であるが、立山信仰にかかわるものか。㉑天王は牛頭天王、もと祇園精舎の守護神で、祇園社の祭神である。㉒は「さくへい田」であろう。毎月の朔日に神に幣帛を奉る、その費用に宛てる田地であろう。例えば建仁二年（一二〇二）閏十月二十九日預所某下文[30]に常陸国吉田神社の朔幣田が見え、「七月朔幣田弐段　袴基郷／十二月朔幣田弐段　常盤郷」とある。[31]

相伝系図　嘉元四年（一三〇六）二月二十三日、堀江荘内の大力開発（村）が近江国宮河保とともに祇園社修造料所とされた（『記録』上巻五九三頁）。『記録』は「越中国堀江庄内大力開発、為買得領主、任神領興行之傍例、被付社家、可終修造之由、被下院宣畢」としている。

大力開発村については「相伝系図」（『八坂神社文書』と略記、以下『文書』、下巻一六三二号）なるものが存在し、その記載を信ずれば、貞治三年（一三六四）九月に書かれたもので、右の村が晴円以後どのように伝領されたかを示している（系図参照）。如教のとき、その伯父継円との間に紛争が起った。如教の訴えによって調査したところ、亡父晴円の譲状分明ということであり、継円も承状し事はおさまった。[32]元応二年（一三二〇）、尊信のとき、開発村は子息烏丸少将と娘（少将の妹）松夜叉御前に分割譲与された。そのさい、手継証文等は男子に渡し案文を少将が書いて妹に渡した。これは領家職であるが、預所職は永代女子方に付けることとした（『文書』下巻一六三三号）。

欠年断簡（『文書』下巻一六三六号）に、六月会の会料は堀江荘役で、すべて千疋のうち二六〇疋は大力開発分であると証しているところからすると、開発村は荘全体とは別に扱われていたらしく、いわゆる別名的な存在であったと思われる。開発村は、その名のごとく、元来は宮道氏が開発領主として所持した別名・別符であり、堀江荘の中核的部分に当たり、便補保として堀江の地が成立する縁由のひとつは、そこにあったと考えられるのである。

系　図

晴円――如教（晴円女）――弁応（如教養子）――福王女（弁応次女）――尊信（烏丸中将後室）
┣烏丸少将（尊信子）
┗尊阿（尊信女）――春王丸

(四)　荘の没落

南北朝の内乱　鎌倉幕府の滅亡にともない、従前の地頭職が没収されて祇園社に与えられた。それを伝える元弘三年（一三三三）の後醍醐天皇綸旨（『文書』下巻一六四〇号）は、堀江荘を「秋時跡」、梅沢・西条・小泉の三か村を「公篤法師跡」と記しているが、『富山県史　通史編Ⅱ』（三四二頁）がいうように、秋時（左近大夫将監）は越中守護名越時有の一族であり、公篤法師（江馬氏）は時有の従兄弟であった。堀江荘は長日料所であったが、建武二年（一三三五）二月十七日官宣旨[33]により、これを祇園社不断宝号料所とし、執行法印静晴の門葉に伝えしめることとした。その後、建武四年の光厳院院宣（『文書』下巻一六六一号）や同五年の足利尊氏地頭職寄進状（『記録』

下巻五五六頁）があるが、康永（一三四二～四四）頃には、戦乱の紛れか年貢も滞り、六月会が行われぬありさまであったという（『記録』上巻七八頁）。

貞和五年（一三四九）正月十一日、尊氏は越中高木村（大鷹入道跡）を祇園社に寄進し（『文書』下巻一六六三～五号、一六六九号）、翌年春には同村の国役について議するところがあった（『記録』上巻一〇四頁、一一六頁、一二四頁）。戦乱の中での社領維持は困難であった。右の高木村の場合でも、在地には諏訪犬松丸なるものがいて知行を妨げたし（『文書』下巻一六四二号、一六六四号、一六七〇号）、荘の惣領方（本荘・西開発・小椙村）について、観応二年（一三五一）六月十七日、尊氏は下地を雑掌に沙汰付けせよと命じ（『文書』下巻一六六二号）、荘内梅沢・西条・滑河・小泉等の村々の領家職を、戦いに事よせて土肥中務入道らが妨げているのを排除したりしている(34)。また文和二年（一三五三）二月には、足利義詮は堀江荘地頭職を「為天下安全武運長久」に祇園社に寄附した（『文書』下巻一六五一号、一六五二号）。

堀江荘において半済実施の事実を示す古い史料は、延文二年（一三五七）の真下心蓮・臼井行胤連署打渡状（『文書』下巻一六四九号）で、それには、守護人の申請により、雑掌の承諾のうえ「先以半済之儀、所沙汰付下地於雑掌慶算也」と記されている。この半済は「下地」分割にほかならない(35)。

領家職　貞治二年七月堀江荘惣領方雑掌成定解（『文書』下巻一六七二号）によると、土肥中務入道心覚父子が「募武威」り、文和二年このかた本所雑掌を荘に立入らせず、非分濫妨を働き、神役闕怠すると述べている。在地勢力による横妨は続き、ついに貞治三年四月十五日、社務執行宝寿院顕詮は、「地頭職内西条・小泉・梅沢三箇村并領家職」を大町立(竪)者御房に請負わせることとした（『文書』下巻一六七三号）。

『記録』応安四年（一三七一）七月六日条によると、堀江荘領家惣領方文書は故井白が元本三貫文で質入れしたものであったが、領家の冷泉定親が今春讃岐国で没したとき、子がなかったので「讃岐国宰相僧都」が譲得した。そこで元本三貫文に利息三貫文を加えて請出したい旨を治田弾正蔵人を通じて顕詮に懇望してきた。その理由として、質入れのときの顕詮の「口入請取状」の存在を挙げているが、顕詮は自筆の判形ではないととりあわなかった。しかし、僧都が管領細川頼之の縁者であり「権門不能左右之間」文書二二通（公券六枚、手継一二枚、安堵院宣四枚）を治田に渡した。こうして口入請取状は取り戻し、本利六貫文を得たが、うち一貫五〇〇文を仲介した治田に遣った。『記録』によれば、文書のうち公券二枚と手継五枚は「謀作」であるという。元来その領家職は代々祇園社の祠官の知行とするところであったが、「盛国」の息女が父の文書を盗み、これを夫たる冷泉中経元経頼に渡し、かくしてその子孫が当所を「押領」することになったのであると記している。(36) 貞治・応安の間に武士の横妨はやまず、幕府はしばしば下地の社家への打渡しを命ずるが、あまり効果は期待できなかったようである。

没　落　応安五年十一月十一日、この日京都は初雪で二寸ばかり積ったが、堀江南方大力村の年貢一〇貫文が割符（＝為替）で送られてきた。替屋（＝為替屋）は四条坊門北の為替屋であった(37)（『記録』上巻四八三頁）。他に土肥氏から「生鮭三尺、スチコ十」が送られてきているが、年貢はおよそ正躰なきありさまであった。応永年間（一三九四〜一四二七）ともなると、「於今者、為一村社家無知行候」（『記録』下巻五六三頁）といわれ、しだいに実質を失ってくるが、文安三年（一四四六）には五五貫文の年貢請取状が納所から土肥氏宛に出されており（『記録』下巻一六八頁）、寛正五年（一四六四）四月十七日の江良真良請文（『文書』下巻一六七九号）は年貢納入を約している。この請文によると、代官請が行われていたらしい。祇園社と堀江荘の関係はここで追跡不能となる。おそらくは、応仁・文明の乱の渦中に、祇園社の支配を離れたのであろう。

注

(1) 第二次大戦中、八坂神社が刊行した『八坂神社記録』(上巻)と『八坂神社文書』(上巻・下巻、昭和十五年・十六年)に主要史料があつめられたが、『記録』は戦後あらためて、増補続史料大成に四分冊として刊行されている(臨川書店、昭和五十三年)。また、堀江荘関係史料は『富山県史』(資料編I・II、昭和四十五年・五十年)に収める。

(2) 以下論述に当っては、おもにつぎの諸論考を参照した。加部忠夫「越中国堀江庄―庄の成立と支配構造―」(『道東史学』九号、昭和三十八年)、奥田淳爾「祇園社領越中国堀江荘の変遷」(『富山史壇』四七号、昭和四十五年)、久保田収「祇園社領越中国堀江荘」(『皇学館大学紀要』九号、昭和四十六年、『八坂神社の研究』神道史学会、昭和四十九年、所収)、久保尚文「堀江荘の消滅問題の再検討」(『越中中世史の研究』桂書房、昭和五十八年、所収)、『富山県史　通史編II　中世』(昭和五十九年、一七五頁以下)。

(3) 奥田淳爾・前掲(注2)論文。

(4) 康治二年五月当時、越中守が源資賢であったことは『公卿補任』応保元年の源資賢の項に拠る。なお久保田氏論文参照。

(5) 『記録』の校訂者は越中守を藤原清隆とするが、久保田収・前掲(注2)論文や『富山県史』に従い藤原顕成とする。顕成は関白藤原氏の家司であった。

(6) 松室法橋について久保田氏は『尊卑分脈』の勧修寺流藤原氏系図に、興福寺僧と思われる「寛誉」なる人物を発見している。かれは「法眼号松室」と肩書されている。『富山県史』は、松室法橋が勧修寺為房の子であれば、宮道氏の堀江荘領有を合理的に説明できるとしている。為房の子顕隆(寛誉の兄)は俗に「夜の関白」と称され、院近臣として権勢を振ったが、外孫徳大寺公能、および顕隆の子顕長は越中国守となっており、その目代をつとめたのが宮道氏ではないかというのである。

(7) 『社家条々記録』は、表紙裏書によると、元亨三年(一三二三)二月十日法眼晴顕によって書かれたものである。『記録』は法会の次第を「如安居会」と記すが、その安居会については、「承安二年壬辰七月十五日彼(被)始行安居会/料所美作国布施庄／但当庄者関東右大将家頼朝寄附也」とあり、料所布施荘が安居会始行よりかなりのちに施入されたものであることを示している。

(8) 久保田収・前掲（注2）論文。

(9) 同右。

(10) 『平安遺文』六巻二九一七号、保元三年四月五日感神院所司解。

(11) 『平安遺文』六巻二九五四号、保元三年十一月十一日感神院所司解。

(12) 『平安遺文』四巻一三九八号。

(13) 『平安遺文』四巻一五〇三号、康和四年十月十五日近江国司庁宣。

(14) 『平安遺文』四巻一五一一号、康和五年二月二十一日感神院所司解。

(15) 『平安遺文』七巻三三一〇号、長寛二年九月二十五日官宣旨。

(16) 『平安遺文』七巻三一九四号、応保二年三月七日上野国司庁宣。

(17) 以上、保については、河音能平「院政期における保成立の二つの形態」（『史林』四六―三、昭和三十八年、のち『中世封建制成立史論』東京大学出版会、昭和四十六年、所収）参照。

(18) 『百錬抄』第十三、寛喜元年七月十六日条。ただし「祇園執行勝円法眼房」とあるのは「晴円」の誤りであろう。

(19) 『鎌倉遺文』六巻三八七〇号、寛喜元年九月十三日陣定文。

(20) 『富山県史　通史編II　中世』一八一頁。

(21) 『鎌倉遺文』九巻六四二一号、寛元二年十二月二十四日関東下知状。

(22) 『鎌倉遺文』十一巻八〇〇三号、建長八年六月五日関東御教書案、同十一巻八〇〇四号、建長八年六月十二日関東請文案。

(23) 平山行三『和与の研究』（吉川弘文館、昭和三十九年）一六九頁、安田元久『地頭及び地頭領主制の研究』（山川出版社、昭和三十六年）四二八頁。

（24）『鎌倉遺文』十六巻一二一九〇号、建治元年越中国堀江荘南方内検帳。
（25）佃折入は判然としないが、『富山県史』は、割当てられた佃耕作の代償かという。井料は用水施設保守のための費用に宛てるもの。なお、「除」分の性質およびその意義については、阿部猛「荘園における除分について」（『歴史学研究』三三七号、昭和四十三年、本書所収）参照。
（26）佐々木銀彌「荘園における代銭納制の成立と展開」（『中世の社会と経済』東京大学出版会、昭和三十七年、所収、のち同氏著『中世商品流通史の研究』法政大学出版局、昭和四十七年に収める）。
（27）豊田武『増訂中世日本商業史の研究』（岩波書店、昭和二十七年）一二七頁。
（28）史料［B］には「地頭給二丁坪成光」と「堀内九丁八十分」という記載がある。さきに［A］から［J］に至る史料を取帳を構成するものと前提したが、史料［B］は他の史料に比してやや異質の感もある。
（29）刈は「束刈」で「苅」とも書く。収穫量を以て田積を表わす。古代的な丈量単位といえるが、近江・越前・越中・越後・出羽や肥後など各地で用いられた。寺尾宏二「束刈考」（『日本賦税史研究』光書房、昭和十八年）参照。
（30）『鎌倉遺文』三巻一三二四号。
（31）応安八年二月十日丹波国大山荘年貢地下散帳（『東寺文書之二』九一八頁）に「除」として「三斗　三月廿一日并九月九日御朔弊《（マヽ）》」とある。安元二年（一一七六）六月肥前国河上宮神田注文案（『平安遺文』七巻三七六六号）は年間の神事を一覧することのできる恰好の史料である。以下に列記する。
正月元日御節供并饗膳料（六段）正月朔幣田（一町）正月七日白馬酒肴料（二段）正月十三日踏歌酒肴料（五段）二季彼岸供料（一町）三月三日御節供并饗膳料（五段）二季御祭御供饗膳料（二町八段）五月朔幣宮方国方饗膳料（一町）五月五日御供并饗膳料（六段）六月名越祓御供并饗膳料（一町）七月七日御節供并饗膳料（六段）八月十七日臨時会料（四段）九月朔幣并饗膳料（二町）九月九日御節供并饗膳料（六段）十月初申御神楽料（五段）二季神楽料（四段）十二月土祭料（五段）神通寺仏性灯油料（三町七段）季大般若僧供（一町）仁王講（三段）観音講（五段）
（32）『鎌倉遺文』十一巻八一三〇号・正嘉元年八月四日法眼政尊奉書、同巻八一五四号・正嘉元年十月八日尊覚法親王令旨、同巻八一五五号・正嘉元年十月九日心快奉書、同巻八一五六号・欠年二月十日心快書状案、同巻八一七〇号・欠年十二月八日継円請文案、同巻八一七一号・正嘉元年十二月十三日心快奉書、同巻八一七二号・正嘉元年十二月十三日政尊奉書など。

(33) 『大日本史料』六編之二、二八三頁。

(34) 『大日本史料』六編之十七所収「井上文書」観応三年九月十八日書状。土肥氏は古くからこの地に根を張っていた土豪で、地頭代をつとめていた(久保田収・前掲〈注2〉論文)。

(35) 半済制度については、島田次郎「半済制度の成立」(『史潮』五八号、昭和三十一年、のち『日本中世の領主制と村落上巻』吉川弘文館、昭和六十年、所収)を参照。

(36) 『富山県史　通史編II』は、「盛国」は祇園社僧「盛円」の誤字であろうと推定している。

(37) 為替については、豊田武・前掲注(27)書、第二章第三節「為替取引の発生」を参照。

〔追記〕　堀江荘について考え始めたのはかなり以前のことであった。文中にも引いた加部忠夫氏(昭和三十八年三月北海道学芸大学釧路分校卒業)の卒業論文指導の過程で、ともに史料を読み始めたのが最初であった。その折の覚え書を基にして再考し、纏めたのが本稿である。加部氏の論文は、「取帳」を復原利用した手堅いものであり、私も学ぶところが多かった。なお、「取帳」の配列については、のち、橋本玲子「越中堀江荘南方内検帳配列修正の試み」(『鎌倉遺文月報』三六、昭和六十三年)がある。

五　大炊御門家領について

徳川黎明会所蔵（徳川林政史研究所保管）史料中に「大炊御門家文書」と称するものがある。その多くは近世史料であるが、なかに注目すべき中世史料が含まれている。ここに紹介するのは、①建武二年（一三三五）正月二十九日付雑訴決断所牒と、②大炊御門家領注文と覚しき欠年断簡二通である。(補注)

大炊御門家は、藤原北家流、関白師実の第三子経実に始まる家柄で、『尊卑分脈』によると、経実の曽孫に当たる師経から大炊御門を号したという。邸宅が大炊御門の北、富小路の西（左京二条四坊十町）にあったからである。東京極大路、すなわち平安京の東のはずれ、賀茂川に近いところである。平安時代、ここは春日殿とも呼ばれ、白河・鳥羽両上皇、待賢門院璋子の第宅となった。その後、左大臣藤原経宗の領となり、変遷はあるが、大炊御門邸として伝えられた。

中世の大炊御門家領については、断片的な史料は存するものの、その全容を示す史料は従来知られていなかったと思う（『国史大辞典』にも「大炊御門家領」の項目はない）。以下に紹介する史料も、同家領を網羅するものではないが、およその姿をうかがうに足るものであろう。若干の解説を付して紹介する。

〔史料1〕　雑訴決断所牒

雑訴決断所牒　紀伊國衙

大炊御門中納言家雑掌申
當國薗部庄内貴志山路兩村
事
牒任安貞二年關東下知狀等守新
補率法止地頭之押妨可被沙汰付
雑掌於下地之狀牒送如件以牒
建武二年正月廿九日　雅楽頭藤原朝臣（花押）
中納言兼右衛門督藤原朝臣（花押）　前伯耆守藤原朝臣（花押）
従二位藤原朝臣（花押）　少判事兼明法博士左衛門大尉豊前守坂上大宿禰（花押）
正三位藤原朝臣（花押）　左少辨藤原朝臣（花押）

雑訴決断所については、いまさら述べるまでもない。建武政府の設けた訴訟機関であって、すでに若干の研究がある。(1) 現存する雑訴決断所牒によると、建武元年七月と八月の間に、牒の形式に変化が見られ、「弁官一名上判形式」の文書から「複数上判形式」の文書にかわる。すでに早く、佐藤進一『鎌倉幕府訴訟制度の研究』(2) は、比志島文書中の欠年「結番交名」が雑訴決断所結番交名であると指摘し、それが四番構成をとることを明らかにしていた。そして、建武元年八月の日付を有する結番交名（「建武記」）においては八番構成となっており、現存する決断所牒の整理によっても、それは確認される。

各番の管轄地区は、一番（畿内）、二番（東海道）、三番（東山道）、四番（北陸道）、五番（山陰道）、六番（山陽道）、七番（南海道）、八番（西海道）となっていた。小林保夫(3) の史料の博捜にもかかわらず、南海道を担当した決断所七番方の牒は三通しか見出すことができないという。一通は、建武二年八月二十八日付で紀伊国衙に宛てたもの、いま一通は、同日付で紀伊国守護所に宛てたもので、同文である。以上の二通は、大日本古文書『大徳寺文書之一』に収める（四七九号、四八〇号）。さらに一通は、淡路国に宛てた建武二年十月三日付牒（『九条家文書』六巻七四八号(6)）である。南海道の分は史料が乏しく、その意味でも、ここに紹介する牒は貴重なものということができる。

建武二年正月の時点で、「大炊御門中納言」は藤原冬信で、師経から七代めに当たる。冬信は、正中二年（一三二五）一七歳で正四位下・参議・右中将となっており、以後、兼春宮権大夫を経て、一九歳で従三位・権中納言、正三位・兼左衛門督から、元弘二年（一三三二）正二位で権大納言（二四歳）、しかし翌年五月権大納言を停められ従二位に復した。したがって、建武二年には従二位・権中納言で二六歳であった。その後、正二位・権大納言から大納言、そして貞和元年（一三四五）には内大臣となったが（三七歳）、翌年職を停められた。貞和五年十二月従一位に叙したが、観応元年（一三五〇）六月二十八日、四二歳で世を去った（『公卿補任』）。

薗部荘は紀伊国名草郡にあり、紀ノ川右岸に位置し、北に葛城山脈を負い、和泉国と境を接する。いま和歌山市域内に入る。古代の薗《その》部《べ》郷の地で、早くから開けていたと思われるが適当な史料は見当たらない。平安末期の康治元年（一一四二）九月、日前・国懸両社の神人らが大伝法院領山東荘に乱入し、住人四人を搦めとり、凌礫を加え、衣服を剝ぎ取るなどの乱妨を働く事件があった（『平安遺文』六巻二五五四号）。その後、日前・国懸両社と大伝法院の間には争いが続き、それにつき大伝法院が訴え出ようとしたところ、逆に両社側が機先を制して院庁に訴状を提出した。大伝法院三綱はこれに対して陳情を提出する（『平安遺文』六巻二五五四号）。それによると両社（社司紀良佐）はつぎのように訴えていた。

日前・国懸両太神宮は名草郡四院(4)全体に、年間八〇度余りの御祭を勤仕させてきた。しかるに近代に至り、多くの荘園が立てられて、(5)神事も懈怠するようになった。そこで康治元年頃、「四至内は荘園・公郷を問わず、往古の例のままに本役神事を勤仕せしむべし」という官符・宣旨を賜わった。神人らは、この道理ある裁報を蒙って、いよいよ神威の尽きざるをよろこび、旧例に従って、園部荘と山東荘に「御八講頭役」を賦課しようとしたところ、園部荘の下司国盛が神人のかついできた神木を折り流す非礼を働いた。これを伝え聞いた山東荘の僧徒・荘民らも神木を抜き取り荘外に捨てた。これを訴えたところ、「下司国盛を追却し、本役神事を勤仕すべし」という官符・宣旨を下された。そこで、去年は院宣のままに、園部荘の方は頭役をつとめたが、山東荘側は勤めなかった。(6)

貞治元年（一三六二）十一月二十五日、沙弥道智は、有田郡保田荘地頭職と園部荘地頭職を貴志朝綱に譲った（「御前家文書」）。永享年間（一四二九〜四一）と推定される四月十三日付守護畠山満家文書状案（「隅田家文書」一六号）によると、園部荘の貴志・山路両村と隅田荘地頭職・同闕所分が隅田一族に安堵された。また『建内記』嘉吉元年（一四四一）四月十一日条によると、園部荘地頭職は大炊御門家の知行であったが、守護畠山基国が押領し、畠山後室（故太夫入道母）に譲られた。大炊御門家には領家分として一万二千疋（一二〇貫文）が上納された。

〔史料2〕

Ⓐ

新田庄　　甘楽社

下野國

真壁庄　　大内庄

越前國
　服庄
加賀國
　中村庄
能登國
　吉河庄
越中國
　吉岡庄
越後國
　小河庄
丹波國
　五箇庄　沼貫庄　中庄
　　　　　佐治庄　船井庄
　　　　　　　　　八田庄
但馬國
　西明寺　當時不知行
　　　　　追可申所存
伯耆國
Ⓑ……（紙継目）……
　浮田庄　生目方
　　　　　小松方
以上

Ⓒ

此外散在家領等数箇所有之訴詔相殘者也

追可注進之

（以下別筆者略）

〔史料3〕

Ⓓ

長田庄

播磨國

永良庄　下端庄

美作國

冨多庄　和介郷（當家管領）　鷹取郷（當時鷹司前中納言家知行之）　河邊郷

弘野郷　高野郷

此三ケ郷當時不知行追可申所存

出雲國

薗山庄　於本家職者當家管領

於領家職者甘露寺前兵衛佐知行之歟

安藝國

吉田庄　兩別符

備中國

三村庄　手郷

肥前國
長嶋庄　墓崎村　當時不知行 追可申所存
筑前國
向月庄
日向國
瓜生野別符

Ⓔ

二通の史料は、見るとおり「家領目録」ないし「家領注文」と称すべきものである。〔史料2〕は二紙より成り、〔史料3〕は一紙より成るが、内容に即して見ると、もと三枚は接続する一通の文書であったことがわかる。〔史料2〕は接続を誤っており、A－Bの次にはD－Eが接続し、D－Eの次にB－Cが継がれていたのである。結局、この「家領目録」は、欠年前欠文書ということになる。この文書の執筆時期はもちろんわからないが、その内容がどの時点での様子を示すものか、これも確定することは困難である。手がかりは、美作国鷹取郷の部分の注記「當時鷹司前中納言家知行之」と出雲国薗山荘の部分の注記「於領家職甘露寺前兵衛佐知行之歟」の二点であろうか。人物比定は、いまのところ困難であるが、「鷹司前中納言」を、応安二年（一三六九）十二月十九日に権中納言を辞任し、康応元年（一三八九）に薨去した藤原宗雅に比定することができるならば、「當時」とは応安二年から康応元年の間ということになるが確言できない。

さて「家領目録」に見える荘園などを国別に整理して列記すると、つぎのごとくである。

上野国～新田荘、甘楽社

下野国〜大内荘、真壁荘
越前国〜服荘
加賀国〜中村荘
能登国〜吉河荘
越中国〜吉岡荘
越後国〜小河荘
丹波国〜沼貫荘、八田荘、佐治荘、船井荘、中荘
但馬国〜西明寺
伯耆国〜長田荘
出雲国〜薗山荘
播磨国〜永良荘、下端荘
美作国〜富多荘
備中国〜三村荘
安芸国〜吉田荘、両別符
紀伊国〜薗部荘
筑前国〜向月荘
肥前国〜長嶋荘、墓崎村
日向国〜瓜生野別符、浮田荘（生目方・小松方）

以下、『角川日本地名大辞典』(角川書店)『日本荘園大辞典』(東京堂出版)などに拠り簡略に解説する。

上野国新田荘

古代の新田郡域とほぼ重なる広大な荘園で、新田氏の拠点。平安末期、新田義重が開発私領を花山院(藤原)忠雅に寄進し、自らは下司職に任ぜられたところから荘園としての歴史が始まる。室町時代、本家職は金剛心院領であったことが知られる。(7)

下野国大内荘

芳賀郡の荘園で、現在の真岡市・芳賀町・益子町・二宮町にわたる地域に比定される。初見は嘉応二年(一一七〇)七月二十三日付の経筒銘の「大内庄」であるが、疑問もあるという。正治二年(一二〇〇)二月二十八日付勧修寺経房処分状案(『鎌倉遺文』補三五八号)によると、当荘は「五辻斎院御領」(8)で、孫の経兼に与えられている。預所職であろうという。永徳三年(一三八三)正月二十八日、荘内の闕所地「高橋三郎跡半分」が足利氏満(鎌倉公方)の手により鹿島神宮に寄進された(「鹿島神宮文書」『栃木県史』史料編・中世三)。戦国期には芳賀氏・宇都宮氏の勢力下にあった。(9)

下野国真壁荘

『倭名類聚鈔』によると、下野国河内郡と芳賀郡に「真壁郷」がある。もし常陸国真壁荘の誤記でないとすれば、当国真壁郷にあった荘園か。他に史料を見ない。

越前国服荘

今立東郡の荘園。現在の福井県今立郡今立町付近にあった。明応四年(一四九五)十月十日付朽飯寺(八幡神社)の大般若経写経奥書に荘名が見えるという。

加賀国中村荘

石川郡の荘園で、現在の石川県松任市付近に比定される。嘉元三年（一三〇五）六月五日付で、荘雑掌公綱が地頭の検注抑留を訴えたのが初見（『鎌倉遺文』二十九巻二二二二九号）。貞和三年（一三四七）頃の東福寺領諸荘園目録に見える。「政所賦銘引付」文明十三年（一四八一）十月十七日条によると、花山院家領で、代官請所となっていた（公用銭五千疋）。天文六年（一五三七）西八条坊は荘内成丸・松任両郷の領家方預所職の知行回復を依頼している。(10)

能登国吉河荘

承久三年（一二二一）の能登国田数注文（『鎌倉遺文』五巻二八二八号）に「良川保　拾八町二段八　元久元年検注田定」とあり、また「良河院　五町三段 本八二十丁五反四」とある。前者は七尾湾に注ぐ二宮川の左岸にあり、後者は邑知潟に注ぐ長曽川流域にあった。荘号ではないが、これらとかかわりがあるか。

越中国吉岡荘

新川郡の荘園。現在の富山県富山市付近か。未詳。『兵範記』保元二年（一一五七）三月二十九日条に、藤原頼長没官領として初見。後白河院の後院領となり、のち御願寺蓮華王院領。文治三年（一一八七）二月、地頭の改替要求が後白河院から源頼朝に出されている（『吾妻鏡』）。

越後国小河荘

蒲原郡の荘園。現在の東蒲原郡津川町付近。承安二年（一一七二）城長茂が当荘を会津恵日寺に寄進したと伝える。暦応四年（一三四一）足利尊氏は当荘下条地頭職を今川頼貞に安堵した。室町期には蘆名氏の支配下にあり、天正十七年（一五八九）同氏滅亡後は伊達領。

丹波国沼貫荘

氷上郡の荘園。現在の兵庫県氷上郡氷上町付近。平安末期、法勝寺領として成立。永和元年（一三七五）頃にも同寺領（『荘園志料』）。南北朝期には東寺に寄進された。貞和三年（一三四七）本荘内佐野村が久下時重に宛行われた。

丹波国佐治荘

氷上郡の荘園。現在の兵庫県氷上郡氷上町付近。承元三年（一二〇九）足立遠政が地頭として入部。荘内の吉宗名は南北朝期に大徳寺領（『大徳寺文書之一』）。荘内塩久村は、貞和三年（一三四七）刑部守延から娘童子に譲られた。

丹波国船井荘

船井郡の荘園。現在の京都府船井郡園部町付近。建長二年（一二五〇）荘内の名田が勝尾寺に寄進されている。建武三年（一三三六）地頭職が北野神社に寄進された。なお、貞和六年（一三五〇）荘内八田村の名田や地頭職が大原時祐によって清和院に寄進された。また永和元年（一三七五）十一月の時点で法勝寺領であった（『荘園志料』）。室町後期には守護細川氏の被官小畠氏によって押領された。

丹波国八田荘

『荘園志料』は何鹿郡内の荘とし、現在の綾部市北方に比定する。あるいは船井荘内八田村（前出）か。未詳。

丹波国五箇荘

文書記載によると、沼貫荘以下の五つの荘園の総称のようにも思われるが、船井郡に「五箇荘」と称する荘園があった。『吾妻鏡』文治二年（一一八六）三月八日条によると、源頼政領であったが、その敗死後没官されて、平宗盛領となり、平家滅亡後、源頼兼（頼政の子）に返付されたという。暦応五年（一三四二）の摂籙渡荘目録（『九条家文書』一）によると、法成寺領であったか。

伯耆国長田荘

会見郡の荘園。現在の鳥取県西伯町南半分に当たる。本家は法勝寺、領家は九条家。建久元年（一一九〇）十一月、藤原泰頼は没収された下司職（または地頭職）について源頼朝に愁訴している。本荘は、花山院兼雅―九条兼実―御堂御前（兼雅女）―真恵房（藤原良経女）―嵯峨禅尼と相伝された。

出雲国薗山荘

『荘園志料』は所在郡不明とするが、竹内理三『荘園分布図』（下）は「園山保」を宍道湖西北辺に比定する。『角川日本地名大辞典』（島根県）は神門郡内、現出雲市内に比定。『吾妻鏡』文治二年（一一八六）七月十八日条によると、前司師兼が本荘下司職に還補されたとある。延応元年（一二三九）八月十八日付関東御教書（『鎌倉遺文』八巻五四六七号）によると、当荘は本荘と新荘に分かれており、海・山についての境相論が起っていた。「注絵図、召在庁并古老庄官起請文」として鎌倉で審理が行われ、本荘方の濫妨が停められた。「所領目録」には「於本家職者当家管領　於領家職者甘露寺前兵衛佐知行之歟」とある。「前兵衛佐」を特定できず、したがって注記の年次も未詳。

播磨国永良荘

神西郡の荘園。現在の兵庫県神崎郡市川町付近。貞応元年（一二二二）七月十二日関東下知状（『鎌倉遺文』五巻二九七八号）は、地頭基康[11]を停止し、領家の進止とせよと命じている。永和二年（一三七六）九月の三勝寺銅鐘銘に荘名が見える（『日本古鐘銘集成』角川書店、昭和四十七年）。

播磨国下端荘

明石郡の荘園。現在の兵庫県神戸市垂水区下畑付近。養和元年（一一八一）十二月八日付後白河院庁下文案（『平安遺文』八巻四〇一三号）に新熊野社領として見え、「勅事・院事・役夫工・大嘗会・斎宮群行・公卿勅使・宇佐鮪・乳牛役・造内裏雑事及臨時国役」を免除された。平安末期に平清盛領で、平家滅亡後、没官領として一条能保に与えられた（『吾妻鏡』）。永正十二年（一五一五）十一月の円満院門跡・門下言上状（『大日本史料』九巻五）によると、円満院門跡領であったが、花山院政長によって押領されたという。

美作国富多荘

勝田郡の荘園。現在の岡山県津山市域。『真如堂縁起』によると、嘉禎四年（一二三八）北条泰時が荘のうち藤田里地頭職を同堂に寄進した。欠年某書状（『鎌倉遺文』一六巻一二五八〇号）に、

富多荘法也《（ママ）》濫妨□□大炊御門二位《（信嗣）》申状等如此、□背　勅定、相語悪党、□収公庄務之上、可被注進武家之由申候、被仰遣□□不可有子細歟、仰憲□□可追出悪党之由、可被仰下

と見える。一三世紀後半、在地勢力による濫妨に悩まされている様子をうかがうことができる。嘉元四年（一三〇六）六月十二日付昭慶門院御領目録に、大宮院（藤原姞子）領としてつぎのごとくある。

富多庄　河辺郷　前左兵衛督親氏卿　御年貢二万疋
　　　　弘野高野郷五辻二位宗氏卿　御年貢

備中国三村荘

長講堂領目六に「備中国三村荘　花山院大納言家　年貢三月御八講用途」と見える。

備中国手郷

下道郡（中世は川上郡）に手荘がある。現在の岡山県川上町付近。室町中期以降は相国寺領と見える。文明十四年（一四八二）戦乱に巻き込まれて荘主が殺された。戦国時代には毛利氏の支配下にあり、天正四年（一五七六）

毛利輝元は手之荘七〇〇貫を口羽春良に宛行った。

安芸国吉田荘

『祇園社記録』によると、久安五年（一一四九）当荘本家米三〇〇石を一切経会料に宛て「為領家花山院家雑掌沙汰」と見える。鎌倉時代、地頭職は相模国出身の後家人毛利氏の知行となり中世後期に至る（『荘園志料』）。

筑前国向月荘

現在の北九州市の香月に比定する説もある。嘉慶二年（一三八八）六月七日付将軍家御教書に見えて、九州探題領で、本所は花山院家。これよりさき、暦応四年（一三四一）領家職半分を本所に返付せよと今川了後に命ぜられている。

肥前国長嶋荘

杵島郡の荘園。現在の佐賀県武雄市付近。京都蓮華王院領。惣鎮守武雄神社により開発され、一三世紀の立荘か。建長二年（一二五〇）七月七日付関東下知状案（『鎌倉遺文』十巻七二二一号）によると、荘内の東福寺住僧良慶と地頭薩摩十郎公義の間で相論があった。また建長五年八月二十七日付関東下知状（『鎌倉遺文』十巻七六一一号）によると、住人岩永三郎重直法師寂心と薩摩十郎の間に紛争があった。(12)

肥前国墓崎村

杵島郡にあった。現在の武雄市域内。長嶋荘の一部であったが、鎌倉末期に分離したか。建武元年（一三三四）五月、後醍醐天皇綸旨により惣地頭職が後藤又次郎光明に安堵された。

日向国瓜生野別符

宮崎郡の別符。現在の宮崎市域内。宇佐宮領。建久八年（一一九七）図田帳写（『鎌倉遺文』二巻九二二号）では、

「茈生野別符百丁　右宮崎郡内弁済使貞吉」とある。建武三年（一三三六）八月三十日付光厳上皇院宣案（『南北朝遺文』九州編一巻七三〇号）は、当別符を華山院長定に安堵した。

日向国浮田荘

宮崎郡の荘園。天喜五年（一〇五七）宇佐宮領として成立。建久八年（一一九七）の図田帳写（『鎌倉遺文』二巻九二二号）によると三〇〇町で「弁済使故宇佐大宮司公通宿禰俊家」とある。寛喜頃、領家は土御門家、清水谷家と伝えられた。元応二年（一三二〇）当荘小松方は興福寺東北院領となった。しかし南北朝期には在地勢力の抵抗により東北院領は無実化していた。

以上、簡単に記したが、「家領目録」所載の「上野国甘楽社」「但馬国西明寺」「安藝国兩別符」については関説できなかった。なお、このほか、大炊御門家領については、さしあたりつぎの二か荘を挙げうるにとどまる。

加賀国富安荘

建久二年（一一九一）の長講堂領所領注文（『鎌倉遺文』一巻五五六号）に見える。延慶二年（一三〇九）九月、伏見上皇は大炊御門信嗣に富安本荘の知行を命じた。応永十四年（一四〇七）三月の長講堂領目録に、

「加賀国富安庄　大炊御門中納言家
年貢米二百石　本国絹二百疋　」

と見える。

筑前国野介荘

嘉元四年（一三〇六）六月十二日付昭慶門院御領目録（『鎌倉遺文』二十九巻二二六六一号）に歓喜光院領のうちとしてつぎのごとくある。

「筑前国野介荘 大炊御門前中納言 」

右の前中納言は弘安九年（一二八六）九月二日に権中納言を辞任した冬輔である。

注

（1） 雑訴決断所に関する主要な研究はつぎのごとくである。

細川亀市「建武中興における雑訴決断所」（『法学志林』三八―六、昭和十一年）、阿部猛「雑訴決断所の構成と機能」（『ヒストリア』二五号、昭和三十四年）、飯倉晴武「建武政権の所領安堵文書の変遷」（『法政史学』三二号、昭和五十五年、『日本中世の政治と史料』吉川弘文館、平成五年、所収）、小林保夫「『雑訴決断所牒』小考」（『堺女子短期大学紀要』一五号、昭和五十五年）、長又高夫「雑訴決断所機構に関する一考察」（『国学院大学大学院紀要』二二輯、平成三年）、同「建武政権における安堵の特質」（『史学研究集録』一三号、昭和六十三年）、森茂暁『南北朝公武関係史の研究』（文献出版、昭和五十九年）。

（2） 佐藤進一『鎌倉幕府訴訟制度の研究』畝傍書房、昭和十八年、のち岩波書店、平成五年。

（3） 小林保夫・前掲(注1)論文。

（4） この「院」は、古代末期に成立した行政区画としての院である。

（5） 嘉承二年（一一〇七）正月二十五日付官宣旨案（『平安遺文』四巻一六七〇号）所引同元年十二月日付紀伊国在庁官人等注文の文言を想起せよ。

「当国者管七箇郡也、所謂伊都・那河(賀)・名草・海郡(部)・在田・日高・牟婁等是也、件七箇郡内、至于牟婁・日高・海郡(部)・在田・伊都・那河(賀)六箇郡者、毎郡十分之八九已為庄領、公地不幾、僅所残只名草一郡許也、件内又在日前国懸・郡(伊)太祈(祁)曾・鳴神・紀三所并大小諸神社仏寺領田畠等、仍庄領巨多、公地不幾、就中伊都・那河(賀)両郡中、十分之九已為庄領、僅所残一両村也、件一両村、被奉免彼寺者、当国内至伊都・那河(賀)両郡者、永可削其名字歟」

（6） 日前・国懸両社と大伝法院の間の争いについては、阿部猛「大伝法院領紀伊国山東荘―荘園をめぐる『仏』と『神』―」

（『日本歴史』二九〇号、昭和四十七年、のち『中世日本社会史の研究』大原新生社、昭和五十五年に再録）参照。

（7）荘の概略について、峰岸純夫「新田荘」（『講座日本荘園史　5』吉川弘文館、平成二年）参照。

（8）五辻斎院は鳥羽天皇の皇女頌子内親王。

（9）新川武紀「下野国」（『講座日本荘園史　5』）参照。

（10）浅香年木「加賀国」（『講座日本荘園史　6』平成五年）参照。

（11）史料には「永良庄一名位田地頭基康」とある。

（12）当荘の史料は、瀬野精一郎編『肥前国神崎荘史料』（吉川弘文館、昭和五十年）にあつめられている。

〔補注〕「家領注文」と仮に名づけた〔史料2〕〔史料3〕には、「大炊御門家領」と明記されているわけではない。史料中に「当家」とあるのが大炊御門家を指すと断定できるわけではない。「家領注文」によると、所領のうち何か所かは、とくに花山院家と関わりが深いことが知られる。しかし、文書の伝来と、美作国冨多荘関連の史料から「大炊御門家領注文」と推定できる可能性がたかい。

〔後記〕貴重な史料の閲覧と公表を許された徳川林政史研究所の御厚意に深謝し、お世話をいただいた同研究所員深井雅海氏にお礼を申しあげる。

六　荘園における除分について

㈠　除　分

久安六年（一一五〇）十一月二十八日付東大寺領大和国水間杣内検帳案（『平安遺文』六巻二七一四号）の最初の部分につぎのようにある。

合水田四町四段佰捌拾歩
除田一町弐段
神祭田一反　八幡宮田二反　庄堂田二反　庄司田五反　職士田□反
定田三町二反百八十歩　分米六斗五升但升ノ八合

いうまでもなく、「除田」とされたのは、東大寺が収取すべき年貢（斗代）の付されない――免除された部分である。除田一町二段は、荘内の神社・寺堂に分給された田と、荘司・職士（事）に対する給田である。これらは年貢収取の対象から外されたのである。このような除田、あるいは算用状類に「除」分として記載されるものは、いわば荘園領主による荘園支配のための必要支出というべきものであろう。しかし、「除田」とか「除分」という明確な記載が検注帳・算用状類に出現するのは、さして古い時代のことではない。いまかりに竹内理三氏編『平安遺文』を通覧すると、前掲水間杣内検帳案のごとき整った様式のものは、比較的に新しい。

「除」「除分」が史料上に見えるのは、貞観十八年（八七六）の近江国愛智荘定文（『平安遺文』一巻一七二号）に、「除用料米壱拾斛柒㪷　馬料　庄用　米運功」とあるのが最も早く、永承六年（一〇五一）の同荘結解（同・三巻六八七号）に「除　庄用五石二斗」と見えるのが比較的早い例である。また、承保三年（一〇七六）大和国大田犬丸負田検田帳（同・三巻一一三八号）に、

已上拾弐町玖段弐佰卌歩
　除田十二町六段百廿歩
　　東大寺大仏供白米□免田十一町卅六町之内　左京職田一丁二反百廿歩
　定公田三段百廿歩

とある。この場合、「除田」の内容は白米免田と左京職田である。周知のごとく、大田犬丸負田は東大寺のいわゆる雑役免「荘園」というべきものであった。東大寺はその土地にかかわる雑役部分を収取し、地子は一部を大仏供白米に、一部を左京職に、一部を国衙に納めるものであった。[1] 前掲検田帳は国衙側の検注によるものであって、国衙からいえば、一二町九段二四〇歩のうち一二町六段一二〇歩は、地子・雑役ともに収取せぬ、まさに「除」田だったのである。

つぎに、康和五年（一一〇三）の大和国今吉負田検田帳（『平安遺文』四巻一五三〇号）に、

已上玖町玖段半
除諸不輸并損田等五丁二反

一品田三丁　无量院一丁　伝法院三反　干損田九段
定田畠四丁七反半

とある。これも同じく雑役免田であって、大田犬丸負田と同様に考えられる。さて、しかし、大田犬丸負田および今吉負田の検田帳における「除田」は、国衙の検注にもとづく、国衙側から見ての「除」であって、先に掲げた愛智荘の場合とは性質を異にするのである。(2) 愛智荘の場合は「除庄用」とあった。その内容は必ずしも確定しがたいが、荘園の経営・維持のための立用分を示しているのであって、本稿が問題としようとするのは、こうした「除」分なのである。(3) こういう意味での除田を求めると、天治二年（一一二五）の大和国春日荘検田帳（同・五巻二〇五二号）に、

合二十五町四段三百歩
除　荒一丁六段　川成一段百八十歩　損田六丁八段

とあるのを挙げることができる。そして保延三年（一一三七）の紀伊国阿弖川下荘検田帳（同・五巻二三八一号）では、

除田柒町捌段玖拾歩
寺免壱町弐段
神免柒段
所司免壱町五段　公文田参段
高樋料弐町陸段玖拾歩
御佃壱町　常荒伍段

定田肆拾参町柒段佰肆拾歩

というように、除田の内容は多彩になり、以後このような例は一般的になっていく。最初にも述べたように、「除」分は荘園の経営・維持のための必要経費なのである。したがって、その存在は荘園の成りたちとともに古いといわなければならない。しかるに、概観するところ、「除田」体制が整備されてくるのは、史料的には十一世紀、とくに十二世紀に入ってからであって、意外に新しい体制なのである。これはどういう意味を持つだろうか。もちろん、十世紀以前の荘園においても「除」―必要経費の支出がないはずはない。また確かに存在する。

(二)　初期荘園

東大寺が越前国に開発・経営した桑原荘の存在は、あまりにも名高い。同荘は、天平勝宝七年（七五五）三月に、大伴宿禰麻呂の墾田九六町二段余を買得したのに起源を有するが、[4] そのとき見開田はわずかに九町にすぎず、その後開田を進めて、同九年二月現在四二町に達した。この間、開田や屋舎の買得・修理などに要した費用は、足羽郡大領生江臣東人の寄進の稲七八〇〇束余と売（賃租）田の価稲・租稲などによって支弁された。[5] 開田の費用は町別一〇〇束であった。また、天平宝字元年（七五七）に大規模な灌漑設備の新設・修理を行ったが、延べ一五〇〇人の労働力を用い、稲二七〇〇束（人別功稲一束、食料稲四把）を支払っている。[6]

初期荘園の経営は、領主の直営部分と賃租田の部分との組合わせより成るとみられるが、端的には、のち貞観十八年（八七六）の近江国愛智荘定文（『平安遺文』一巻一七二号）に見られる形態がそれであろう。

合水田壱拾弐町

庄佃弐町　獲稲肆(八)佰束

之中

除二百卅束　二百束後年営料　卅束租料　残稲五百七十束（中略）

地子米卅五斛　庄田十町地子（下略）

全水田一二町は、佃二町と「庄田」（賃租分）一〇町より成る。佃の部分は町別穫稲四〇〇束で、『弘仁式』のいう中田に相当し、ほぼその全収穫を収取するものとみられ、合計穫稲八〇〇束のうちから後年営料二〇〇束（段別一〇束）と租料三〇束が差引かれる。租料の存在は、この田が本来輸租田であって、令制一束五把の租を国衙に納入したことを示す。営料のうち種稲は段別二〜三束ていどとみられるが、残り七〜八束が何に用いられたか明らかではない。これが農民の功・食料に宛てられたものかとも考えられるが、おそらくそうではあるまい。あまり根拠はないが、「後年営料」とある点がそう思わせるのである。

初期荘園の経営を類推させるのは、弘仁十四年（八二三）小野岑守の建議にもとづいて実施された大宰管内の公営田である。その経営方式は「一如二民間一」というように、平安初期の民間営田（荘園）のそれに倣ったものであった。公営田の耕作に動員された労働力は九国の「課丁」(徭丁)で、人別三〇日を使役し、人別・日別八把の功料と四把の食料が支給された。そして穫稲はすべて国家の管理下に置かれた。[7] 他の公営田についてみると、弘仁四年の石見国営田では種子・功料を給与したが、[8] 貞観十八年の薩摩国勧学料田の場合は、営料段別一〇束とあるのみで、功・食の支出が明記されていない。[9] また、元慶三年（八七九）の畿内五国官田の場合にも、直営部分について食料の記載はない。[10] しかし、勧学料田の場合の穫稲町別三〇〇束、元慶官田の場合は町別上田三二〇束、中田三〇〇束として、「欲レ令二農民不レ有二倦心一」したというから、全収穫が国家の管理下に入る公営田とは異なり、余剰部分が残る可能性を有していた。(11) すなわち、その経営は農民の個別経営の存在を前提として成立していたということができる。

繰返すが、荘園は直営的部分と賃租経営部分の組合わせより成っており、直営部分においても、八・九世紀の段階に、無償労働力を自由に駆使することが可能だったとは、とうてい考えられない。八世紀の荘園においても賃租経営が一般的だったのであり、国家権力の徴発する雑徭においてさえも、食料を給することがふつうに行われていたのであって、いわば雇役と異ならなかった。(12)

八・九世紀の社会においては全般的な労働力不足の状態が存在し、民間営田では「魚酒」を用意して「田夫」を誘わなければ、必要な労働力を集めえない事情があった。(13) 荘園の直営部分—ふつう「佃」と称する部分でも、功・食あるいはそのいずれかを給与せずには経営は不可能だったと思われる。したがって、おそらく直営地においても、種子・農料、また功・食料が経営上の必要経費として穫稲中から控除されたものとみられるのである。

(三) 除分としての佃

大治元年(一一二六)閏十月二十日付の東寺領伊勢国大国荘損得注文(『平安遺文』五巻二〇八六号)は、「一丁　御正作」を除分に入れている。正作とは佃のことである。建治二年(一二七六)の東寺領若狭国太良荘内検目録(『鎌倉遺文』十六巻一二五三四号)でも、除田七町八段余のうちに「御佃五反」があった。竹内理三氏もいうように、佃が「除分(田)」に計上されるのは、佃米は出すが年貢(斗代)を出さないからである。東寺領伊予国弓削島荘において、

除田　正作八反小為二正作一間不レ付二斗代一、仮令石代分単米八石三斗三升三勺三才

と記されているのは、それを示している。[14] しかし、一般に佃と呼ばれるものも、実は長い歴史とそれに伴う内容の変遷を持っており、一概には論じえぬ性質のものである。

佃に関する研究は、水上一久氏の「荘園に於ける佃に就いて」（『歴史学研究』七―五、昭和十二年）において初めて包括的に行われたが、のち吉田晶氏の「佃経営に関する二三の問題」（『魚澄惣五郎博士古稀記念国史論叢』同記念会、昭和四十一年）が発表されるまで、ほとんど放置されていたといってよい貧弱な状態にあった。吉田氏の論文は多くの問題を提起しているが、その功績のひとつは、経営の内容から、①初期佃、②請作佃、③名役佃、④平田佃の四類型をたてて、それぞれの特質を明らかにした点にある。議論を生産的にするために、吉田氏の立てた類型を前提として、以下気づいた点を述べてみたい。

初期佃　弘仁十四年の大宰管内公営田の経営の在り方は、吉田氏によると初期佃と呼ぶべきものという。[15] その全収穫が国家の管理下に置かれるという点を特徴とするし、貞観十八年の愛智荘の場合も功・食料の支給は見られず、初期佃の一形態とすることができよう。

請作佃　薩摩国勧学料田や元慶官田の経営は食料の支給を伴わないが、町別穫稲数が切り下げられており、実際の穫稲数との差額を農民が取得することが前提されていた。これは一種の請負いというべきものである。永延二年（九八八）十一月の尾張国郡司百姓等解の第二九条によると、守藤原元命の子弟・郎等らは国内に数百町の佃を設置して「不レ漏二一畑一以令二預作一」め、営料を下さぬうえ、規定以外の土毛米を段別四～五斗も加徴したという。[16] また康平五年（一〇六二）の讃岐国曼荼羅寺僧善芳解案（『平安遺文』三巻九八三号）によると、秦恒末は去年の未進の代に寺家の佃の耕作の義務を負わされ請文を出したという。

東寺領伊勢国大国荘では、保安二年（一一二一）洪水に見舞われ在家・田畠を流失したが、本家「御正作田一町」も被害をうけ、「苅二穎稲伍佰束一、雖レ納二御倉一、湿朽如レ藁」といわれている（同・五巻一九二三号、二〇五四号）。町別五〇〇束の稲を収取しているが、全収穫を取るものではなく定量化している点に注目すべきである。大治二年（一一二七）の観世音寺領筑前国山北封所当結解状（同・五巻二一〇八号）には、「除分」に「七石　御佃二種丁子作料」とあり、同じく黒嶋荘でも佃の種子作料がみえている（同・五巻二一〇九号）。

名役佃　名役佃とは、佃の耕作が名役として賦課されるものをいい、初見史料は久安四年（一一四八）四月二十八日付の美濃国茜部荘田数注文（『平安遺文』六巻二六四五号）とされる。すなわち、「除田」中に、

御佃六丁五反見沽四丁　佃二丁　助名佃二丁

がある。「見沽」とあるのは請作佃と思われ、佃・名役佃・請作佃の三者が並存しているように思われる。名に割り当てられた佃の変形は、大和国平田荘の空佃《からつくだ》（米）である。久安四年の内検帳（同・六巻二六五二号）に、

同僧相意　三段
広瀬郡
廿二条二里廿五坪
御油免田百四十四歩　分油三合八勺
御服免田四十二歩　分糸一朱八リ
水田二反百七十四歩　分米二斗九升八合
空佃米三升一合

とある。平田荘は油・糸・米の三種を出すが、右の数字をみてもわかるように、それは免田・水田のかたちをとっ

てはいるものの、事実は、平田荘から収取すべき油・糸などを割り当てているにすぎない。[17] 長承四年（一一三五）の醍醐寺政所下文案（同・五巻二三一四号）によると、曽禰荘について「田率御佃米」があり、「右件御佃、各随二作名一除二料田一、令三田率宛二段別陸升米一」と定められている。これが平田荘の理解をたすける。平田荘の空佃米は、荘全体で何町歩かになる佃からの全収穫に相当する佃米を「田率」すなわち田数にしたがって割り当てられたにすぎない。佃を名に割り当てるというのではなく、「名の内に一定の反別又はそれに相当する収穫を佃として決定したもの」[18]である。さらに換言すれば、佃という名称の田が別置されるのではなく、当然種子農料を与えないことになる。このように、全収穫を収取されるという意味で「空佃」といわれるのである。

平田佃　応保元年（一一六一）伊賀国薦生荘の杣工らは、新たに佃に雑公事（白米一升・黒米六升・秣二把）が賦課されたのに対して「未方御佃并畠等、全無下弁二段雑米一之例上」と訴えた（『平安遺文』七巻三一八三号）。のちに承元二年（一二〇八）薦生荘の百姓らは太神宮造営用途米を賦課されたとき、

於二御佃造営米一者、尤可レ賜二立用一也、其故者、御佃弁進之上、国衙官物二斗八升二合弁済畢、然者於臨時米者、爰不蒙御優恕哉、造営米者段別一斗二升也、是則臨時米也[19]

と訴えている。雑公事・国衙官物そして役夫工米などを賦課される佃とは、すでに本来の佃ではないこと明らかである。それはすでに名田と異ならない性質のものに転化している。すなわち、佃の平田化《へいでんか》である。また、つぎの史料を見よ（同・七巻三一七七号）。

納仏聖米捌斗捌升捌合事単米定

右櫟北庄当年御官物之内、預所御佃陸段所当、所レ納如レ件

久行上（花押）

堂司（花押）応保元年十二月七日

段別一斗四升八合の仏聖米が預所佃からとられ、これは「官物」「所当」といわれている。平田化した佃であるにちがいない。仁安三年（一一六八）正月、法眼某が勝尾寺に施入した摂津国味舌荘の荘佃一町は春日社の所役など万雑事を負担していた（同・七巻三四四六号、三四四七号、三四六八号）。しかし、平田化した佃も、佃米を出すが年貢（斗代）は付されないから、その意味で「除田」に含められる。(20)

(四)　諸除分

神社　荘園内の神社の経営と祭礼の経費を支弁するために「除」分として設置された田地の存在は、ひろく史料に見られる。(21) 大治元年（一一二六）伊勢国大国荘では「一丁方々立用」の中に「三反神山祭析　二反所神析　一反あへ《饗》祭」があり（『平安遺文』五巻二〇八六号）、承安元年（一一七一）武蔵国稲毛荘検注帳（同・七巻三五九〇号）によると、本田分の中に「春日新宮免二町」が、新田分の中に「神田一町二段 稲毛郷鎮守両所六段　井田郷鎮守三段　田中中郷鎮守三段」があった。

本田分の春日新宮は大和の春日神社をこの地に勧請したもので、領主側に主導権のある神社であろうが、新田分のそれは荘内の郷の鎮守であろう、元来が土着の神であった。前掲大国荘の場合も「所神」があり、これに「除田」が付与されることの意味は注目してよい。文永三年（一二六六）東寺領丹波国大山荘では、一〇石の「恒例庄立用」の中に一宮・二宮神楽用途六斗と諸社散米四斗があり（『東寺文書之一』に二号）、応永十三年（一四〇六）には仏神免のほか「ふしや《歩射》免」二斗七升があった(22)（『東寺文書之二』に八三号）。

寺院　荘園内の寺堂の維持とその法会の費用も除田・除分・荘立用の中に含められる。久安六年（一一五〇）

大和国水間杣では「庄堂田　二反」が除田に含められ（『平安遺文』六巻二七一四号）、保元二年（一一五七）山城国笠置荘では、久円名のうち一段は「堂童子立用」とされている（同・六巻二八七九号）。この「立用」は給分田というほどの意である。永暦元年（一一六〇）大和国櫟荘に寺田一段と仁王講料一段（同・七巻三〇九七号）、伊予国弓削島荘に仏供田一段（同・七巻三一一九号）、承安元年（一一七一）武蔵国稲毛荘に新御願寺免五町があった（同・七巻三五九〇号）。

また、建長二年（一二五〇）の肥後国伊佐領実検帳写（『阿蘇文書之一』四一号）を見ると、除田中に大般若田八町三段のほか、法花不断経・法花懺法田六町、仁王講田九町五段、槌鐘田二町が含まれている。槌鐘田は寺の鐘槌堂の維持、堂守の費用を賄うもので、村内の寺院の鐘が村民に時刻を告げ、また変事に際して村民を集めるという役割を持ったのであろう。このような例は、承安元年の山城国笠取東荘の「鐘槌」をはじめ、加賀国得橋郷の国分寺鐘突免、山城国拝師荘の鐘突給、同上久世荘の蔵王堂鐘つき給分などが知られている。(23) また、一四世紀の摂津国垂水荘では、常行堂・小堂・地蔵堂・如来堂・高野講田・安楽寺八講田・阿弥陀講田・権現講衆田・如法経田・燈油田と、福田寺鐘槌田や円隆寺鐘田などがあった。(24)

芸　能　寺社には芸能が伴う。中世村落における芸能については、清水三男・森末義彰・林屋辰三郎氏らが詳しく扱っていて、(25) いまさら付加すべきものを持たない。元応元年（一三一九）高野山領浜中荘では「庄下立用弐石参斗」の中に「田楽壱石放生会」があり（『高野山文書之二』二九七号）、建武五年（一三三八）上総国新堀郷給主得分注文（『金沢文庫文書』一五三号）に「猿楽給七反内二反出田申之分米四斗歟」とあり、応永四年（一三九七）丹波国大山荘では「二斗　九月九日田楽免」（『東寺文書之二』に七〇号）、同十四年備中吉備津神社の御神楽田がみえるが、同社には神楽座があって二四人の座人がいたという。(26)

地方に芸能者を招いて、その支出が散用状に記録される場合もある。応永二十九年若狭国太良荘では勧進猿楽に一貫文を支出し（『東寺文書之二』に一三八号）、宝徳二年（一四五〇）播磨国大部荘算用状には八幡宮猿楽引物が記され、永享三年（一四三一）和泉国近木荘では二季御祭田楽法師下給米があり、[27] 嘉吉二年（一四四二）平方荘散用状（『葛川明王院史料』五五〇頁）には、「二石　千秋万歳」と見える。これは、千秋万歳の祝禱を行う乞食法師と考えられる。[28] 神楽・田楽・猿楽のほか細男舞への支出（備中国新見荘）や連歌田（山城国下久世荘）などもあった。[29]

工　匠　荘園の除田の性格を端的に示すのは工匠給免田である。[30] 承安元年（一一七一）武蔵国稲毛荘検注帳（『平安遺文』七巻三五九〇号）によると、本田分の除田中に「皮古造免　五段」があった。このような手工業関係の免田・給田が荘園の検注帳上に出現するのは平安末期からであって、以後中世を通じてその例はすこぶる多い。工匠給免田は元来律令制下の国衙工房を中心とする手工業生産組織が変質しつつ鎌倉期まで存在した過程で生れたのであった。仁安元年（一一六六）飛驒国益田郡内に人給田として「二段半　紙漉」があり（『平安遺文』七巻三四一〇号、三四一一号）、建長七年（一二五五）の伊予国社寺免田注文（『鎌倉遺文』十一巻七九一二号）には、造府・織手・木工・国細工・白革造・紙工・鞍打・笠張・土器工・塗師・銅細工・轆轤師・紺掻・経師などの免田があった。これらは、いずれも、かつての国衙工房に所属する工匠を新しい体制の下で拘束しようという要請にもとづいて生れてきたものであった。

右の例は国衙領の場合であるが、実質は荘園と何らかかわるところはない。建暦二年（一二一二）越前国気比社領には除田として比物給二段・道々工等例給田四段・土器作給田一段があり（「気比社伝旧記」）、仁治四年（一二四三）安芸国沼田新荘に革染給五段、建長四年（一二五二）同本荘に白皮造給三段・皮染給五段があった（『小早川家文書之二』)。以上のような工匠給免田の成立は、工匠の自立過程を示すものであるが、他面、完全には自立しえない分業の段階に対応するものである。鍛冶・皮造などは在地領主によって把握された農具・武器・武具生産者であって、荘園体制下で重要な位置を占める。

荘官等給分　荘園支配のために置いた預所や荘官・下司・職事・沙汰人・刀禰に給分の与えられたのもまた当然のことである。大治元年(一一二六)伊勢国大国荘では、預所沙汰人分田六町一段・職事方田三段が(『平安遺文』五巻二〇八六号)、久安六年(一一五〇)水間杣では荘司田五段・職士田二段(同・六巻二七一四号)、保元二年(一一五七)笠置荘には職士立用・刀禰立用各一段(同・六巻二八七九号)、永暦元年(一一六〇)伊予国弓削島荘に預所給・荘司給各一町、公文給・定使給各五段と、荘検校給二段・職事給一段があった(同・七巻三一一九号)。

承安元年(一一七一)稲毛荘では下司免二町五段とともに兵士免一町五段・夫領免一町があったが(『平安遺文』七巻三五九〇号)、兵士・夫領はおそらく年貢・公事の運送にかかわるもので、その負担を相殺するための免田と思われ、文永七年(一二七〇)太良荘の綱丁給一石も同性質のものであろう(『東寺文書之二』は八号)。備後国大田荘では「於二運送船一者、梶取引募二給田一」とされ、周防国楊井本荘、肥後国人吉荘、伊予国三島神社領等には梶取給があり[31]、山城国木津荘には問給三段があった[32]。また、正中二年(一三二五)松尾寺領和泉国春木荘唐国村田数年貢等注文(『松尾寺文書』)には、預所給一町・下司給一町六段大・刀禰給五段・番頭給六段小二〇歩・定使給一段・職事給一段が「除田」として見える。

名主に対する給分もあり、播磨国大部荘では「名主給五反」がみられる[33]。越前国西福寺領の場合には、同寺が名主職を所持していた関係から名代(名主代官か)を置き、名代給なるものを与えていた[34]。

井料　荘の灌漑施設を維持するための井料・堤修理料等も荘の必要経費である[35]。大治二年(一一二七)筑前国山北封所当結解状（『平安遺文』五巻二二〇八号）に井料一石五斗が計上されているのは比較的に早い例であるが、その後史料はすこぶる多い。弓削島荘に井料二段（同・七巻三二一九号）、稲毛荘に井料田一町五段（同・七巻三三五九〇号）、肥後国甲佐社領に堅志田井料田・北小河井料田・南小河井料田・勾野井料田・御内井料田各一町（『阿蘇文書之二』四一号）等々、枚挙にいとまない。

倉付　正長二年（一四二九）の太良荘地頭方名寄帳（『東寺文書之三』と一四四号）に「除」分として「一斗御倉付」があり、永享十三年（一四四一）下久世荘に「御倉附」一斗（同・へ一一五号）、長禄元年（一四五七）栗田荘に「三貫文　御倉付」（『葛川明王院史料』）、文明五年（一四七三）横江荘に「九斗　三度御倉付」（同上）、大永元年（一五二一）山城国下三栖荘に「壱石　蔵付祝」「壱石弐斗九升　同祝」とある（『石清水文書之一』三〇三号）。倉付とは何であろうか。さかのぼって延暦二十年（八〇一）の多度神宮寺伽藍縁起資財帳（『平安遺文』一巻二〇号）に、

倉附

　合稲壱千伍佰玖拾束（中略）

　　市无五佰木部坂継外垣倉納弐佰壱拾伍束

　　出挙伍佰捌拾束捌把伍分

　　未納捌佰拾陸束壱把伍分

とある。冒頭の一五九〇束の稲というのは、多度神宮寺の有する出挙稲の総額で、それが坂継の倉庫に納められていることを示し、「倉附」というのは、坂継の倉庫につけられた分という文字どおりの意味であろう(36)。しかし、先に列記した倉付はこれとは異なる性質のものである。康永元年（一三四二）の摂津国垂水荘内検目録（『東寺文書之二』

へ六七号）を見ると、除分中に「三斗　御倉祭」とある。倉付とは、おそらく倉祭料のことであろう。下三栖荘で「蔵付祝」とある「祝」はハフリであろうが、そうすると、倉祭料として祝に下行される分と理解できるのではないか。

諸引物　応永二十九年（一四二二）の太良荘年貢散用状（『東寺文書之二』に一三八号）に「国下行」分として、守護代若狭方礼一貫文・長法寺方礼一貫・倩夫二人（二貫文）・節季倩夫一貫四〇〇文・駄賃馬一疋（一貫文）・勧進座頭一貫文などがみえ、同じく正長二年（一四二九）名寄帳（『東寺文書之三』と一四四号）には「五斗節養」「五斗収納酒」などがある。長禄二年（一四五八）の大和国高田荘百姓等算用注申状[37]に、

合十七石四斗六合（中略）

殘七石四斗六合之内

二石七斗六合毎年損免六斗段米

二石大鳥居段錢 二貫五百文　代米八升宛 和市段別五十文宛之半分

とある。うしろの二行の部分は、ふつう「除」と書かれる部分である。段米は寺門段米か何かであり、大鳥居段銭は春日神社関係の段銭であるが、右のごとく、段米・段銭は「除」分に含まれる。また、応永十三年の大山荘散用状には、

合百拾石内　除分

拾弐貫文 分米 拾弐石 去年段錢御免

とあり、永享二年（一四三〇）の散用状には「庄立用」のうちに「四石七斗六升九合　篠村八幡宮段銭半分定」とある[38]。すでに旧稿で明らかにしたように、段銭やその他の臨時の賦課が当該荘園領主以外のものから賦課されたと

き、その額の半分に相当する部分が年貢から「除」かれる慣わしがあった。

損免　荒・不作・河成などは除分に含められる。損免については、定損または例損と称して、毎年一定の量を免除するものがある。久安二年（一一四六）の大和国薬園荘・縁松荘田堵等解（『平安遺文』六巻二五八七号）に、

　右事者、例損ハ壱町置二弐参段一処也、然ルニ検田使例損ニ壱町少計リ置、極タル田堵等歎也、抑於二田数一損不損ニ可レ依也、而ルニ此検田使ハ於二損不損一不レ論二善悪左右一、田堵等損田不レ給シテ皆得ナル、田堵等憂何事如レ之

とある。すなわち、耕田の二〇～三〇％を例損として控除するというのである。宝徳二年（一四五〇）上久世荘では、

　二石七斗七合三勺　当年済田損免
　一石四斗五升　本済田損免
　二十三石　当年損亡ニ引申候

とあり（『東寺文書之四』ぬ三七号）、これが、必ずしも検見にもとづくものでないことをうかがわせる。嘉吉二年（一四四二）近江国平方荘の損免は三三石と整数で、作為的なものと推測されるが（『葛川明王院史料』五五〇号）、明応六年（一四九七）播磨国大塩荘の場合は「一段別十五代損也」というように、一律に損田が置かれている（『大徳寺文書之一』四一二号）。葛川明王院の常灯料足田畠年貢については、毎年四石四斗のうち定損九斗を除いた残定米三石五斗を教仏・伊藤次の両人が名主として備進することになっていた。両人は、元徳元年（一三二九）の請文（『葛川明王院史料』三四四号紙背）で、

　縦雖レ有二旱魃損之一、定損之外者、子細不レ可レ申候、□雖レ令二脇百姓等田畠不作一、為二名主二人沙汰一可レ入二立

之一者也

と述べている。これは、名主による年貢の請負いを意味し、実際の耕作と年貢の運上は脇百姓が行っていたことを示している。『六角義治式目』の第一四条は、「損免事、雖レ有二庄例郷例一、先々次第、被二棄破一事」といっているが、荘・郷により異なる慣習が存在したのである。損免が年貢総額に対して何石、あるいは何分の一というように与えられることが多い。そのさいに、個々の農民に対して損免分がどのように配分されるのか問題であるが明らかではない。永原慶二氏(39)の推測のごとく、おそらくその配分は荘官・名主・沙汰人の手に委ねられたであろう。

(五) 荘園における除分の意義

以上、荘園の検注帳または散用状などに見える「除田」「荘立用」について、例を挙げながら煩雑に述べたが、最後に、その荘園制上に占める意義について要約的に記しておきたい。いうまでもなく、検注帳・散用状類は、荘園関係文書中において「支配文書」と通称される一群の文書類に入る性質のものである。したがって、それら文書の表現するところは、それぞれの段階における荘園支配の在り方である。

すでに見たように、除田とか荘立用という項目が検注帳・散用状の上に明確に姿をあらわしてくるのは、平安末期の十一~十二世紀であった。それ以前の史料では、「除」に相当するものがあっても明確なかたちをとらなかったし、数も少なかった。ところが、十一~十二世紀以降のものでは記載様式も整備され、項目も多くなり、多様な「除分」が出現し、それは時を逐って著しい。このことは、荘園支配の在り方が単純なものから複雑なものへと推移していった状況を反映しているのであって、荘園体制の変質・発展の過程を示すものにほかならない。

いわゆる工匠給免田を例にとってみるならば、それは文字どおり、工匠が荘園体制の中で果たす一定の役割に対する代償にほかならない。いうまでもなく、工匠が荘園体制維持に必要不可欠の要素だったからであって、とくに鍛冶・皮造などは、農具・武器・武具の生産者として重要な位置を占める。それら手工業者は、本来は一般荘民の生活とは直接にはかかわりのないものであって、荘園体制維持の一環としての位置を占め、その保持する生産技術は荘民の生活の向上をもたらすものではなかった。むしろ、給免田を代償として手工業者を領主側に抱き込み、支配体制の強化がはかられたのである。進展する在地手工業の成果は領主側に独占され、在地の生産技術は必ずしも荘民には還元されず、むしろ荘園体制の強化・維持・延命の具となった。

大陸から輸入された、あるいはまた自主的な高度の技術が、つねに支配階級の手に握られてきた古代以来の歴史的事実は周知のところである。一般的にいえば、手工生産・商品流通の進展は、既存の体制を破壊する作用を持つが、支配階級がその成果を巧みに自己の体制の補強に利用する側面のあることを見逃してはならない。支配階級の「対応」と「延命」策を見落とすと、権力の性格を固定的にとらえることになり、具体的な歴史過程を無視する弊に陥る危険があると思う。(40)

しかし、右の側面のみを強調することも誤りであろう。再び工匠免田を例にとると、給免田を与えられることは、工匠らにとって、やはり「一歩前進」なのである。それは、特殊技能によって、彼らが領主に不可欠の存在と認識され、「奴隷」として抱えられるのではなく、工匠として、下司・荘官らと同じく給免田を給与されることなのであり、荘園体制の図式のうえでいえば、(41)彼らが何らかのかたちで「職《しき》の体系」の中に足がかりを獲得したことを意味する。その意味で、井料・諸引物・損免はもちろんのこと、寺社の祭礼・芸能にかかわる除分でさえも、農民の手に荘園諸「職」の一部が握られ、荘園体制の枠内であっても、農民たちが、収奪された自己の生産物を奪還する闘いの成果ということができる。損免の獲得や、[42]段銭などの諸賦課について半分は年貢から差引くという慣例も、[43]農民の長期にわたる闘争の成果なのであって、荘園体制の枠内にありながら、徐々にそれを内部から崩壊させる力となったのである。

注

(1) 雑役免荘園については、竹内理三『寺領荘園の研究』(畝傍書房、昭和十七年、『竹内理三著作集 3』角川書店、平成十一年、所収)、渡辺澄夫『畿内庄園の基礎構造』(吉川弘文館、昭和三十一年、増訂版上・下、昭和四十四年・四十五年)、村井康彦『古代国家解体過程の研究』(岩波書店、昭和四十年)、阿部猛『日本荘園成立史の研究』(雄山閣、昭和三十五年、同『日本荘園史』大原新生社、昭和四十七年)など参照。
(2) もちろん、このような「除」分もそれなりに大きな意義を持つのである。雑役免荘園のごとく年貢と公事の収取主体が異なることが、実はその段階での荘園の性格の表現にほかならない。
(3) 横井清「荘園体制下の分業形態と手工業」(『日本史研究』六二号、昭和三十七年、のち『中世民衆の生活文化』東京大学出版会、昭和五十年に再録)は、両者を同列に置いて考えているが、本文のごとく区別して論ずる要がある。
(4) 天平勝宝七年三月九日越前国司判(『寧楽遺文』中巻六九〇頁)。
(5) 天平勝宝七年五月三日、八年二月一日、九年二月一日の越前国田使解(『寧楽遺文』中巻六九〇〜九五頁)。
(6) 天平宝字元年十一月十二日越前国使等解(『寧楽遺文』中巻六九八頁)。
(7) 以上、史料は弘仁十四年二月二十一日太政官奏(『政事要略』巻五十三)。公営田にふれた論考は多いが、それについては、阿部猛「弘仁十四年の公営田制について—研究史的に—」(『帝京史学』六号、本書所収)を参照。
(8) 『日本後紀』巻二十二・弘仁四年二月十一日条。
(9) 『類聚三代格』巻十五・貞観十八年五月二十一日太政官符。

(10)『類聚三代格』巻十五・元慶三年十二月四日太政官符、同五年二月八日太政官符。阿部猛『律令国家解体過程の研究』(新生社、昭和四十一年）四一一頁。
(11) 吉田晶「佃経営に関する二三の問題」(『魚澄先生古稀記念国史学論叢』同記念会、昭和四十一年)。
(12) 阿部猛・前掲(注10)書、二一〇頁。
(13)『類聚三代格』巻十九・延暦九年四月十六日太政官符、『日本後紀』巻二十一・弘仁二年五月二十一日条。吉田晶「八九世紀における私出挙」(大阪歴史学会編『律令国家の基礎構造』吉川弘文館、昭和三十五年)、原秀三郎「八世紀における開発について」(『日本史研究』六一号、昭和三十七年)。
(14) 竹内理三・前掲(注1)書、四八八頁。
(15) 公営田制について、このように単純に言い切ることは困難であるが。阿部猛・前掲(注7)論文を参照。
(16) 阿部猛『尾張国解文の研究』(大原新生社、昭和四十六年）二一〇頁。
(17) 仁安元年（一一六六）飛驒国進未注進状（『平安遺文』七巻三四一〇号、三四一一号）に見える国佃・庁分佃なども「名」に割り当てられてはいるが、一名について一五〇歩、二二五歩などというようにあり、平田荘の場合と同様に考えられる。
(18) 渡辺澄夫・前掲(注1)書、二七二頁。
(19) 水上一久「荘園に於ける佃に就いて」(『歴史学研究』七―五、昭和十二年、のち『中世の荘園と社会』吉川弘文館、昭和四十四年に再録)。
(20) 佃について論ずるとき、従来から注目されてきた史料に、嘉禄二年（一二二六）二月の肥前国佐嘉御領小地頭等言上状（『鎌倉遺文』五巻三四七〇号）がある。本史料は、同御領内末吉名の小地頭高木南二郎季家と惣地頭蓮沼三郎忠国との争論にかかわるものである。末吉名の小地頭（名主）季家は、惣地頭忠国が傍例に背いて「如レ没官領一」く小地頭を追放し、あるいは稲米（小地頭得分加地子米）を取り、あるいは作田を刈り取る非法を行っていると幕府に訴えた。これに対して幕府は、実情を前地頭天野政景に尋問したところ、「当御領内小地頭あまた候へハ、自余小地頭共例ニ任て、惣地頭・小地頭得分不レ可レ有二相違一」との答申を得た。幕府は慎重に、さらに佐嘉御領の済例の報告を求めた。それに応えて出されたのがこの史料である。その済例とはつぎのようなものであった。

領家	加徴米	町別一石（定得田のみ）
	御佃米	町別二丈　分米四斗六升（除定得田）
	比目料	町別一斗（見作田に）
国方	早米	町別二石（定得田）
	宿料	町別二斗（定田）
	表絹	三疋代米三斗
	比目料	町別一斗五升
惣地頭	加地子	町別五斗（定得田のみ）
	雇作	町別一斗八升（名々に）
	一色田	斗代随二田地一（名々に）
	介安用作	町別二斗（得田）
小地頭	加地子	町別五斗（定得田）
	給田・免田・算失田（随二名々一）	
	田畠・在家等は小地頭進退	

問題とされたのは「雇作」の部分である。言上状によると、雇作は伊豆民部大夫（天野遠景）地頭のとき、恒松名内の田一町（高柳前）に御領住人を「催し集め」種子を下行して耕作させた。その後「催作」と号して名々に切り宛て、町別一斗八升を弁済させた。ただし、末吉名については、四段につき分米三石六斗（段別九斗）を「除二種子一」き弁済したというのである。吉田晶氏も指摘するように、雇作と称するものは、惣地頭としての領主権にもとづく佃経営であって、佃経営の一般的な形とすることはできないが、催作は「名々」に切り宛てるもので、いわゆる名役佃にほかなら

ない。しかも実際には町別一斗八升米を負うにすぎない。末吉名は例外で、段別九斗の高斗代だが、これとても佃の全収穫を惣地頭が掌握するものにはほど遠い。末吉名を除く他の六段が、佃とはいいながら低率の収得であることは注目を惹くのである。これが「於二田畠在家等一者、小地頭所二進退領掌一也」という小地頭（名主）の強い在地領主権と惣地頭の対立の中で生れてきたものと見る吉田氏の見解は妥当であろう。吉田晶・前掲(注11)論文。

(21)　例えば、清水三男『日本中世の村落』(日本評論社、昭和十七年）一八五頁以下、萩原龍夫『中世祭祀組織の研究』(吉川弘文館、昭和三十七年、増補版、昭和五十年）一三九頁の表参照。
(22)　阿部猛『日本荘園史』(前掲〈注1〉)二九二頁以下。
(23)　清水三男・前掲(注21)書、二〇一頁。
(24)　西垣晴次「中世村落における在地社寺」(島田次郎編『日本中世村落史の研究』吉川弘文館、昭和四十一年)。
(25)　清水三男・前掲(注21)書、森末義彰『中世の社寺と芸術』(畝傍書房、昭和十六年)、林屋辰三郎『中世芸能史の研究』(岩波書店、昭和三十五年)。
(26)　林屋辰三郎・前掲(注25)書、四二五頁。
(27)　清水三男・前掲(注21)書、二〇八頁。
(28)　林屋辰三郎・前掲(注25)書、三二〇頁。
(29)　清水三男・前掲(注21)書、二〇九頁、二一一頁。
(30)　以下については、淺香年木「工匠免田の形成過程」(『北陸史学』一〇号、昭和三十六年、のち『日本古代手工業史の研究』法政大学出版局、昭和四十六年所収)、横井清・前掲(注3)論文、阿部猛『律令国家解体過程の研究』(前掲〈注10〉)三〇五頁以下。
(31)　徳田劔一『中世に於ける水運の発達』(彰華社、昭和十一年)二五～二七頁。
(32)　『大乗院寺社雑事記』文明元年十二月十九日条。豊田武『増訂　中世日本商業史の研究』(岩波書店、昭和二十七年)一九七頁。

(33)　清水三男・前掲（注21）書、三二一〜三二二頁。
(34)　『敦賀郡古文書』所収「西福寺文書」二四七号。阿部猛『中世日本荘園史の研究』（新生社、昭和四十二年）一一二頁。
(35)　井料については、宝月圭吾『中世灌漑史の研究』（畝傍書房、昭和十八年）に詳しい。
(36)　村井康彦・前掲（注1）書、二三四頁、小山田義夫「倉付についての一考察」（『経済学論叢』〈中央大学〉三五―四、平成六年）。
(37)　『大乗院寺社雑事記』長禄二年十一月晦日条。
(38)　阿部猛・前掲（注34）書、一四〇頁以下。
(39)　永原慶二『日本封建制成立過程の研究』（岩波書店、昭和三十六年）四二九頁。
(40)　阿部猛「十世紀前後における国衙の性格と機能」（古代学協会編『延喜天暦時代の研究』吉川弘文館、昭和四十四年、のち『平安前期政治史の研究』大原新生社、昭和四十九年に再録）。
(41)　ここにいう「荘園体制」の概念については、阿部猛「荘園体制の成立に関する試論」（杉山一與編『日本社会史論集』向上社、昭和四十年）参照。
(42)　永原慶二「荘園解体期における農民層の分解と農民闘争の形態」（『日本封建制成立過程の研究』）で明らかにされた久世荘における年貢減免闘争の例を想起せよ。
(43)　阿部猛「大和国平野殿荘の『地主』と『百姓』―『名主＝地主』説について―」（『日本歴史』一四九号、昭和三十五年）、のち「中世の『地主』と『百姓』」と改題して『中世日本荘園史の研究』（前掲〈注34〉）に再録。

七　荘園における間田について

——畿内荘園の構造——

大和興福寺関係の諸荘園の史料を見ていると、しばしば「間田」なる語を見出す。管見の故か、いまだ他の荘園史料のうちにはあまりこれを発見しえないのであるが、(1)いちおう所見の史料を以て間田に関する考察をまとめてみたい。一見、閑文字の感なきにしもあらずであるが、この微小の二字から畿内荘園の構造を考えるうえで、かなり大切な事柄を探りうるのではないかと、ひそかに予想しているのである。

以下順を逐って、間田の性質、さらに間田と名田との関係につき述べたいが、まず順序として、間田に関する従来の知識を見ると、『国史辞典』(冨山房刊)第二巻の「間田」の項において、今井林太郎氏はこれを説明して、「荘園に於て荘官その他の者に給与され、年貢・課役を免除された田地をいふ」と書かれた。これが間田についての従来の知識と思われ、また、いまだまとまった研究のあるを聞かない。(2)これ敢て小論を発表する理由の一端でもある。

(一)　間田の性質

間田と給田　『国史辞典』において今井氏は前記のように要約し、ついで『大乗院寺社雑事記』長禄四年(一四六〇)八月一日、同九日、応仁二年(一四六八)閏十月二十八日の各条を引用している。応仁二年の記事は、興福寺大乗院領出雲荘に関するものであって、段銭賦課に関連して同荘の田数を注したものである。それを左に引用すると、初めに名田の分を記し、つぎに、

間　田

六反卅一坪順円房給　一丁五反水分田同給（中略）一丁撲揚講田　五反定使給　五反三百歩下司給　一反公文給

二反沙汰人給

以上九丁七反三百歩

とある。右によれば、今井氏のいわれるように、間田はいわゆる「給田」の範疇に入るものである。出雲荘については、さらに『三箇院家抄　第二』を見ると、文治二年（一一八六）検注帳の写しなるものが記されている。それによれば、ほぼ均等な一五か名のつぎに、預所田、下司田、公文田、職事田、人給田、浮田、佃、屋敷、常荒など計一〇町六段余を記し、そのつぎに「方々知行間田十一丁二反二百八十歩」とある。間田の内容は不明であるが、間田のほかに下司田、公文田、職事田などが並記されていることは注意してよいと思う。

また『三箇院家抄　第二』の尺度寺荘の項には、給主田、定使田と区別して三町二段の間田が記載されており、それには「間田〔永享十年九年善教知行云々〕」とある。少なくとも以上の諸例によって考えると、下司田・公文田・定使田などが間田のうちに含まれる場合と、それらとは別に間田なるものが存在した場合とがあると考えねばならない。すなわち、給田のすべてが間田とは必ずしもならないのである。

では、逆に間田はすべて給田なりといえるであろうか。前記の出雲荘や尺度寺荘の場合はこれがいえる。また『三箇院家抄　第一』を見ると、「塗師御作手給」に三橋荘間田五段があり、「上北面良祐分」の給分に出雲荘、倉荘の間田、「専賢法橋分」に新木荘・出雲荘の間田、「賢秀分」に倉荘・越田尻荘・飯高荘の間田など、間田が「給分」

のうちに多く見られることは確かである。また『大乗院寺社雑事記』明応七年（一四九八）十月十四日条に、「倉庄佃下地名田給人間田方竹シメ立レ之」と、佃・名田と対比させて、しかも給人間田と記しているごときは、間田↓給田の推測を確かならしめるものである。しかしながら、同文明十二年（一四八〇）九月二十六日条に、

新木庄立野給米幷間田事（中略）間田之内公方一丁八反□其余諸給分也

とあることからすれば、間田のすべてが給分（田）であるとはいいがたいようであり、したがって今は、間田は原則的に給田なりと考えておく。

間田と除田　つぎに、年貢・課役を免除された田地という点は如何であろうか。年貢を免除されるとは、いうまでもなく、荘園領主側よりの免除であるが、それならば、一般荘園に見る除田と同性質のものではないかという考えが浮かぶ。除田とは、その地の年貢が領主の直接収入として計上されない田地で、一般の例によると、河成、不作、給田、社寺田、料田、さらに佃もそのうちに加えられる。[3] 佃は領主の収入の対象とはなるが、年貢―斗代―を出さないから除田に包含されるのである。[4]

もし以上の説をそのままうけとるとすると、間田は除田の一種であるということになるようである。前述のように、間田は原則的に給田であったと考えられるから、直接領主の収入対象とならないことは明らかである。ただし、諸賦課のうち段銭はこれを免れえなかった。『三箇院家抄　第二』所引の貞治四年（一三六五）段銭帳にも、高田荘間田四町九段大に段銭の課せられたことは明証がある。奈良に近い神殿荘でも、応仁元年の門跡修造を名目とする一国平均段銭が間田にもかけられており（『大乗院寺社雑事記』応仁元年四月晦日条）、出雲荘でも名田と並んで間田が段銭賦課の対象となっていたことは明らかである（同・応仁二年閏十月二十八日条）。段銭のほかには、長屋荘などに見えるように寺家より瓜が課せられ「間田瓜」と称されている（同・長禄三年九月十七日条）。

また『大乗院寺社雑事記』文明四年五月二十六日条所引の「大宅寺名田一名分公事物」と題するものに「反銭反米等者間田ノ如沙汰ス」とあるのに続いて「祈雨シ、ヲイ諸公事物間田ノ如ク沙二汰之一」とあることから見ると、これらも間田に課せられていたと見るのが妥当であろう。しかし、名田のように正月の餅から始まって十二月晦日の餅に至るまで、毎月、次つぎと課せられる諸公事が間田については見出されないから、少なくとも直接荘園領主たる門跡に対しては、間田はその責を負っていなかったと見るべきであろう。

間田の耕作者　間田は、それが給分である限り、被給与者に処分権のないことは当然であった。しかし、給分もしだいに私領的性格を帯びてきたようである。寛正（一四六〇～六六）の頃、下北面順堯法師は、新木荘間田五段のほか各種の給分を与えられていたが、これを沽却したり質入れしたとのうわさに、門跡は「一旦之御給分、為二私沙汰一売買儀不レ可レ然候」と咎めた。これに対して順堯法師はそのような事実のないことを陳じ、「一期之間可二直務仕一候、向後更以不レ可レ渡二他方一候」と請文を提出した（『大乗院寺社雑事記』寛正二年八月十三日条）。明教房も給分田五段を山村某の口入で蓮台寺に売却し、「為二公領一処、為レ私沽却不レ可レ有二承引一候」と門跡の叱責を蒙った（同・延徳元年十二月十三日条）。

以上のように、間田はあくまでも給分なのであるが、給与された間田を被給与者が直接耕作経営に当たることは、まったく考えられない。倉荘間田のうち順堯法師給分と称されるものは五段で、『大乗院寺社雑事記』長禄四年七月二十八日条には、

一反〔六斗代、四ノ坪〕百姓二郎　四反〔八斗八升代、カン田〕百姓〔二郎、カトウサウ、スケ三郎、ヱ門三郎〕

と、一段に一人ずつ五人の百姓が記されている。同荘春藤法師給分七段については、一段半ずつ二人、一段ずつ四

人の百姓の名が注記され（『大乗院寺社雑事記』長禄四年八月五日条）、田井荘間田六段については、三段一人、二段一人、一段一人が（同・八月九日条）、新木荘では一町八段の間田に一二人の百姓が記されている（同・文明十二年十月二十五日条）。しかして間田の被給与者は、間田耕作百姓に不都合な行為のあった時には、これを罷免することができたようである。『大乗院寺社雑事記』長禄四年五月十五日条には、

神殿庄勾当田一丁之内二反分、当庄沙汰人与次郎田地百姓也、然而去々年分年貢一向令㆓無沙汰㆒之間、為㆓勾当方㆒召㆓放之㆒了、仍以㆓当庄中司十乗入道㆒歎申入之間、被㆓仰付㆒之了、仍請文沙汰之了

とある。これは、康正二年（一四五六）算田帳（『大和志料』上巻八一二頁）によると、間田分として「二反　勾当田与□郎」とあるのに相当すると思われる。すなわち、勾当給分としての間田の百姓は、被給与者勾当の意志によって任免することができたのである。

(二)　間田と名田

一荘の中に名田と名づけられるものが存在すること、そして間田は史料の示す限りでは給分田である場合の多いことが考えられた。しかし、大和およびこの周辺において特徴的な均等名の成立期、すなわち出雲荘、池田荘、若槻荘などに典型的に見られる一町数段ないし二町前後の名田が生れたとき、それはどのような仕方で荘園が構成されたのであったろうか。この点に関して、渡辺澄夫氏は大和国若槻荘、出雲荘などの荘園について研究を公にしておられる。(5) 氏の研究はすこぶる注目に値するのであるが、いま深くこれにふれる余裕はない。ただ、ある一定の地域のうちのどの土地が名に編入され、どの土地が名から外れたかという点、また均等名成立の具体的史料が存せず、

直接説明されない点で、やや説得力を欠く憾みがあると思う。(6)

新木荘の間田　当面の問題に戻って、もし名田と並んで間田がともに均等名構成荘園の成立に当たって生れてきたと仮定したら、いかなる地を「名」とし、いかなる地を「間田」としたのであろうか。いまその問題に入るにさいして、室町期のことで直接均等名成立期にかかわりを持つかどうか疑問ながら、名田と称しまた間田と称された土地が固定的なものでなく、その時に異なる名称で呼ばれたことを注意しておきたい。それは大和国新木荘に関するものである。

新木荘は建武（一三三四〜三八）頃まで九か名より成っていたが、その後になると、興福寺が直接収取の対象とするものは五か名になった。この場合、残りの四か名はどうなったかを見ると、公文名（覚松名）一町八段は明教給分に、馬場名三町七段は衆徒小泉氏が持ち、貞光名一町八段は安位寺殿知行分、二町三段三三〇歩は下司田となった。下司田は建武以来本帳の下司名と面積が合致する点から、もとの清弘名であること疑いなく、貞光名は本帳の貞光名の引継ぎであること、また疑いない（以上『三箇院家抄　第二』に拠る）。このうち、安位寺殿分については『三箇院家抄　第一』に、

当寺安位寺殿
御隠居方御料所（中略）一丁八反新木庄間田但九名之内歟

とある。すなわち、基本台帳において貞光名と呼ばれたものは、ここでは間田と明記されているのである。同一の土地について某名といわれ、また間田といわれたのである。

間田の語義　そもそも間田の語義は如何。試みに辞典にあたってみると、『大辞典』にはつぎの二例を挙げている。

「礼記」王制〜「名山大沢不以封、其余以為附庸間田」

「孔子家語」〜「咸以所争之田、為間田矣」

として、「持主のない田」と注している。間田は「カンデン」であろうが、それはいま問うところではない。「持主のない田」から連想されるのは無主位田なるものである。

令制下、親王の品階および諸王臣の位階五位以上の者に支給する位田のあったことは周知のところである。そして未給の位田は無主位田と名づけられた。位田の制は一一世紀頃まで行われたらしいが、漸次弛緩し、あるいは位田を寺に施入し、あるいは収公が行われなかったりし、しだいに私有の対象となり、荘園構成の一要素となったと考えられている。

延久二年（一〇七〇）九月二十日付の「興福寺雑役免西諸郡」と題する南都二条家文書、同じく応永十五年（一四〇八）書写という延久の「興福寺録高段別記―雑役免東諸郡―」なる史料（「興福寺雑役免帳」と称する）を見ると、大和国内の興福寺領諸荘園に、旧位田・無主位田がどのように分布していたかを知ることができる。位田には、左右京職位田、藤三位殿位田、兵部大輔位田、内大臣殿位田、治部卿殿位田などが見られる。また「徳治二年興福寺大乗院領若槻庄土帳」（菅孝次郎氏所蔵文書）および欠年「若槻庄差図」（内閣文庫所蔵「大乗院文書」一二）によると、京南三条一里五坪には、その地字として「一品位」とあり、同二十八坪には「前佃　無主位」との記載がある。これらは、いずれも、かつてその坪のうちに一品位田・無主位田の存在したことを示している。これら位田・無主位田は、いつの頃か合法または非合法的手段によって興福寺領となり、荘園構成の一要素となったのであろう。(7)

このように無主位田と間田とは何らかの関係はないであろうか。「主なき田」という共通の意味を持つ両語が置換されることも考えられないではない。しかし、坪付によって、延久の無主位田がその後の荘園においていかなる経過をたどったか探りえない現在、それは単なる推測としておくよりほかかない。

第二の推測は、間田＝無主地を無主地＝共有地・入会地と考えるものである。いうまでもなく、荘園の成立は必ずしも一円的ではない。共有地的な土地が荘園領主の収取体制の中に組込まれていったとき、これを間田と称したと考えるわけである。しかしこれは、とくに間田が給田として多く現れることを説明できないし、先に述べた新木荘の場合のように、その名称が固定的でないらしいことを考慮すると、さらに信頼度はうすい。いずれにせよ、語義よりする推測には限界がある。

間田名　間田の性質について、ひとつのヒントを与えてくれると思うのは、山辺郡田井荘で見られる「間田名」である。『三箇院家抄　第二』所載の嘉暦四年（一三二九）四月日付の記録によると、

権次郎名　一町四反九反切此内四反円如分
惣介名　一町五反此内六反円如分
合　名　一町二反六反切此内五反円如分
八郎名　一町三反五反切此内六反円如分
済作良円名　一町六反
又次郎名禅順名　一町六反此内三反円如分
道円名右馬入道寿徳名　一町六反此内一町四反円如分
間田名　一町六反此内一丁二反円如分

とある。八か名のうち一般百姓名については問題はないが、合名、済作、間田名の三者は注目に値する。前二者については渡辺澄夫氏が少しくふれておられる。(8)本荘もいわゆる均等名より成る荘園にかぞえられるが、合名・済作は若槻荘における集名に類似するもので、同一家族によって一名を形成しえない土地保有者の集合体であったと推

測された。残る間田名とは何か。

　前掲史料に見える「円如」は『三箇院家抄　第二』の「建武五年反銭算用」に「高畠円如寺」とあるもので、嘉暦の記録では前掲のほか「甲乙人知行」の欄に「本知行分」と注記した一町を知行している由が知られるから、先掲の円如寺分の計五町は、何らかの理由により嘉暦に比較的近い時期に興福寺から宛行われたものと思われる。したがってまた、間田名一町六段のうち一町二段というのは、もちろん名の形成後に円如寺に分割給与されたものに相違ない。すると、間田と間田名との関係はどうなるであろうか。田井荘関係史料で「間田」と明記したものは、『三箇院家抄　第二』に下北面実英給分として「田井庄間田六反六斗代」とあり、『大乗院寺社雑事記』長禄四年（一四六〇）八月九日条に、

　春藤法師給分田井庄間田六反百姓注進之
　　三反字マスタ五斗代百姓刑部　　三反同同左近　　一反同同ヲコ

とある。また『三箇院家抄　第二』に「近来給人以下事」とあり、そのうちに「六反六斗代舜勝房」とある。この六段が間田であることは『大乗院寺社雑事記』長享三年（一四八九）二月一日条に「下北面舜勝之闕所御恩事、跡継躰無ㇾ之間、彼給分下北面長信ニ給ㇾ之了」とあり、そのうちに「田井庄間田」があることによって判明するのである。

　嘉暦四年の本帳分の「甲乙人知行」と「近来給人以下事」とを比較してみると、被給与者はもちろん変わっているが、地積においてはほとんど増減はなく、間田は長享の頃まで、またその後まで、そのまま引きつがれたと考えられる。嘉暦の間田名なるものは、給分として寺僧その他に配分給与されていた一段、二段と散在する間田を寺家が収公した場合、すなわちいまの場合でいえば、大乗院の基本的収取対象とされた場合には、それらを合わせて間田名として整理したのかもしれない。そのことは、嘉暦の名が均等名で、間田名も標準面積を持っている事実から

も考えられる。しかし、これもその推移を示す史料をまったく欠いていることゆえ、推測の域を出ないのである。

㈢　間人と名主

間田百姓　間田の年貢負担者がいかなる者であったか、またいかなる社会的地位を占める者であったかはすこぶる重要な問題である。名田の年貢負担者は名主であるが、間田の負担者が「間人《もうど》」であろうという説がある。(9) 結論的にいって、現在のところ私はこの説を確認することができないのであるが、以下この間人について考察し、さらに名主の性質にもふれたいと思う。(10)

『三箇院家抄』には「名田百姓」という呼称があるが、それは名主を指したようで、これに対して「間田百姓」という呼称がある。『三箇院家抄　第二』の院入荘の項に「本反米事、応永八年間田百姓与名田百姓及二相論一事在レ之」とあるのであるが、この間田百姓が間人と呼ばれたか否か確証がない。下北面重増は給分として院入荘間田二段を与えられていたが（『三箇院家抄　第一』）、『大乗院寺社雑事記』長禄四年六月二十日条によると、

　順堯給分之内院入庄二反事注二進之一
　二反各二斗九升升十合代名マヒシャク百姓道アミ

とある。この道阿弥は『三箇院家抄　第二』の「寛正六年名主」のうちにも入っているのであって、これによると、「名田百姓」「間田百姓」は二者択一的なものではなく、同一人が両種の百姓となりうることがわかる。すなわち、名主とそれ以外の農民との間には、本質的には階級関係の存在しないことを示唆するのである。このことは、つぎの高田荘の例でさらに明瞭になるであろう。

高田荘の農民　高田荘は大和国添上郡の稗田から若槻にかかるあたりにあった、面積三〇～四〇町ほどの荘園であった。当荘についてまず注意されるのは、文治二年（一一八六）七月八日付の「高田庄正文書施入状」と端裏書のある文書（『春日神社文書』一）で、その大意はつぎのごとくである。すなわち、高田荘の「領主」が高田荘本文書一一通を撲揚講中に施入した、右は、以前に政頼法師・実助らが滅罪のため講中に当荘を施入したが、当荘の文書案などを以て種々訴訟を起こし、人ごとに是正の持つ本文書を奪取しようとして争いが絶えない、そこで当荘の領主ら七〇余人が相談して本文書を講中に納め、是正を下司職に補して田畠三町を下司田として与えるというのである。

ここで問題となるのは、文中の「彼庄領主七十余人」の「領主」である。当文書の末尾には「領主寺僧」とあって署名が二〇人分あり、さらに最後に「於㆓国民領主㆒者依㆑繁令㆑止㆑之而已」とある。「国民」がいわゆる衆徒・国民の国民であるかともいちおう考えられるが、おそらくそうではなくて、荘内の田堵と考えるべきであろう。(11) 田堵の性質については未だ問題はあろうが、清水三男氏の説(12)に従うと、

> 田堵とは領主に直接的な力役を奉仕することによりその所有田地を領主により保護保証された者をいふので、多くは小作人でもなく、又単なる自作農でもなく地主であった。

もちろん田堵の土地所有が一荘内において完結する躰のものではないから論断を慎むべきだが、それにしても平安末期の大和国内では、春日荘や高殿荘など(13)にも前述のような事情は見られるから、さして失当ではないと思う。(14)

平安末ないし鎌倉初期において多数の田堵群を輩出していた高田荘は、その後の史料によると五箇の名とその他の田畠によって構成されている。『三箇院家抄　第二』によると、貞治四年（一三六五）段銭帳には本名、新次郎名、成願名、善阿、下司と見え、本文には、

三名　六町　分米二十九石四斗五升此内二名　四丁　分米（下略）

とあり、応安六年（一三七三）注進に「一名宛二町歟」とあるように、典型的な均等名構成荘園であったことを知るのである。一〇町の名田以外には、三町三段の古市給分、一町三段小の浮免、一町四段半の間田の存在が判明するのみである。平安末に数十人の田堵を擁した当荘は、二町ずつの五か名と、その他の田畠に編成されたと見なければならない。この場合、一名田の耕作経営者がただ一人の名主であるとは考えがたく、名主は、おそらく、名田の対領主関係における名田耕作者の代表者・貢納責任者と思われる。(15)

田堵がおもに力役奉仕を行うことによって地主として荘園領主より保護を受けるものとすれば、名主は名田の権利者であるとともに、貢納責任者として確認されたものであって、あくまでも荘園領主の収取体制の一環としての位置を持つ面が大きいのである。一名が二町ずつで、均等であることはこの推測を援ける。また『大乗院寺社雑事記』文明九年四月十日条には左のごとき請文が載っている。

請文　高田庄殘米事

合七石四斗六合者　国安名

右此米事ハ清六カ名ニテ一円ニ請申候、若清六無沙汰候ハ、、沙汰人トシテ弁申候ヘク候、此上者、無沙汰之時ハ如何様ノ御沙汰ニモアツカリ候ヘク候、仍後日証文状、如レ件

正長元年九月廿九日　　右馬五郎判

清　　六判

右において、国安名の貢納責任者＝名主は清六であるが、もし貢納無沙汰の時には荘の沙汰人がその責を負うということになっている。右のごとき名主は、多くの耕作農民の代表として、収取の単位としての名の責任者として

の存在であったと思われる。(16)

文明十四年、段銭賦課をめぐって紛争があった。すなわち、前年の十三年に寺門段銭が賦課されたために、対馬公給米七石四斗五升のうちから段銭の分を差引くことになっていたのに、給主はそれを半額しか引かず、名主の言い分を聴かないので、名主たちは「自今以後事難義之間、所詮名主百姓を辞退申入」れた。(17) そして高田荘で名主を辞退したものたちは、郡山中知行分田地六町が近来不作地であるので、そこを「乞請可レ作之由」決定した（『大乗院寺社雑事記』文明十四年五月八日条）。

残された、名主不在の名田はどうなったか。寺家側では新たな名田の貢納責任者・耕作者を決定せねばならず、「当庄之内名主之外之仁号マウトキ（ト）共召レ之、当毛事先以付之由仰二付之一」けた（同・五月二十七日条）。これにより、当荘内の農民には、少なくとも「名主（名主職所持）」と「マウト（間人）」の二層のあることを知るのである。しかして、間人は名田の年貢負担者でなく、名田以外の土地の年貢負担者あるいは名田の作人として存在したのである。

名主と間人　ここで注意すべきは、名主と間人の社会経済的地位の上下である。すでに、清水三男、豊田武両氏も述べられたごとく、(18) 名主は間人より一段上に位するようである。しかし、本質的に名主と間人の間に上下関係が存在したか否か。なるほど名主は名田の年貢負担者であって、貢納収取者（領主）にとっては最も重要な存在と考えられ、あたかも本百姓に比すべきもので、「名主之外之仁」すなわち「間人」は、領主にとっては、さして重視すべき存在ではなかったであろう。また、「名主之外之仁号マウトト」とある場合、名主・マウトはそれぞれの人なり家なりに附随した固定的な階層を示す語のごとくに響くのであるが、名主が名田の年貢負担者の地位を退いた場合に、その後もいぜんとして名主と呼ばれたかといえば、否であろう。またもし、甲荘園において名主たる者が乙荘園において「名主之外之仁」たりうる場合が容易に想定しうるとするならば、名主、間人の称を固定的にとらえることは避けなければならない。

要するに、私は、中世とくに中世後期において、名主といい間人というも、それは必ずしも固定的なものではなく、荘園領主との関係如何によって定まる呼称であると思う。しかし、村落内部において、とくに宮座の座席などに名主と間人では差別のあることを無視するものではない。名主たりうる者が荘内の比較的富裕な上層部に多かったことが当然考えられるし、名主の家というものが固定していたこと—家格というべきか—も考えられる。したがって、名主の家が、その経済力と家柄の優越とによる権威を以て村内に君臨したことは否定しえない。(19)

職の分化　以上述べたような点についてては、最近とくに検討が加えられており、土一揆や近世初頭の検地の問題にからんで、きわめて重要な問題となっている。すなわち、南北朝内乱期を経て成立してきた室町期の農民層の構成について、かつて小野武夫、今井林太郎、鈴木良一の諸氏は、名主—作人—下作人の階層分化を認められた。(20)土一揆におけるいわゆる名主裏切論は、この階層分化論よりする当然の帰結であった。そして、右の説を克服するための考え方が、永原慶二氏や宮川満氏によって出されてきた。(21)それによれば、名主—作人—下作人の階層分化は見られず、地侍＝土豪と農民＝名主百姓の分化があっただけだという。

室町期において、荘園制的な名主職—作職—下作職の分化の見られたことは、きわめて明瞭であるが、「職」の分化それじたいは階級関係を示すものではない。すでに黒田俊雄氏も指摘されたように、(22)永原氏の「名主職を全然持つことのない作人層も実際にはあったろうが、これは数的にも中小名主職の所有者にくらべてさして多いものでもなく、それ自身独立の階級的政治的勢力にまで成長しておらなかったろう」という前提に立つ「農村内部の諸勢力」の把握の仕方は問題を含む(23)と考えざるをえない。

すなわち、名主職の分布状態を以て階層分化を探ろうとする従来の試みは必ずしも妥当ではなく、このさい反省の必要があると思われる。土一揆や商業の問題その他、この時代の事象の解明に当たって、史料上に名主職保持者としてあらわれる「名主」を中心に据えてきた安易な方法じたいに検討を加える必要がある。

注

（1）　間田の存在は大和国に限られるものではない。例えば、東大寺領美濃国大井荘でも見出せる。

（2）　本稿発表後に、水上一久「間人考」（『社会経済史学』二一巻二号、昭和三十年、『中世の荘園と社会』吉川弘文館、昭和四十四年、所収）、渡辺澄夫「間田について」（『畿内庄園の基礎構造』吉川弘文館、昭和三十一年）、島田次郎「畿内荘園における中世村落」（宝月圭吾先生還暦記念会編『日本社会経済史研究　古代中世編』吉川弘文館、昭和四十二年、のち『日本中世の領主制と村落　下巻』吉川弘文館、昭和六十一年、所収）の三論文が発表され、間田についての史料も追加され、その性質も明らかになってきた。なお、現在では『国史大辞典』（執筆者渡辺澄夫氏）、『日本歴史大事典』（執筆者田村憲美氏）などの事典類でも解説されている。

（3）　除分については、阿部猛「荘園における除分について」（『歴史学研究』三三七号、本書所収）参照。

（4）　竹内理三『寺領荘園の研究』（畝傍書房、昭和十八年）四八四頁。

（5）　渡辺澄夫「畿内型庄園の名構造に関する一試論」（『史学研究』八集）、同「畿内型庄園の成立と均等名の形成過程」（『史学雑誌』六二―三、昭和二十八年、『畿内庄園の基礎構造』前掲〈注2〉所収）参照。

（6）　渡辺澄夫『畿内庄園の基礎構造』についての阿部猛「書評」（『史学雑誌』六六―三、昭和三十二年）を参照。また増田弘邦「平安後期畿内の庄園制について」（『史潮』一〇二号、昭和四十三年）参照。

（7）　本稿のこのあたりの記述は明瞭さに欠ける。位田については、のちに「位田について」（『日本社会史研究』三号、昭和三十四年、『日本荘園成立史の研究』雄山閣、昭和三十五年に再録）を書いた。なお畿内荘園の成立過程については、『日本荘園成立史の研究』、『律令国家解体過程の研究』（新生社、昭和四十一年）、『日本荘園史』（大原新生社、昭和四十七年）などを書き少し明らかにした。
(8) 渡辺澄夫「畿内型庄園の名構造に関する一試論」（前掲〈注5〉）。
(9) 豊田武氏の御教示による。
(10) 拙稿発表後の、水上一久「間人考」（前掲〈注2〉）も、間田百姓＝間人説を述べている。
(11) 本稿のこのあたりの記述もきわめて不明確である。「領主寺僧」とあるのは寺僧給主をさすのであろう。領主の概念については、阿部猛『日本荘園史』一一三頁以下を参照。
(12) 清水三男「田堵の性質」（『日本中世の村落』日本評論社、昭和十七年）。その後、田堵について新説を呈示したのは村井康彦氏で、その論文「田堵の存在形態」（『史林』四〇―二、昭和三十二年、『古代国家解体過程の研究』岩波書店、昭和四十一年に再録）で、ほぼ定説をかたちづくった。
(13) 仁安三年二月十八日高殿荘油作人日記（『平安遺文』七巻三四五〇号）。
(14) 高殿荘については、阿部猛「平安末期にける在地の諸関係」（『史潮』六二・六三合併号、昭和三十二年、『日本荘園成立史の研究』に再録）参照。
(15) 本稿のこのあたりの、名田、名主についての理解も幼稚である。私じしん、のちに名の性格に関するいくつかの論文を公にして理解をあらためた。阿部猛「平安末期における名の性格」（『歴史学研究』一九五号、昭和三十一年、『日本荘園成立史の研究』に再録）、同『日本荘園史』（第二章）を参照。
(16) 清水三男「東大寺領大和国添上郡河上荘」（『日本中世の村落』前掲〈注12〉）、黒田俊雄「畿内荘園における在地の諸関係」（『日本史研究』一七号、『日本中世封建制論』東京大学出版会、昭和四十九年に再録）など参照。
(17) 「半額」を差引くことについて、本稿執筆の頃は、その意義を十分にとらえていなかったが、のちに「段米・段銭の研究」（『史潮』六四・六五合併号、昭和三十三年、のち「段米・段銭について」と改題して『日本中世荘園史の研究』新生社、昭和四十二年に再録）を書き、「地主半分、百姓半分」の意味を明らかにした。
(18) 清水三男『日本中世の村落』、豊田武「土一揆の基礎構造」（社会経済史学会編『農民解放の史的考察』日本評論社、昭和二十三年）参照。
(19) 永原慶二『封建時代前期の民衆生活』（新日本史講座・九、中央公論社、昭和二十七年、『日本封建制成立過程の研究』岩波書店、昭和三十六年に再録）参照。
(20) 小野武夫『日本庄園制史論』（有斐閣、昭和十八年）、今井林太郎『日本荘園制論』（三笠書房、昭和十四年）、鈴木良一『日本中世の農民問題』（高桐書院、昭和二十二年）、同『土一揆論』（新日本史講座、中央公論社、昭和二十三年）参照。
(21) 永原慶二・前掲（注19）論文、宮川満「中世村落における農民と地侍」（『史学研究記念論叢』昭和二十五年）参照。
(22) 黒田俊雄・前掲（注16）論文参照。
(23) 永原慶二・前掲（注19）論文参照。

〔追記〕 本章は、はじめ昭和二十五年十二月に提出した学部卒業論文の一部として書かれ、のちこれに補訂を加えて『日本歴史』六二号（昭和二十八年七月刊）に掲載された。発表後に水上一久氏、渡辺澄夫氏の論文が公にされて、小論はまったく無用のものとなったが、学界にいささかでも課題をなげかけた若年の頃の仕事にふかい愛着を覚える。したがって、本文には一部の訂正を加えるのみとしたが、その後の研究の進展を考慮していくつかの補注を加えた。

八　荘園を眺める
―播磨国鵤荘―

㈠　鵤　荘

兵庫県揖保郡太子町に斑鳩寺と呼ぶ古寺がある。寺名からも推察されるように、斑鳩寺は大和国法隆寺の末寺であり、「いかるがの太子」といわれ、加古川の「刀田の太子」（鶴林寺）とともに、聖徳太子ゆかりの名刹と称される。天文十年（一五四一）四月の大火でことごとく焼失し、(1)現在の建物はそれ以後のもので、比較的新しい。現在、姫路を出た山陽新幹線が太子町の町並みを外れようとするとき、右手かなたに三重塔をはるかに望むことができる。

斑鳩寺を中心とするこのあたりには、かつて鵤荘《いかるがのしょう》と呼ばれる法隆寺領の荘園があった。(2)その荘域は太子町の隣りの龍野市の一部にわたり、元の宿村（福田）・同出屋敷（舎利田）・内山村・馬場村・鵤村・助久村・平方村・同出屋敷（柳）・東保村・東南村・東出村・松田村の一二か村を含んでいた。鵤荘については幸運にも、嘉暦四年（一三二九）卯月の日付の入った絵図が法隆寺に現存している(3)（本絵図の模写が斑鳩寺にある）。タテ約一三一センチメートル、ヨコ約一二〇センチメートルの大きなもので、全面彩色を施してある。絵図によると、鵤荘は東と西に区分され、田数は各一八〇町五段で、計三六一町となる。荘の境界を示すものとして「御牓示石」が一三箇認められるが、うち四箇は現存し、「太子の投げ石」とか「はじき石」と呼ばれている。水田の畦道にかかる牓示石について、現地の人びとは、これを動かすと祟りがあると言い伝えている。[4]

絵図を眺めると、建物がいくつか描かれているが、いずれも寺院・神社である。著名な紀伊国挊田荘、伯耆国東郷荘、尾張国富田荘などの絵図には名主住屋や荘官・地頭宅も描かれている。描き方を細かく見ると、名主住宅の場合は柱を直接地面に突きさす掘立柱であり、斑鳩寺や政所屋は石の土台を据えている。小さい祠は浮き土台であった。鵤荘の政所は三方に堀をめぐらしていた。永正八年（一五一一）四月十八日の夜半、東浦村の後家宅に二人組の賊が侵入しようとしたところ、荘政所の中間彦次郎が夜番にまわっていて政所の坪（庭）からこれを発見し、堀を渡って盗人に打ちかかったという。また、天文十四年（一五四五）六か村の普請で政所の三方の堀を掘ったという。その起源は明らかではないが、播州平野には「構《かまえ》」と呼ぶ環濠集落のあることも注意される。

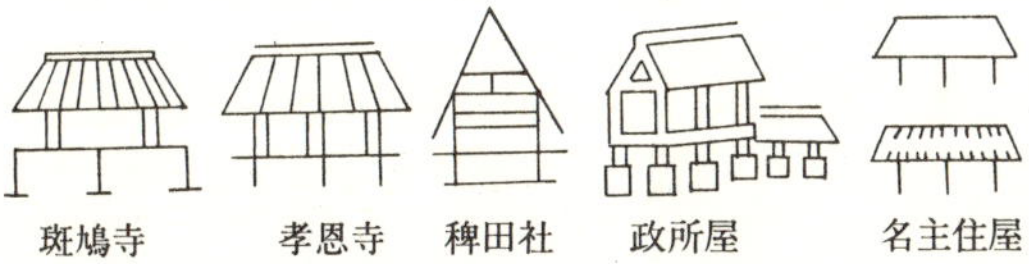

中世の絵巻物類に描かれたところを見ると、ほとんどの農家は一軒ごとに垣（柵）をめぐらしており、門木に板や網代の扉をつけたり、蔀型の扉をつけたものがあり、門木に注連縄を張ったり横木（貫《ぬき》）を渡したりしている。注連縄の中央に門守の札（板）を吊すことが、かなり一般的であった。住宅の規模は小さく、延慶二年（一三〇九）伊勢国の在家の場合、本在家は一二坪ていど、新在家は四坪ていどが普通であった。「洛中洛外図」などに見える京都の町屋など、柱間《ま》は二間《ま》が普通で、室数はせいぜい二室であった。屋根は板葺または藁葺・かや葺であり、板葺のおさえに横木を渡したり、おもしとして丸太や石をのせた。

(二) 鵤荘の構成と荘官

鵤荘の全貌を示す史料はないが、平方条については弘安三年（一二八〇）の実検目録があって、およその様子をうかがうことができる。それによると、**鵤荘の構成**はつぎのようになっていた。

惣田数六六町四段三〇代 ┬ 除分 一七町〇段二五代
　　　　　　　　　　　└ 見作田四九町四段二五代 ┬ 損田九町〇段二五代
　　　　　　　　　　　　　　　　　　　　　　　　└ 得田四〇町三段三〇代 ┬ 荘立用二一町八段三〇代
　　　　　　　　　　　　　　　　　　　　　　　　　　　　　　　　　　　　└ 定得田一七町八段〇代

〔除分〕(5) 常荒四〇代、不作六段一〇代、道溝二町八段三五代、大蔵敷地一段二五代、同祖祭田二段五代、上庄寺敷地一段、絵堂敷地二五代、国収公五段、政所一段、浮免一町五段、下司屋敷一町五段、田所屋敷一町、名主百姓屋敷五町七段一〇代

〔荘立用〕□六段（祭田二段、修理田二段）、稗田四段（大般若田三段、定免一段）、聖霊堂三町五段一〇代（灯油田三段三〇代、三昧田六段、彼岸田二段、最勝王経田二段、大般若田一段一〇代、廿日経田三段、勝曼経田一段二〇代、仁王講田一段、舎利講田二段、新御堂修理田二段、新太子供僧田一町）、楽々山三段、上庄寺七段、松尾寺一町、大給四町七段四五代（下司一町、公文八段、田所五段、条預二町一段、徴使二段、梶取一段三五代、温那一〇代）、恩損五町一段二五代（下司七段、代分三段、公文五段、代分三段、田所五段、代分二段、条預二段、徴使一段、百姓一五名々別三〇代、正光四段四二代〈五郎□作〉、末友二段〈後損〉、正光二段一〇代損、福善三段一〇代〈後損〉、真守二段一〇代〈後損〉）、仮屋二町二段三〇代（公文三段、田所五段、武□、正光一段、真行一段、清光三〇代、為元□、国元三〇代、守貞三〇代、枝重三〇代、真次二〇代、久次二〇代、友岡二〇代、友時二〇代、是

末二〇代、延貞一〇代、助久一〇代、友貞一〇代）、屋敷三町一段二〇代（吉永三段、則友五段、公文四段、秋貞四段、末友四段、武正二段、重国一段、守貞三〇代、国元三〇代、為元二〇代、久岡二五代、枝重三〇代、是末二段、正守二段、友吉一段、久安三五代）

〔**定得田**〕三斗代～九町一段二五代（分米二七石四斗五升）、五斗代～八段二五代（分米四石二斗五升）、預所佃～二町一段（分米二一石六斗三升）、従田～二段二五代（分米一石六斗二升五合）、定使給（分米二石二斗七升五合）、勝鬘会米～五町一段（分米三三石一斗五升）〔分米合計〕九〇石三斗八升

当荘は法隆寺の直務荘園であり、現地支配のために僧侶が派遣されていた。**直務代官**として東・西**預所**とその補佐役である**筆取**には、法隆寺内のしかるべき僧が選ばれ、現地での荘の経営・所務（年貢の収納）に当たった。鵤荘は法隆寺にとって主要な荘園であったから、この荘の預所として活躍した僧の多くは寺内でも出世コースを歩んだ。すなわち、寺庫である綱封蔵（宝蔵）沙汰人、さらに年会五師に昇ることが多かった。預所の年貢収納にさいしては毎度**公文**一人を現地に下し、預所とともに荘民を督促した。公文は寺僧中の「器用之人躰」を選び得分二〇貫文を給した。

寺家から派遣される代官に協力したのは、現地有力者の中から任命された下司・公文代・図師・沙汰人らであった。公文・沙汰人を駆使して勧農権を掌握したのは**下司**であった。下司職は「代々相伝職」で、荘内の最有力者が保持していた。その職掌は、①耕作田地の割り当て、②耕作田の名主・作人の確定、③斗代・年貢率の決定と勧農帳の作成であった。**公文代**は東・西に各一人で、その職掌は、①毎年十月中に文書を調進する。②立用すなわち費用の現地調達、③公事・課役の納入である。公文には別給米が支給された。**図師**は東・西政所に各一名を置き、公文とともに年貢の算用を行った。図師は元来は絵図作成技術者であったが、すでに平安時代にその性格を失ってお

り、国衙・荘園支配の技術的補助要員として坪付・検注などの作成に関与する一種の下級荘官であった。沙汰人には地下の有力名主、土豪層が任命されたものと思われる。年貢・公事・段銭などの賦課・徴収のために鵤荘の条（西方・平方・平保・東南条）ごとに置いた。

(三) 寺社

鵤荘の絵図やその他の史料によると、荘内にはかなり多くの寺社の存在が知られる。

本住寺（斑鳩寺塔頭）　西光寺　長福寺　龍善寺　見性寺　新善光寺　成福寺　孝恩寺　佐岡寺　寿福寺　太子堂　慈恩庵　玉泉庵　大通庵　見性庵　徳律庵　宝殊庵　妙伝庵　耕月庵　平方松元坊　佐岡社　稗田社　春日社　大歳社　聖霊権現社

これらの寺社は土地保有の点で名主・百姓と何ら異なるところはない。見性庵主見明は畠地三段（分米一石五斗）を請作し、本住寺では一円地（地作一円地）である岡前名・友藤名のほか一六か名で、加地子名主職を保有していた。荘内神社の神主職の補任は在荘預所によってなされた。被補任者は請文を提出し「一献分」と呼ぶ補任料を払った。神主のほか神主代を置くところもあった。永正十八年（一五二一）春、太歳宮の神宮寺の坊主円満坊が辞退したあと、後任が得られず、給田については作人を入れて耕作させた。しかし、坊主不在で勤行無沙汰となり、「神ノ御祟リニテ、在所ノ百姓等已下、以外病気」となるという訴えが起こり、六月になって楽々山の藤岡坊を神宮寺の坊主と定めた。藤岡坊は補任料二〇〇文を支払った。

前近代の社会において、寺社、就中寺院が教育機関としての役割を担っていたことは周知のところである。斑鳩寺がこの地域での図書館あるいは文化センター的機能を持っていたことは疑いない。(6) また村里において僧侶に童幼の教育を期待するところがあった。時代は下るが、天文二十四年（一五五五）の越前国敦賀郡江良浦惣百姓申状に、宗幸なる僧についてつぎのように記されている。

是は旅僧にて御座候、在所ニいろは字にても候へ、見る者無御座候間、少々家を作置申候処ニ、是もはちをひらき、堪忍仕候

江良浦では村として宗幸を扶持し、書記役として使い、また子弟の教育に当たらせたのである。

中世においては、庶民教育は予想外に普及していたと思われる。『十訓抄』につぎのような話がある。伏見修理大夫俊綱の家に人びとが集まって「水上の月」という題で和歌を詠んでいたところ、中門を守護していた「田舎より上りたる兵士」が、「水や空　そらや水とも見えわかず　かよひてすめる　あきの夜の月」（『新後拾遺集』に読人不知で採録されている）と詠んで人びとを驚かせたという。この兵士は武士ではなく、所領荘園から「兵士役」と称して荘園領主の邸宅で門衛や雑役に駆使された農民である。(7)

また『古今著聞集』には、和泉式部が稲荷に参詣したとき、田中明神のあたりで時雨にあったので、近くで稲を刈っていた童の襖《あお》を借りて参詣した。帰りには雨もあがったのでこれを童に返した。翌日、件の童は式部に文を送った。「時雨するいなりの山のもみぢばは　あをかりしより思ひそめてき」という恋歌を詠んだのである。和歌は必須の教養であったから、それを農民が詠んだということで、貴族たちには印象深いことだったのである。のち一六世紀半ば頃に来日したフランシスコ・ザビエルは、その書翰で日本人を賞讃し、「多数の人皆読み書きを知れるが故に、速に祈禱及びデウスの教を修得す」と記している。

中世の民衆教化の方法のひとつとして絵解（絵説）があった。絵を前にして民衆にわかりやすく経典や縁起を説

明するもので、一二世紀半ば頃に始まった。中世の絵解法師の多くは古代賤民の系譜を引くものであり、『三十二番職人歌合』では千秋万歳法師と対応する散所民であったことを示している。美声で和讃を誦する比丘尼の活動も見逃せない。また遊女・白拍子たちは流行の今様を都市から地方へと伝えた。しかもその内容についていえば、今様のひとつの特色である「列挙法と進行法」はとくに庶民に対して啓蒙的役割を果たした。例えば「大師の住所はどこどこぞ……」とか、「何れか貴船へ参る道……」とうたうのであり、それは地誌的・博物的な教育教材となったのである。

宝徳三年（一四五一）宝生大夫の勧進猿楽があって、郡代からの要求で、東西政所は桟敷六間分（六貫文）を負担した。馬場部落に賦課された三間分（三貫文）の「一献分并桟敷材木竹榑縄番匠人夫」などの費用はすべて守護段銭に加えて徴収することにした。また大永五年（一五二五）斑鳩寺太子堂の檜皮葺替供養として法楽の能が催され、金剛大夫がこれをつとめた。その際、地下名主も風流の懸物を出し、桟敷を占めて見物した。芸能も寺社を中心として発展するのである。

(四) 名主と作人

先にふれた弘安三年の実検目録によって名主ごとに保有地を集計すると、その規模は表1のごとくである。この数字は平方条のみのものであるから、当然他条への出作関係や散田請作関係が存在するので、単純に名主の土地保有の多寡を示すものとは見ることができない。名それじたいは公事・夫役徴収の単位としての性格が強く、ただちに農業経営の単位としてとらえることはできない。

荘園村落の農民層の構成は、大きく分けて「名主」と「散田請作人」（一色田作人層）の二層とすることができる。経営の観点でいえば、大きい経営と小さい経営があり、両者が補完し合って中世村落の土台をつくっていたといえる。

応永二十二年（一四一五）吉平名は年貢の未進によって名主職を召し放たれた。そのさい年貢を代納した見性庵に名主職が宛行われたが、吉永一色分についてはこれを除外して、この部分は散田し百姓を入れた。「此下地ノ未進分不足間、為公并成懸サタスル上者、無未進懈怠之儀者、不可召放者也」といい、不安定な耕作権であることを示している。

播州平野はわが国でも有数の渇水地帯であり、どこへ行っても旱魃に弱い「ヒヤケ田」のことが語られる。用水の維持にはムラ人たちが共同して労力や費用を分担した。井料あるいは井料田という呼称で荘立用中に計上され、毎年の負担から控除されるのが一般的である。

鵤荘をうるおす用水は、荘の西方を流れる林田川から引いた。荘北方の内山付近の赤井堰から引水したが、この用水の水懸地域と鵤荘の鎮守神であった稗田神社の氏子範囲が一致している。こうしたことは他にも例が見られ、近隣の荒河井をめぐる弘山荘と阿曽神社、小宅井をめぐる小宅荘と小宅神社、岩見井をめぐる岩見郷と石海神社なども同様である。そして、水をめぐる争いも多い。

永正十一年（一五一四）の大旱魃のさい、隣荘の小宅荘方が三井の分水のルールを破り、しかも鵤荘方の番水を捕らえるということがあった。鵤荘では斑鳩寺の鐘を打ち鳴らして荘民一三〇〇人が現場に押

表1　農民構成表

保有面積	人数
2町以上	1 人
2町～1町	2
1町～9段	1
9段～8段	0
8段～7段	1
7段～6段	1
6段～5段	1
5段～4段	3
4段～3段	6
3段～2段	7
2段～1段	8
1段以下	2
計	33 人

し寄せ、両者は談合して、ひとまずは三日間小宅荘方に水を流すことにした。しかし小宅荘方は守護に訴え、この争いは数年も続いた。大永五年（一五二五）平方条の浦上小太郎方抱えの下地と円山三郎右衛門方の田の水を何者かがひそかに切り落した。水入役のものに聞くと、浦上方の田の下手人は奥村の左衛門五郎であると判明した。左衛門五郎は逐電し、私宅は検断を受けた。一方、円山方の用水については、下手人は奥村の三郎兵衛を張本とし、八郎兵衛・九郎右衛門も同類であると判明し、彼らも逐電した。鵤荘政所は斑鳩寺の本堂につぎのような高札を打った。

放　勧文事　　袖判政所沙汰之

右子細者、当庄平方村内田地用水切落之条、希代未聞次第也、誡而猶有レ余者哉、所詮彼犯過人奥村三郎兵衛於誅出輩者、実検之後五貫文勧賞可宛行者也、同村八郎兵衛於誅出輩者□文勧賞可宛行者也、仍下知如件

大永五年七月　日　　役人三人ノ判形□□

すなわち、犯人の首に賞金がかけられたのである。

(五)　職人と商人

荘内には番匠も住んだ。つぎのような大工職補任状が残っている。

宛行　播磨国鵤庄番匠大工職事

治部次郎行家

右惣大工職者為行家重代相伝無相違之処、平方条住人三郎次郎左近、非分彼大工職雖競望、為行家重大相伝之

上者、如本治部次郎行家仁所宛行也、庄家宜令承知不可違失之状如件

暦応三年庚辰九月八日

于時在荘預所

有玄在判

善恵在判

この補任状からは、大工職を宛行われた行家が、荘内すべての建築に独占権を行使していたか否か不明である。中世の建築は、設計技術の上からは、木割（木砕き）のある宮殿や寺社建築と、木割のない農家や町屋建築の二種類に分けられる。前者を扱うのが宮大工・寺大工であり、後者を扱うのが家大工である。木割とは建築物の各部材の寸法を決める技術・方式をいう[8]。

文亀元年（一五〇一）稗田社護法宮が大破し造替工事を行ったとき、大工職保持者であった彦衛門久家（明応六年・一四九七）をさしおいて番匠三郎左衛門が用いられたが、彦衛門から抗議がなされなかったので、そのまま行われたという。なお、大工職によって示される営業独占権の内容には、地域的な独占権と個々の建造物ごとに指定するものと二種類あるが、前掲補任状には特別な記載がないから、荘内一円の独占権であろうか。また永正十七年、聖霊権現の屋根の檜皮を葺きかえたとき、檜皮大工は今宿の与九郎なるものであった。

天文五年（一五三六）東南村の住人が鵤荘の南の神護寺領福井荘平松村の商人を殺害する事件が起こった。その報復として福井荘側は、英賀市場から帰ろうとした宿村の百姓を福井荘内で捕らえた。宿村の住人は東南村に押しかけて、下手人を福井荘に渡さないから本来かかわりのない宿村の者が迷惑を蒙るのだと抗議した。結局、下手人を政所に誘い出して謀殺し一件は落着した。

市がどのように開催されていたか不明であるが、近隣を渡り歩く商人の存在したことは容易に推測される。段銭・

公事銭負担の恒常化していること、寺兵士役の銭納、神主・坊主の補任料や官途成の用脚など、貨幣は一般的に流通していた。米などの和市（相場）もたち、「蔵村和市定」などと見えるのは当然市場の存在を予想させる。法隆寺は「市場借屋」に年貢を課していた。永正八年十一月に播磨国に徳政が行われ、「於旧借銭者悉以寄（棄）破」「信貴講頼支等一円被破」というとき、この荘においてもかなり実質があったといってよいであろう。

㈥ 逃散・一揆

応永二十四年（一四一七）七月、政所は盗犯容疑で神人五郎の田地を点札（差押え）した。名主・百姓らは赦免を求めたが容れられず、年貢の収納（倉付）[9]を妨げたりした。翌年六月には法隆寺まで赴いて訴えたが容れられず、九月、名主・百姓らは稗田神社に集まり、やがてことごとく逃散した。逃散の形態は少し変わっていて、家々の表を丸太・材木で囲い、家の中に閉じ籠るものであった。沙汰人・寺庵・神子・神人は隠れなかったというが、人々が家に籠り静まりかえった村の様子は、まことに不気味なものであったと思われる。

永正十四年、寺家が借銭返弁のために平方の吉平名を平井の助九郎に売却したのに対して、同名田の名主・百姓に檄をとばし、六か村分の名主・百姓らはことごとく「柴ヲ引逃散」した。永享元年（一四二九）には土一揆が起こり、百姓らは政所を襲い、そこにあった年貢枡を破壊したりしている。枡（収納枡）は権力の象徴というべきものであった。[10]逃散・一揆は荘民たちにとっても極限的行動であり、日常生活を放棄するものである。こうした際立った行動に目を奪われて、農民たちの生活のくり返しの面を忘却することは正しくないであろう。農民たちは確実に実力を向上させていくが、それは日常的な生産と生活の積み重ねの中においてであった。

注

（1）天文十年四月七日夜、太子堂・本堂・三重塔・鐘楼・権現社・築垣などことごとく焼失した。五年前に全焼した寺内仏餉院は再建されていなかったし、三重塔は享禄三年（一五三〇）十一月に完成したばかりであった。大火当時、国中錯乱により近隣の土民らが寺内に逃げ入り、牛馬をも追い入れる混雑の中、三重塔の前の牢人衆の小屋から出火したという。

（2）鵤荘については多くの研究がある。水藤真『片隅の中世　播磨国鵤荘の日々』（吉川弘文館、平成十二年）末尾に「参考文献」として列記されている。なお、以下の叙述については、おもに阿部猛・太田順三編『播磨国鵤荘資料』（八木書店、昭和四十五年）所収の史料に拠る。

（3）絵図の写真が水藤真前掲（注2）書の口絵に掲げられている。なお、斑鳩寺所蔵の絵図は、昭和十五年（一九四〇）に荻野三七彦氏によって模写されたものである。

（4）鵤荘の牓示石については、谷岡武雄『聖徳太子の榜示石』（学生社、昭和五十一年）に詳しい。

（5）除分、荘立用については、阿部猛「荘園における除分について」（本書所収）を参照。

（6）古代・中世の教育、とくに庶民教育については、簡略ながら阿部猛「文明と教育　序」（『史海』二三号、昭和六十一年）、同「歴史教育の源流」（加藤章ほか編『講座　歴史教育　1』弘文堂、昭和五十七年）を参照。

（7）兵士役については、相田二郎『中世の関所』（吉川弘文館、昭和五十八年）を参照。

（8）木割については、中川武「建築設計技術の変遷」（玉井哲雄編『講座　日本技術の社会史　第七巻』日本評論社、昭和五十八年）。

（9）倉付については、小山田義夫「倉付についての一考察」（『経済学論叢』三五—四、平成六年）参照。

（10）枡については、宝月圭吾『中世量制史の研究』（吉川弘文館、昭和三十六年）に詳しい。

九　中世後期の大和の村落

―『大乗院寺社雑事記』を読む―

㈠　構　成　―名田と間田―

山辺郡長屋荘　大和国山辺郡に、長屋荘と呼ぶ興福寺大乗院領の荘園があった。(1)いわゆる布留五十六郷中の一荘園であるが、布留郷は、室町時代に鞏固な惣的結合を持ち、しばしば寺家に反抗したことで知られる。(2)

延久二年（一〇七〇）九月二十日付興福寺録高段別記―雑役免東諸郡―（『平安遺文』九巻四六三九号）によると、長屋荘を称する荘園は三つある。長屋中荘（不輸免田畠一三町一〇〇歩、公田畠七町七段一六〇歩）、同西荘（不輸免田畠二町）、同東荘（不輸免田畠六町）の三荘であるが、のちの大乗院領長屋荘は、右のうちの中荘の系譜をひくものであろうと思われる。(3)興福寺領としての長屋荘は鎌倉期の史料を欠いている。中荘に隣接していたと思われる東大寺領長屋荘については、鎌倉期の史料がかなり存在しているが、興福寺領については十四世紀末まで消息不明である。『三箇院家抄(4)第二』の長屋荘の項に明徳三年（一三九二）の注進なるものがあり、当荘の様子をわずかにうかがい知ることができる。すなわち「明徳三年注進云経方納所」として、

御米五十六石之内九石損免　二石一斗御所反銭　四石二斗寺反米

> 六百文正願院舎利講頭以二経方米之内一自二納所一進レ之
>
> 以上　八月

とある。

さて、当荘の構成は『三箇院家抄』『大乗院寺社雑事記』などによると、つぎのごとくであった。総田数は一七町七段一五歩で、うち名田は八町四段、沙汰人給田六段を差引いた七町八段が定田である。名田数は一四であるから、名田積の平均は六段となる。うち公事名は一三名である（沙汰人名を除く）。これに、負田八町のうちから、各名田に二段宛の「御給」が付加されるから、各名の規模は八段となる。この「御給」は均等公事負担の代償という性格を持つものと考えられ、このような点から、当荘がいわゆる均等名荘園の範疇に入るものと渡辺澄夫氏は推測された。[5] なお、同氏は、かかる均等名の形成を平安末・鎌倉初期と考えられたのであるが、長屋荘の場合は、史料を全く欠いている。

名田のほかに間田があり、三町とも五町八段とも見える。[6] 名田が年貢・公事を負担するのに対して、間田は一色田である、年貢のみを負担する田地である。間田の成立過程は必ずしも明らかではないが、島田次郎氏の説くところが説得的である。[7] すなわち、

> 要するに間田は公田における請作地＝負名に起源があり、かような公田畠が雑役免田の一円荘園化過程の中で、一方では「名」に編成されて国例による官物率法（正税官物と調庸系統の公事）の全面的適用をうけ、かつ坪内方付けによって耕地が固定化するとともに、他方では官物率法が適用しえないような低生産力の耕地については、請作権＝直接的な耕作権のみが、公事を除いた年貢所当の負担と結びついて、一色田として形成されたものといえよう。

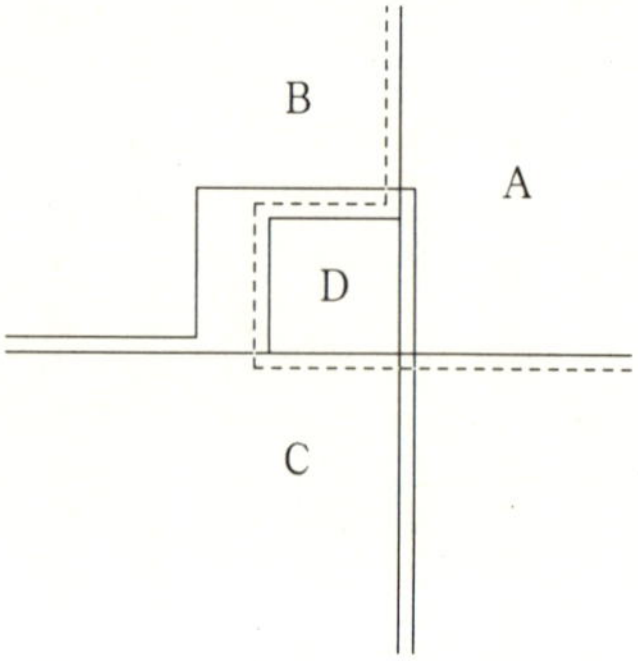

と述べられている。

三町田の帰属　長屋荘負田八町のうち三町は九条荘と入組みになっており、これがため、寛正・応仁・文明の頃に相論を惹き起こした(8)。右の負田三町について、九条荘の百姓らは九条領であると主張し、衆徒福智堂氏以下が訴訟を起こした。三町田の帰属については、すでに応永年間に問題となっていたのであって、それは相論の過程で持ち出された応永三十四年（一四二七）の造営段銭賦課の折の先例によって明らかである。このとき「両庄雖レ及二相論一、於二此三丁一者可レ為二長屋庄之田数一之旨、一段給二書下一決了」ったのであって、福智堂氏らの申状は大乗院門跡尋尊らにとっては「不レ得二其意一」るところであった（『大乗院寺社雑事記』応仁元年五月六日条―以下『大乗院寺社雑事記』からの引用は日付のみ記す）。

大乗院側の主張によると、九条荘（図のC）は四三町七段七段切で、国民十市氏の知行するところであった。これは大乗院唐院の帳面によって明らかである。この他に、大乗院領九条荘（図のB）が一三町七段七〇歩ある。長屋荘（図のA）は二二町四段一五歩で、この中に織田（村分）三町（図のD）があり、これが院領九条荘に入組みとなっていたのである。したがって、大乗院領九条荘は計一六町七段となる（寛正三年十月晦日条）。

ことの起こりは、先に少しふれた段銭(9)の賦課である。段銭が賦課されたとき、長屋荘（図のA）は、三町分を含めて門跡段銭も寺門段銭も納入してきたのであって、このことからも、三町（図のD）が長屋荘に属することは明白だと院家は主張する（応仁元年四月十八日条）。九条荘（図のB）は「重職」領で、同荘（図のC）は「非重職」領であった。『三箇院家抄　第二』に、

九条庄五名十町云々
「龍花院」
十三町七反七十ト此外非重職九条庄四十三丁九反七反切在之　室町殿御下向時自寺門懸仰反銭於半分者門跡ニ進之

とある。非重職領には、室町将軍下向の際に寺門から臨時の段銭が賦課され、その半額は門跡大乗院の得分となったというのである。ここに「重職」というのは、「地作一円」（文明三年九月二十日条）すなわち、地主職と作主職の両者を大乗院が握った場合の表現で、「地作一符」（文正元年九月二日条）ともいい、「直務」支配の場合を示している。[10]

文明九年（一四七七）、神殿荘について、長井の住人百姓が出作しながら年貢を納めず、点札されたことがあった。このとき、長井氏が「此下地事、作職之間、可二知行一」と申し入れたのに対して、尋尊は「以外次第也、於二神殿一者、地作一円重職御領也、仍作主不レ可レ有レ之、其段事旧了、假令雖下有二作職事一候上、領主年貢無沙汰間者、可レ落二地主方一条定法也」と記している（文明九年五月十五日条、同六月十一日条）。また長享元年（一四八七）大安寺御童子田八嶋田三段について、これを向氏から買得した由を国民超昇寺氏が通告してきたが、「地作一円之公領、寺門反銭・反米と除之地也」とある（長享元年閏十一月三十日条）。

(二) 支配 ―寺領と国人―

寺門領・門跡領　興福寺領は、狭義にはつぎのごとく示すことができる。[11] ふつう興福寺領というときには、これを指すのであるが、室町期には、さらに一般的には春日神社領をも含めて呼ぶこともあった。長屋荘は狭義の興福寺領であって、一部は寺門領に、他は大乗院門跡領に属していた。長禄元年（一四五七）の散用状（長禄三年九月

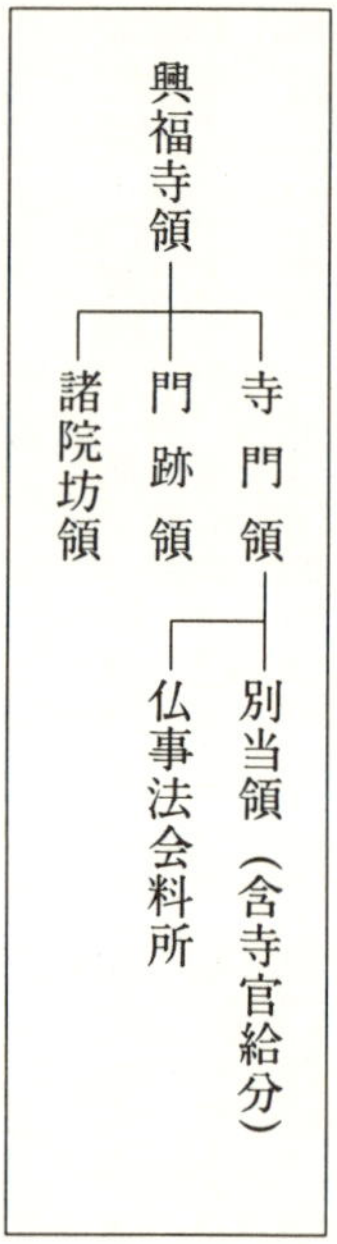

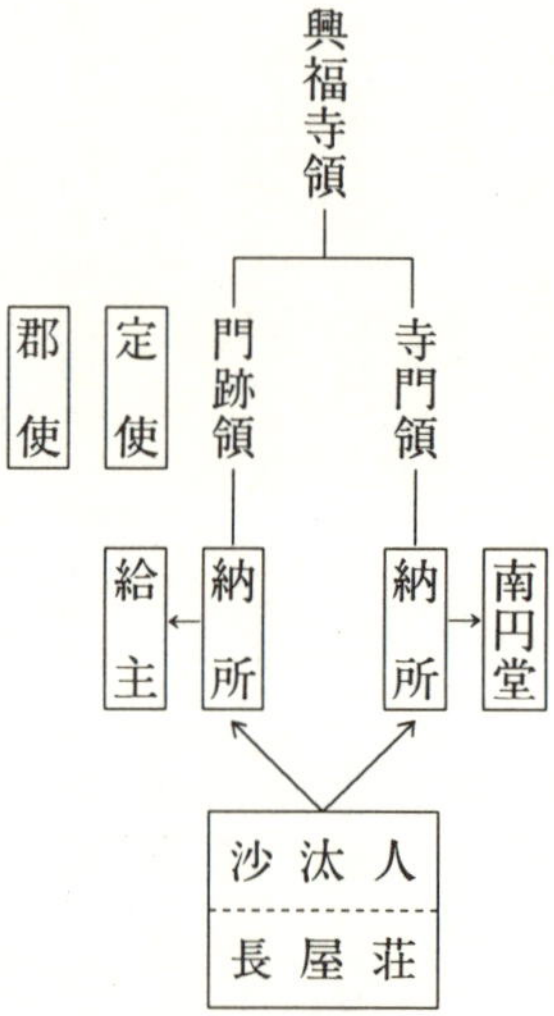

十七日条）を見ると、名田八町四段のうち沙汰人給六段を除いた七町八段の分米五二石の三分の二は寺門領、三分の一は門跡領となっている。収納実額は年次によって増減があったが、配分比率に変化はなかった（長禄四年六月十九日条、永正三年七月十日条など）。すなわち、これからわかることは、長屋荘が寺門領、門跡領であるというとき、その配分は収納総額に拠っているのであって、土地そのものを割分しているのではないということである。この点は興福寺領を考えるうえで見落すべきではない。

寺門領はさらに二種に分かれるが、長屋荘は法会料所に属し、藤原氏「氏長者御領」南円堂大般若料所であった（長禄四年六月十九日条）。延久二年の興福寺録高段別記―雑役免東諸郡―（『平安遺文』九巻四六三九号）によると、長屋中荘を構成する不輸免田畠一三町一〇〇歩のうち一〇町が南円堂免であったから、のち地積は圧縮されてはいるが、その性質はいぜん継承されているのである。

以上のように、長屋荘は大別して二つの年貢収納主体を持っていたが、これらの支配系統は、およそ右上図のごとくであった。一見して判明するように、この形態は、興福寺が直接支配を行っていたことを示している。大和国内の寺領支配には、荘官を置くものと、荘官を置かないものとの二種あり、記録による限りでは、長屋荘は康正三年以後永正まで直務の体制は変わらなかった。

納　所　つぎに、前掲支配系統図の各項について簡単に見ていきたい。まず納所は、元来は年貢収納の倉庫、役所または役人を意味し、年貢の「出納・輸送・保管の業務を担当」したものという（『国史大辞典　10』「なっしょ」の項）。興福寺の場合、納所が荘園年貢の収納に当たっていたことは間違いないところであるが、その職分は具体的にいかなるものであったか。『大乗院寺社雑事記』長禄三年九月十七日条に「長屋庄去々年分御米堯懃算二用之一」とあるが、堯懃は納所である。年貢散用状の作成が納所の任務であることは明らかである。

つぎに、長屋荘の年貢が南円堂大般若供料と給主分に分かれ、その各々に納所が存在していたこと前掲図のごとくである。大般若方の納所は光林院、給主方の納所は堯懃である。一方は堯懃なる個人、他方は個人ならざる子院であることは、納所が「職《しき》」としての性質を持っていたことを示し、それは納所代官の存在からも想像される（寛正二年十月五日条）。長屋荘の場合、納所得分として明らかなのは、荘負田八町のうち一町三段のみである（永正三年七月九日条）。

抑此大般若ノ料所ハ長屋庄御米也、請僧二十人、奉行得分ハ弐石ナリ、納所ヨリ請二取之一（康正三年二月七日条）

とあるのを見れば、年具米は納所の手を通して実際の収納者に授けられたことがわかる。

納所が在地したこともあるが、長屋荘の場合は、奈良に近いためか、現地には存在しない。年貢の運送を掌ったか否か明らかではないが、その監督は納所の任務であったと思われる。しかも、長屋荘に関する諸事について門跡からその処置を命ぜられている点から見て、納所は荘官の任務を負っていたとしてよいであろう。ただし、長屋荘が直務となったのは康正三年（一四五七）九月のことであり（康正三年九月五日条）、すでにそれ以前に納所は存在したのであるから、もし納所に荘官的任務ありとすれば、直務以後にそれが付加されたとしなければならない。

給　主　給主とは、一般に荘園所職を宛行われたものをいうが、興福寺では、寺領年貢の一部を給与として与えられているものである。長屋荘給主は、『三箇院家抄　第一』では、東林院大納言律師分と記されている。また『大乗院寺社雑事記』康正三年八月三日条には、

長屋荘給主職事、今日上吉日之間、藤千代ニ仰ニ付之ー了

とある。給主は、ここでは荘園の下地そのものに関しては全く無権利で、単に納所を通じて収納された年貢米を分与されるにすぎないように思われる。(12)

定使・郡使　寺家と所領荘園を結んでいたのは定使で、興福寺領支配機構の重要な一部を占める。荘園年貢無沙汰のものに催促を加えるのは定使であり、『大乗院寺社雑事記』に「付使」とある「使」は定使を指していると思われる。定使が納所の支配下にあったか、あるいは寺家・門跡直属のものであったか判然としないが、おそらく後者であろう。

算用状によると、沙汰人給とともに定使給が存在し、この点、むしろ荘園管理者としての性格を有すると見るのが妥当であろう。定使の給分は、公事物としては正月七日の万石米のうち米六升と円鏡六面、五月五日の粽三連、六月瓜三荷、歳末銭一八〇文、ホンクノ物六五文であった（長禄三年九月十七日条）。このほかに給田がある。定使田と銘うつものは「五反四斗代五斗代」「負田方又二反」の計七段となる（永正三年七月十日条）。永正三年（一五〇六）四月の「長屋庄負田方支配事」によると、定使給の二段の得分は米にして五斗九升となる。五段の方は少なくとも二石をこえる。これに公事物の二斗六升を加えた二石八斗六升が米による収入である。定使は不定時の遣使ながら、一種の不在荘官というべきものであった。(13)

郡使は、定使と同じく力者・御童子の中から補任された。段銭の配符や、戦争に際して衆徒・国民へ軍勢催促の文書を布達し、寺領統制に威を振った。郡使は、郡単位の院家領統治組織である。(14)

沙汰人　以上は、寺領支配における寺家側の構成員であるが、荘園側から出て、しかも支配機構の末端に位置するのが沙汰人である。沙汰人層については、従来おもに土一揆や村落自治の問題にかかわって注目されたが、大和国の場合でも通説以上の見解を求めることは不可能である。

長屋荘は一四か名から成るが、実際に何人の名主がいたか不明である。その名主の中から沙汰人が選出されていたのであろうが、その方法・手続きなども不明である。沙汰人の六段の給名は年貢米を免除されていたが、公事としての夫賃三〇〇文は負担した。ただし、長禄元年（一四五七）の算用では、「二月夫賃三貫九百文　名別三百文宛、於夫賃者沙汰人名モ出之候、但近年依免之云々」とあり、これを免除されていた（長禄三年九月十七日条）。沙汰人は職事（職任）の後裔であると考えられ、のちには「荘屋」と称され、近世庄屋の源流をなすものと考えられている。(15)

強剛名主　前述のごとく、長屋荘は一四か名から成っていたが、その中に有力な名主として衆徒井戸堂戌氏がいた。長禄元年、井戸堂戌氏はその所持する一町七段切（段切は一段の一〇分の一）の年貢を納入せず、衆徒豊田氏を以て催促すると、「大略川成」であるといい、この子細を以て先年免除されたところであると主張した（長禄元年十一月十一日条）。門跡は、なおも未進すれば使を付して強制力を行使する旨を申し渡した。戌のほか井戸堂中氏も無沙汰を続けていた（長禄元年十二月三日条）。

かれらは、いわゆる「強剛名主」で、「殿」の敬称を以て呼ばれる層に属し（永正三年七月九日条）、大和盆地南部に威を振った国民十市氏の被官であった。豊田氏の催促に対して、十市氏が井戸堂氏を支援していたのである（長禄元年十一月十一日条）。井戸堂戌氏は、秋には未進年貢を納入する旨の請文を提出したが、これが実行されなかったことは長禄四年散用状（長禄四年十月条）に、「合未進四石一斗二升、大略、中・戌亥未進也」とあるによって明らかである。このような井戸堂氏のごとき〈村落領主〉が、在地の農民の日常生活全般に大きな規制力を及ぼしていたことは推察に難くない。

長屋荘のすぐ南に備前荘と称する荘園があった。田数一五～一八町余の小荘園であったが、大乗院の「重色之領」で「御領随一」と称されていた（長禄二年五月九日条）。荘官長柄南慶栄が十市氏に滅ぼされてのち、文明頃には備前某が下司であった（文明三年十二月七日条）。当荘は寛正三年（一四六二）まで八回の段銭を未進していたが、同年八月に六方衆の発向をうけんとするや請文を提出し、「色々歎申入」れて未進分を五貫文に減額してもらい、とにかく納入した（寛正三年八月十二日条）。

その後は曲りなりにも納入されるようになったが、名主のうち吉田衛門がただひとり未進を続けていた。衛門は、寛正三年の備前荘名主百姓等起請文（寛正三年八月十五日条）に署判したオトナ百姓であったが、国民十市氏の被官人であった（文明三年十二月七日条）。納入を拒否し続けた理由もそこにあったと見るべきであろう。しかも下司備前某もまた「十市弓矢者」（文明六年九月九日条）だったのであり、院家による在地把握の困難さはそこにあった。(16)

(三) 引　物 ―ムラの生活―

間　田　長禄元年（一四五七）散用状（長禄三年九月十七日条）によると、長屋荘の名田は七町六段で、その分米は五二石、損免は一〇石で、損免率は一九・二％であり、間田は三町、分米一四石七斗で損免は一一石六斗七合であり、損免率は実に七八・九％であった。間田の損免率の高いことが注目される。
間田についてはは先に簡単にふれたが、島田次郎氏の検討(17)によると、斗代においては名田とほとんど差がないといわれる。しかし、損田率の高さは異常というほかなく、間田が名田に比して、耕地としては、かなり条件の劣悪なところに位置していたと考えざるをえない。渡辺澄夫氏は「間田の発生は、逃散・闕所名・天災・技術的な勘出等にもよるが、基本的には古作の本田（本名田・本佃）に対して、以後の新開田に基づくものである[(18)]」といわれる。耕地の存在形態をイメージすると、名田が中心にあり、その周縁部に間田があり、さらにその縁辺に浮免田があるという形になろう[(19)]。

麦　作　損免にかかわって注意すべきことのひとつに麦作のことがある。『大乗院寺社雑事記』の文明七年三月十七日条に、

抑水田ニ百姓等近年任二雅意一麦作事、為二地主一不便事也、耕作遅々間、毎々旱損之由申レ之、随而自二昔代一停止事也

と見える。水田の裏作としての麦作は、もちろん早くから行われていたものと思われるが、前掲の記事によると「近年」のこととしており、あるいは畠における麦作は一般的であっても、水田に麦を作ることは必ずしも普及していなかったのであろうか。ここで問題とされているのは、麦を刈り取ったあとを播いて、水を張り田植を行うのであるが、麦作のため田植の時期を失して旱害に遭うことの多い点である。それが「地主」としては困るのだという。ここに「地主」というのは「給主」のことである[(20)]。

粘土採掘権　さて、右の事が採りあげられたのは、興福寺の土器座衆の粘土採掘権にかかわる紛争にさいしてのことであった。土製の食器を販売する土器座は、赤土器座と白土器座の二つに分けられる。往時には座衆も百をこえたが、文明七年（一四七五）当時は、両座合わせて一三人であった。西京土器座と称されているが、実際には奈良の各地に散在居住していたといい、しかも必ずしも土器つくり専業ではなく、笠張など別の営業をも行っていた

と見られている。座衆は一定の年貢を納めるほか、諸役を免除されていた。大乗院方の座は、維摩会・慈恩会以下十二大会（心経会・三蔵会・報恩会・常楽会・法花会〈二月・九月〉・万灯会・仏生会・長講会・慈恩会・方広会・維摩会）の土器を献じ、一乗院方は社頭御八講以下の土器を献納した。座を統べる兄部には給田が与えられた。[21]

土器座衆は、土器作りの原料である粘土を「不レ謂二権門高家之領知一」採取することができたが、文明七年、薬師寺の阿弥陀院（山辺郡内山）の田地から採ろうとしたところ拒否されるということが起こった。いったい、土器座衆は毎年二貫四〇〇文の年貢を薬師寺に納めており、それによって粘土採掘権を得ているのである。火鉢作座や法楽（焙烙）座でも同様な約束になっていて、土を採取しているのである。阿弥陀院のいうには、粘土を採取するのは水田からであるのに、畠から採取するのはおかしい。この土地は「麦之地」である、と。これに対して座衆はいう。郷中の垣内の畠から土を採ったことはない、田地から採ったのである、「麦下地」から掘り取ることは分明なことである、と。

両者のくいちがいはどこから起こるのか。ここで、前に引いた「抑水田……」の文章に続くのである。水田の裏作としての麦を作るのは旱損の遠因となるので停止してきたのだがそのうえ、水田に麦を作ることが、「土器土事令二混乱一」しむることになるのである。薬師寺側は、麦を作っているのだから「畠」だといい、土器座衆は、麦を作ってはいるが、元来それは「水田」なのだと主張したのである。大乗院門跡尋尊は、「本来之畠ハ年貢等又各別也」と記した（文明七年三月十七日条）。約一か月余ののち、神人らが該田地に赴き、神木をたてた[22]（文明七年四月二十六日条）。田地の差し押えである。

引物・除分　散用状において、分米から差引かれる引物（除分）には、前記の損免のほか、名田引物として、荘立用八斗九升、荘神五斗、カリヤソン三斗、倉付一斗三升があり、間田引物として井料段米九斗二升、倉付二斗三升、夫分三斗、散用酒直二斗があり、計三石四斗七升が引かれている。引物（除分）は荘園経営上の必要経費というべきものであって、広義の荘立用に当たる。長屋荘の場合は、しかし狭義の荘立用であって、その内容は把握しがたい。「立用」とは、元来、「ある用にたてること」（『日本国語大辞典』）の意であるが、散用状のうえでいえば、特定の費目として「支出」することである。

倉　付　倉付とは、年貢米を倉庫に運び込む、納入することをいうが、散用状に引物として記載されていることから、この倉付がそのような意味でなかったことは明らかである。除分としての倉付は諸史料に見えるところであるが、倉庫への年貢搬入に伴う手数料名義の倉庫管理者の得分か、あるいは納所の得分であろうか。大永元年（一五二一）山城国三栖荘において「壱石　祝」（『石清水文書之一』三〇三号）とあり、康永元年（一三四二）摂津国垂水荘内検目録（『東寺文書之二』六七号）に「三斗　御倉祭」とある。これも必ずしも明らかではないが、倉祭料として祝に与えられる分かと考えられる。(23)

カリヤソン　カリヤソンは三斗を支出する。「借屋給」「借屋損」「借家」などと史料に所見する。渡辺澄夫氏は「所当保管のため名主の倉庫等を借用したもの」か、領家から百姓に貸した「貸家の修理料」かとの二案を出しておられるが、(24)私は前者が妥当だと考える。

荘　神　いうまでもなく、荘内の神社の祭祀に宛てるものであろう。これは広く例を見ることができる。(25)鎌倉時代の例であるが、一三世紀後半、東寺領丹波国大山荘では、一宮・二宮両社神楽料一石二斗、諸社散米七斗、六所大明神上分料一石八斗などが見え、寺堂関係としては、大師堂大般若僧膳料三石四斗八升九合、高蔵寺正月一日修正料五斗、諸堂仏供灯油料一石一斗などがあった。(26)神社・寺堂に対する荘立用の立項は、荘園支配のうえで寺社が一定の役割を果たしているという、荘園領主側の認識の表現である。(27)

井料　いうまでもなく、荘の灌漑施設を維持するための井料・堤防修理料も必要経費として除分・引物に入る。(28) 井料の本来の義は、灌漑施設の利用料として領主が農民から取りたてるものであるが、その修理などに農民の労働力を用いることがあれば、功・食を給する例であった。そこで逆に、井料が領主側から農民に支給されるかたちをとったのが、除分としての井料である。長屋荘については、灌漑施設をめぐるトラブルは見出せないが、河川に沿う地では、毎年煩わしい問題となるのであった。

前にもふれた新木荘の場合、西方の富雄川用水にかかる荘園であったが、少しばかり史料がある。『大乗院寺社雑事記』文明二年（一四七〇）六月十日条に、

此井手様ハ、鳥見河ヲセキ、切上テ一里計分之井手ハ、新木庄・田中庄・外河庄、此三个所ヨリ出合テ致㆓其沙汰㆒(29)

とあり、三荘共同で井手を構築していたことがわかる。(30) そして、この井手からさらに新木荘に引水するのであるが、新木荘はこの水を新木池に貯えておいて順次使うのである。したがって、尋尊の見るところでは、「当庄事無㆓干水損㆒在所」なのであり、下司がしきりに損免を主張するのは理解しがたいことなのであった。

水利施設維持には多くの費用と労働力を必要とした。寛正三年（一四六二）堤の修理に、門跡方から検知の使者寛円が派遣され、人夫の延人数は一六〇〇人で、人別米二升と定め（計三二石）、その半分は農民たちの負担とした（寛正三年二月二十六日条）。この堤は、前記の池に引水するための施設であって、寛正六年には人夫延一四〇〇人に決定した（寛正六年二月十八日条）。そして文明二年六月には延一一〇〇人（文明二年六月十日条）、明応元年（一四九二）には一二〇〇人であった（明応元年十月二十三日条）。

明応三年五月七日午の刻に大地震があり、東大寺・興福寺以下諸所で被害を出した。地震は毎日続き、二十一日

にもまた大地震があり、断続的に十月末まで続いた。地震に加えて雨降りの日が多く、新木荘の四つの池のうち大池の堤が六間ばかりにわたって切れた。その修理に要する人夫は延一四〇〇人と見積られ、半分は農民側の負担となった（明応三年五月十九日条）。

雨乞い　康正三年（一四五七）には炎旱が続いた。七月、高山《こうぜん》南郷の住人らは相撲をとり、雨乞いをした。尋尊は「未ㇾ聞㆓先例㆒」と記したが（康正三年七月十八日条）、相撲が水神祭りとかかわりあることは明白である。[31]文明四年、奈良南北郷民に祈雨の相撲を興行するよう命ぜられ（文明四年四月二十七日条）、同十七年にも相撲百廿番が興行された。このときは、その甲斐あって雨が降ったという（文明十七年七月二十四日条）。

僧侶たちは、大般若経（康正三年八月四日条）、仁王経（康正三年八月十二日条）、一切経（長禄二年六月二十六日条）を読誦したり書写したりした。文明十七年七月、春日神社の大鳥居の左右の柱に落書があった。それは、学侶が祈雨の祈禱をするも「一切無㆓其徳㆒、地下者共祈雨ニ雨下、勝負以外」というものであった。僧侶の祈禱の験なきを皮肉ったのであるが、誰が書いたのか糺明すべしという声に対して尋尊は、「無用事也、凡書立分、済為ㇾ一無㆓相違㆒事共也」と評した（文明十七年八月十二日条）。

この年六月九日に雨が降ったあと七月一日まで降らなかった。種々手を尽くしたが験もなかった。大和室生には龍のすむという龍穴があって平安時代以来著名であった。[32]ところが、この室生寺では、不動院と愛染院が長老職を争い、二、三年長老が欠けたままであった。このため衆僧が逐電し、「一寺成㆓広野㆒了、不退之懃行一向無ㇾ之」というありさまとなり、したがって「龍王御腹立歟、去年も稲妻無ㇾ之、当年又不㆓雨下㆒、旁以学侶悪行珍事々々」と尋尊は書いている（文明十七年七月一日条）。

雨乞いに猿楽や能も興行された（文明四年四月二十七日条、明応二年十月二十八日条）。その費用を郷民に負担させたから「郷民迷惑不レ及二是非一」と記されている。明応二年（一四九三）には相撲銭を猿楽禄物に廻している。康正三年（一四五七）天満宮の龍池をさらった（康正三年八月四日条）。龍のすむ池は、興福寺管下では三か所あった。高山龍王・秋篠寺・唐招提寺の龍池で、このうち高山は春日山の南にそびえる山で、能登川の源流地に当たる。この龍王は善女龍王で、室生山の本所だといわれていた（寛正二年九月二十四日条）。

㈣　公　事　―年中行事―

散用状に、長屋荘一三か名から貢納される「公事物」と「定使給分色々事」として、年中行事にかかわる何種類かの公事が見える。順にそれを見る。[33]

正月七日　「若菜ノホテ」「万石米」「円鏡」が見える。ホテとは何か。他に「口無ノホテ三井庄進レ之」（延徳三年正月十二日条）、「鞆田七種ホテ、牛玉等持参」（明応六年正月六日条）などと見える。ホテは束ねたものをいい、七日の七種（草）の束《たば》か。定使給分六升は「万石米」から支給される。万石米とは伊賀国大内荘から納入されるもので、その量は二斗にすぎず（長禄二年正月十一日条）、しかもその大部分は二月十五日の涅槃会の舎利講仏供に宛てられていた（文明四年二月十三日条）。円鏡とはカガミモチのことである。散用状には「円鏡六面、一斗八円鏡、一斗八小餅也」と記している。小餅は、文字どおり鏡餅より小さいマルモチである。古くは、神供としての大きな鏡餅と、家族ひとりひとりの身祝の小さな鏡餅の二種が作られたのではないかと思われる。

『大乗院寺社雑事記』延徳二年正月六日条に「鞆田庄七種若菜持参、酒并花餅六枚給レ之」と見える。この花餅について同年二月十日条に「昨日八日薬師寺修二月造花二瓶・花餅進二上之一、彼寺別当得分也、以前ハ年々桜也、当年ハ各梅也。可レ然花也」とある。小正月に餅花（いわゆるマユ玉）を作ることは一般的であるが、ここに見る花餅は少しく異なり、花をかたどった餅らしく、涅槃会の小判餅の類であろうか。(34)

なお、ついでながら、『大乗院寺社雑事記』に棟上餅なるものが見える。長享元年（一四八七）十一月九日条に「棟上餅大工持参申」とある。これは同年の春日若宮の造営の棟上げの儀礼のさいの餅のことであろう。上棟に餅を抛ることは古くからの慣わしであったらしい。永正六年（一五〇九）十二月二十一日山城国高神社修繕算用帳（『古事類苑』居処部・四九四頁）に「同九日未剋棟上」とあり、「散米白餅一升十文 三升三十六文」と見える。この慣わしは現在にも続いている。私ども、子供の頃、近所に建てまえ（棟上式）があると、そこに群がり、抛げられた餅や銭を争って拾ったものであった。(35)

正月十五日　『大乗院寺社雑事記』文明七年（一四七五）正月十五日条に「所々三毬杖如レ例」「御粥御後見等如レ例」と見え、また永正四年（一五〇七）正月十五日条に「三キウ丁仕見物。若君入御、供御等進レ之、御粥進レ之」とある。十五日に小豆粥をたべるのは古くからの慣わしであった。この風習は中国に起源があり、『荊楚歳時記』に、この日、上元の日に、「豆糜」「豆粥」をつくると見える。

三毬杖はサギチョウ、左義長とも書く。いわゆるドンドヤキの行事であるが、『大乗院寺社雑事記』にはこれに関する記事はきわめて少ない。大和では、昭和十五年頃まで、纏向の穴師あたりでは、正月十四日の夜、子どもらが各戸からシメカザリやワラ、古い農具などを集めて村外れの広場でトンドを行った。トンドの灰は翌十五日未明、村人が大きな笊に入れて耕作田に赴き、寸ののびた麦の上に「豊年、豊年」と呼ばわりながら、ふりかけたという。(36)

五月五日　いうまでもなく端午の節供である。散用状に「粽十連、名別一連宛、三連ハ定使得分」とある。各名に一連宛ての負担である。チマキは、笹やまこもで、もち米・うるち米の粉を巻き、長円錐形に固めたものを蒸した。元来は茅《ちがや》の葉で巻いたのでその名がある。古く『延喜式』（巻三十九）に「粽料糯米二石日別二升五合、大角豆六斗日別六合六勺、苧大二斤、薪六十荷直、蔣六十束物」と見える。『大乗院寺社雑事記』長禄三年（一四五九）五月四日条に「仕丁丸参テ昌蒲葺レ之、代二百文任レ例下二行之一、次進上ノ昌蒲事外少之間、可二猶進一旨仰了、重而持参」とあり、同五日条に「風呂在レ之、昌蒲等行事沙汰ナリ」とある。五日に菖蒲を葺く慣わしは平安時代以来見えることである。菖蒲湯は室町以降の風習かと思われ、その起源は中国古代の蘭湯にあるかという。(37)

五月五日には、また印地打が行われた。いわゆる石合戦である。文正元年（一四六六）安位寺殿の輿舁小次郎なる者が西方院の池の東の汀で礫に打たれた（文正元年五月五日条）。それが五月五日であることから、行事化した礫打ちであろうと思われる。文明十五年五月五日には「在々所々」の礫打ちを興福寺衆中として停止せしめている（文明十五年五月五日条）。同十七年五月五日には、奈良の所々で「印治」打ちがあり、多くの人びとが負傷した。東大寺・興福寺の門前や、宿院辻子が中心であった。大乗院領内天満山では早朝からこれを禁じたので事なきをえた（文明十七年五月六日条）。長享三年（一四八九）五月五日にも「所々礫在レ之」と記され、東大寺芝や元興寺あたりが中心であったという（長享三年五月五日条）。大和の穴師・巻野内の両大字《あざ》のねんりき（印地打）は七月十日前後に行われたものであったが、一九世紀末には中絶したという。(38)

印地打の行われる日は必ずしも定まっておらず、もと祭礼の折に行われることが多かったが、のちには正月十五日と五月五日の行事となっていったらしい。著名な『年中行事絵巻』には端午の印地打の絵があり、子どもと大人が左右二手に分かれて石を投げ合っている。(39)

六月晦日　六月晦日は名越の祓である。宮中や一部神社で行われており、民間でも「ナゴシ」と呼ぶ地方がある。

祓えの方法は、①人形にけがれを託して水に流す、②茅の輪をくぐるの[40]二種がある。『大乗院寺社雑事記』には、六月晦日に茅の輪を用意することが見える。長禄二年（一四五八）六月二十九日条に「輪役」のことが見え、輪道具は楊本荘・木津両所の役、千種の木守役とある。また文明四年（一四七二）六月晦日条に「自二早旦一木守作レ之」とあり、「次第者、輪・人形・高ツキ麻ヲ取ソロエテコモノ上ニ置レ之事、賦役也、次沙汰人人形ト麻トヲ高ツキニスエテ、役人ニ渡レ之、侍・坊官持参、御座ノ右方ニ置レ之、次輪進レ之、次第如二人形一也、予人形・麻ヲ取テ三度入レ之、袈裟威儀ヲ返テ帰入、次両物出レ之、次第如レ先也、次得業出レ座、又次第如レ前、次於レ庇大納言僧都入レ之、役人随二其役一次第如レ先也、次候人以下上下悉沙汰人入レ之、賦以下随レ宜也」とある。茅・菅・麻のような植物の葉に神秘的な威力があって、罪穢を祓えると考えられていたのだという。

七月七日　七月七日頃は、いつも決って雨が降ると尋尊は書いている（文明六年七月八日条）。いうまでもなく七夕[41]である。『大乗院寺社雑事記』では、この日に連歌の行われる由を記している。文明七年の七夕の連歌会は盛んなもので、一条兼良以下のそうそうたる顔ぶれで行われた（文明七年七月七日条）。この日、索餅《さくべい》を供する慣わしは平安時代に行われているが、索餅は瘧《おこり》の病を除ける唐菓子の一種という。小麦粉と米の粉を練って細長くし、縄のかたちにねじって油で揚げたものである。『延喜式』（巻三十三・大膳）に「索餅料・小麦粉一石五斗、米粉六斗、塩五升、得六百七十五藁」とある。毎年七夕にさいして、長谷寺から門跡の許へ索餅と酒が進上されたようである（寛正五年七月七日条）。

盂蘭盆会　七月十五日の盂蘭盆[42]を中心とする数日（十三日〜十六日）、歌や音頭にあわせて踊る。元来は、精霊を迎え慰霊し、また魂送りする行事をいう。文明十六年七月に、その六日から奈良では盆踊が禁止され、白毫寺や大安寺でも停止された。しかし、連夜、念仏踊が行われ、奈良中上下のものが見物したという（文明十六年七月十七日条）。同十八年七月、京都では、人びとが念仏を唱えて踊り狂った。『蔗軒日録』（文明十八年七月十四日条）に「夜間鐘鼓撃撞、唱二阿弥陀一之声動二天地一、此間之風俗也」と見える。いわゆる念仏踊であり、(43) 現在でも京都では地蔵盆の夜に行われている。

十月亥の日　亥の子である。『大乗院寺社雑事記』（文明十八年十月三日条）に「亥子也」などとある。この日、亥の子餅をたべる。中国伝来の風で、無病のまじないとするが、元来わが国の農村での行事は収穫祭を実体とするものであろう。亥の子を田の神と信ずるものが多かったから、この日を田の神送りと同様に考える向きがあった。第二次大戦前、多武峯の横柿では旧十一月六日に亥の子祭を行った。同日夜、村人らは白小餅を戸隠神社に供えた。亥の子祭は山祭りであるという。大和の穴師では亥の日にデンボ突きという暴れ行事を行った。子どもたちが新藁の束を細縄で固く巻き、デンボと称し、これを持って、その年に結婚した者のある家を廻る。磯城郡安倍の高田にある山口神社の祭は旧十一月一日で、やはり子どもたちが大暴れする。(44)

(五)　世　相　―殺伐たる世―

狼・流行病　中世には、奈良の町にも狼が出没した。寛正二年（一四六一）九月に狼狩りを企てたことがあり（寛正二年九月十七日条）、明応六年（一四九七）から七年頃にも「所々増倍」といわれ、狼の出没は「火事兵乱」のしるしとされた（明応六年十月二十七日条）。ときに、二、三疋が春日神社の御供所に入り吠えた。社頭より北で吠えると寺社の凶のしるしであり、南で吠えれば「国中之大事凶」であるとされた（明応七年六月四日条）。流行病も、しばしば人びとを襲った。死に至る病ではないが三日病(45)というものがあった。流行性感冒とも三日ハシカともいわれるが、はっきりしない。文明十二年（一四八〇）八月頃、流行り、長享二年（一四八八）七月頃は「世界三日病ニ興昇躰無レ之、仍不レ参」といわれ、前将軍義政や大和国人古市常胤も罹病した（長享二年七月十四日条、同八月十七日条、同月二十九日条）。

博奕　中世に博奕が盛んであったことは、よく知られている。康正三年（一四五七）三月、坊官所の永深寺主と修学者相宰公が博奕を打って処罰され、永深の所従宅が破却された（康正三年三月二十日条）。文明十三年正月に発志院で大博奕があり、「修学者共、中綱并地下者共」で、古市氏は負けたという（文明十三年正月二十六日条）。同十五年十二月、宝珠院好尊は博奕で八〇〇貫も負け、五〇〇貫は銭で払ったが残りを払えず逐電してしまった（文明十五年十二月六日条）。

諸院・諸坊などが賭博場となり（長禄三年三月十四日条、長享二年十一月二十二日条）、寛正四年十月には制誡条々を下し博奕を停止したが甲斐なく（寛正四年十月十八日条）、文明十八年九月に湯屋坊・惣持院・法輪院部屋・明王院部屋などの検断が命ぜられ（文明十八年九月九日条）、明応三年二月、衆中集会で検断の対象となったのは、高矢郷・西御門・城土・川上・梅殿・城土出垣内・角振・紀寺・中院・花薗郷以下合わせて一三、四郷であった（明応三年二月五日条）。まさに「博奕増盛、末代至」（文明七年二月二十二日条）である。

博奕がもとで、鵲郷の皮屋と塔本郷の鍛冶が喧嘩をし（文明七年四月二十八日条）、また椿井の材木屋とその向いに住む絵師（大乗院被官）が喧嘩をするということがあった（延徳四年四月二十七日条）。文明十六年四月、元興寺郷の無縁堂の茶屋坊主の子に、古市の小坊が博奕銭を催促したところ、支払わなかったので、父の茶坊主に支払いを迫った。しかし、子の借金について親は関知せぬと取り合わなかったので、貝塚の者が仲介を買って出た。すると、その仲人を坊主が傷つけるという事件となった。そこで力者らを遣わし茶屋を検封したが、茶屋の主人鹿野園のわび言で検封を解いた。博奕について刃傷殺害等あるときは門跡として検断を加えるのは「古来風儀」であるという（文明十六年四月二十一日条）。博奕に負けて金に詰まり、西金堂の仏具などを盗み取る者もあり（延徳二年九月七日条）、風呂釜を盗む者もあった（文亀元年四月二日条）。

奈良以外の諸寺でも同じような状況であった。明応六年三月、長谷寺に博奕停止の高札を建て、密告者には三貫文を与えるとした（明応八年三月十一日条）。菩提山正暦寺でも博奕が盛んで（文明十六年十月九日条）、門跡は古市氏にその検断を命じたが（文明十七年七月十九日条）、約一年後に正暦寺は三〇貫文の過（科）銭を出している（文明十八年六月二十九日条）。湯屋坊・惣持院・法輪院などの場合、検断から二年後に過銭五貫文を出して落居している（長享二年十月八日条）。

事の経過を見ていると、過銭の徴収はテラ銭のうわまえをはねているとしか思えない。「昼夜之博奕増倍、五十貫百貫打負輩」が僧侶のうちに多くあり、これは「一向古市西胤栄・古市澄胤之所行」というべきものであり、寺住の僧侶とぐるになって博奕場を設けているというのである（長享二年九月八日条）。

強盗　康正三年（一四五七）九月、尋尊の上洛中に、一乗院に強盗が入った（康正三年九月二十八日条）。強盗は日常茶飯事であった。延徳三年（一四九一）六月東大寺真言院に打ち入って二、三人を殺害した犯人は、古市に住む吐田氏の手の者であった。春日社大鳥居辺では、生い繁った萱の中に引剝がひそむというので、人が出て刈り取った。尋尊は「希有事也、為二寺社一々凶内也」と記した（文明十一年十月十八日条）。在々所々で寺僧らが引剝にあい、しかも白昼堂々と出没する（文明十一年十月二十三日条）。古市氏の足軽が引剝にあったときは、山内の者が追いかけ、新薬師寺の東で引剝三人を打ち止めた（文明十二年十二月二十一日条）。

引剝の罪を犯した田舎神人(46)が衆徒の発向をうけ（文明十三年五月二十日条）、実順以下三人の僧が引剝の科で処罰されるなど（明応六年十月十六日条）、神人・寺僧の中にも犯人が多かった。明応六年八月、春日社に参籠していた中間が六道で殺害されたが、近頃「習学者」の間に引剝を行う者がいるとの噂があると尋尊は記した（明応六年八月十六日条）。また明応七年の春、鴨坂辺で寺僧が引剝にあったが、犯人は越田尻荘の住人で、二人は豊田氏の被官、一人は白土氏の被官であったし（明応七年五月十九日条）、永正四年（一五〇七）十一月に打ち殺された引剝は古市氏の被官であったという（永正四年十一月九日条）。

実に殺伐とした時代であった。康正三年三月、奈良高畑の松南院の辻子の紺掻き(47)次郎四郎なる者が神人兵衛三郎を殺害した。前年の十一月に紺掻き宅が焼亡し、染物など多くを焼いた。このとき兵衛三郎は染物を誂えており、この火事で亡失してしまったのである。火災で現物が失われたときは「無力挑手ノソンナリ」というのが原則であったが、兵衛三郎は弁償を求めて争いとなり、ついに殺人事件となったのである(48)。

㈥ おわりに ―「検断自専」「下極上基」―

奈良辰市は平安時代にその存在が認められる市であった（『枕草子』）。中世では奈良の八条・九条の一～四坊の地域が「字辰市」で、八条郷・東九条郷・西九条郷・辰市郷の四郷より成る。辰市郷は杏郷と結戒（結界）郷に分かれている。杏郷には辰市神宮社があり（長禄二年十二月十一日条）、春日社家辰市氏の居館（向屋敷と号した）があった（明応元年八月二十八日条）。向屋敷は杏郷の「寄郷」であり（延徳四年二月二十三日条）大乗院重色の御領であった。杏郷とは道一本を隔てているが、辰市惣荘の牓示内にはあった（明応元年八月二十八日条）。寄郷は別郷であって、郷民は祭頭役以外には惣荘役を勤めなかった。

永享十一年八月三日、八条西氏（大乗院方国民）の憑支倉に盗人が入った。西氏の沙汰として打ち止めたが、先例に従って辰市惣郷に勧賞の料足を給うべしということでその料足を杏郷氏に催促すると、杏郷氏は先規なしと応じなかった。惣郷方は、先年、辰市堀氏（大乗院方国民）の沙汰として稲盗人を打ち止めたときは杏郷が銭を出したではないかと迫った。しかし、杏郷は「此条無㆓跡方㆒不実也」とつっぱねた。それなら、今後は、杏郷などに盗人の事件があっても、西氏としては一切手をかさないぞといい、相論のあげく、惣郷から西氏には一銭も礼を出さずに終わった（明応元年八月二十八日条）。辰市惣郷は大安寺八幡宮の祭礼に関係するものと思われる。[49]

文安元年（一四四四）六月、喜殿山城の堀について人夫を徴集しようとしたとき惣郷は「辰市ノ八幡ノ頭役之外ハ、一切不㆑応惣庄在所」であると主張した。自治的組織「惣」が、土豪（国民）の支配から一定の距離を置きながら「ヲトナ」（延徳四年二月二十三日条）を中心にして、自立への道を歩もうとしている姿のあらわれである。しかし、それは大乗院尋尊の如き権力の側から見れば、「検断自専」を主張し、何かとトラブルの起こる辰市郷は、やはり悪行重畳の所であった（明応元年八月二十八日条）。

現天理市街の西方、下津道に近い荒蒔集落付近に、かつて松林院荒蒔荘という小荘園があった。文明元年、大乗院方衆徒番条氏が荒蒔荘に対して年貢以下を催促したことがあった。このとき学侶方は、承引あるべからずとし、年貢は学侶方に納入せよと命じた。この件については、荒蒔荘一荘はもちろんのこと、布留郷民全体も承知し、万一番条氏から催促を受けた場合は、鐘をつき鳴らして荒蒔荘に集まる手筈とした。尋尊はこれについて「寺門大慶」と書いたが、続けて「但此条猶以為㆓寺門㆒珍事、下極上基可㆑失㆓神威㆒条、以外次第也、可㆑歎々々」と記した。番条氏の圧力を排除することはまさに寺門として大慶であろうが、布留一郷の「一同」（＝一揆）は「下極上基」と認識されたのである（文明元年十月十九日条）。

注

(1)　長屋荘については、渡辺澄夫『畿内庄園の基礎構造』(吉川弘文館、昭和三十一年)一九一頁以下、朝倉弘編『奈良県史　10荘園―大和国荘園の研究』(名著出版、昭和五十九年)三七一頁以下、阿部猛「興福寺領大和国長屋荘」(『日本社会史研究』五号、昭和三十四年)がある。なお、本稿は右旧稿を部分的に利用している。

(2)　豊田武「中世末期における大和の村落」(『大和志』二―一二、昭和十年)、同「土一揆の基礎構造」(社会経済史学会編『農民解放の史的考察』日本評論社、昭和二十三年)、阿部猛「文明十五年大和布留郷の一揆について」(『日本歴史』四九号、昭和二十七年、『中世日本荘園史の研究』新生社、昭和四十二年に再録)、朝倉弘「中世末期の布留郷」(『大和文化研究』八―一二、昭和三十二年)などを参照。

(3)　渡辺澄夫・前掲(注1)書、一九二頁、朝倉弘・前掲(注1)書、三七二頁。

(4)　興福寺の大乗院門跡を構成する大乗院・龍華樹院・禅定院の法務および所領の台帳。国立公文書館蔵。

(5)　渡辺澄夫・前掲(注1)書、一九二頁。

(6)　『三箇院家抄　第二』、『大乗院寺社雑事記』永正三年七月十日条。

(7)　島田次郎「畿内荘園における中世村落―大乗院領大和国出雲荘を中心として―」(『日本社会経済史研究』古代中世編、吉川弘文館、昭和四十二年、『日本中世の領主制と村落』下巻、吉川弘文館、昭和六十一年に再録)。

(8)　史料は『大乗院寺社雑事記』寛正三年十月二十九日条、応仁元年四月十八日条、同十九日条、同五月六日条、同十四日条、同六月十一日条、文明元年十一月二十二日条、同二年三月二十五日条、同二十六日条。

(9)　段銭については、阿部猛「段米・段銭について」(『史潮』六四・六五合併号、『中世日本荘園史の研究』に再録)、百瀬今朝雄「段銭考」(『日本社会経済史研究』中世編、吉川弘文館、昭和四十二年)、市原陽子「室町時代の段銭について」(『歴史学研究』四〇四号・四〇五号、昭和四十九年)参照。

(10)　この問題については、小川信「中世の地主に関する一考察」上・下(『日本歴史』五〇号・五一号、昭和二十七年)、阿部猛「大和国平野殿荘の『地主』と『百姓』―『名主＝地主』説について―」(『日本歴史』一四九号、昭和三十五年、

『中世日本荘園史の研究』に再録)、熱田公「室町時代の興福寺領荘園について」(『史林』四四―三、昭和三十六年、『中世寺領荘園と動乱期の社会』思文閣出版、平成十六年、所収)、森川英純「興福寺領における作主職の成立と郷村制」(『ヒストリア』六六号、昭和五十年)、安田次郎「百姓名と土地所有」(『史学雑誌』九〇―四、昭和五十六年)、同「興福寺大乗院領大和国横田庄の均等名」(『史学雑誌』八八―一、昭和五十四年)など参照。
(11) 永島福太郎『奈良文化の伝流』(中央公論社、昭和十九年)五一頁。
(12) 『三箇院家抄　第二』の「坊官侍等給分」の項によって見ると、給主職が給分として分与されている様子がわかる。
(13) 寺領荘園の荘官の一種に「庄使」があり、これが定使とかかわりがあるかもしれないという推測もある。中田薫「王朝時代の庄園に関する研究」(『法制史論集』第二巻、岩波書店、昭和十三年)。
(14) 渡辺澄夫・前掲(注1)書、一一四頁。
(15) 渡辺澄夫・前掲(注1)書、一一七頁。なお、西岡虎之助「近世庄屋の源流」(『荘園史の研究』上巻、岩波書店、昭和二十八年)、清水三男『日本中世の村落』(日本評論社、昭和十七年)四〇〇頁、奥野高広「名主と庄屋」(『日本歴史』四九号、昭和二十七年)など参照。
(16) 阿部猛・前掲(注2)論文。
(17) 島田次郎・前掲(注7)論文。
(18) 渡辺澄夫「間田について」(『畿内庄園の基礎構造』)。
(19) 他にひとつ例をとると、新木荘(現・郡山市内)の場合、長禄元年から明応五年までの損免率は、最低一八・九%、最高四三・五%で、平均約三〇%であった。毎年、損免率をどの辺に定めるか、やりとりがあり、多分に政治的なかけひきが行われたのである。
(20) 阿部猛・前掲(注10)論文。
(21) 豊田武「大和の諸座　続編」(『座の研究』豊田武著作集1、吉川弘文館、昭和五十七年)。
(22) この行為については、中村吉治「田地に神木を立てること―興福寺領に於ける田地差押に就て―」(『寺院経済史研

究』三教書院、昭和十年、『中世社会の研究』河出書房、昭和十四年に再録)。
(23) 小山田義夫「倉付についての一考察」(中央大学『経済学論纂』三五―四、平成六年)。正月に行われる蔵開きの行事と考えられないでもない。多く十一日で、この日は鏡開きに当たる。
(24) 渡辺澄夫・前掲(注1)書、三九五頁。唐突な比較であるが、平安期の「里倉」に相当するものか。里倉については、村井康彦『古代国家解体過程の研究』(岩波書店、昭和四十一年)参照。
(25) 清水三男・前掲(注15)書、一八五頁以下、萩原龍夫『中世祭祀組織の研究』(吉川弘文館、昭和三十七年)一三九頁。
(26) 阿部猛『日本荘園史』(大原新生社、昭和四十七年)二九三頁。
(27) 阿部猛「荘園における除分について」(『歴史学研究』三三七号、本書所収)。
(28) 宝月圭吾『中世灌漑史の研究』(畝傍書房、昭和十八年)に詳しい。
(29) 『三箇院家抄　第二』は「井手ノ事鳥見河ヲ一里計せキ上事ハ田中庄・外河庄・新木庄三ケ所ヨリ沙汰也」とほぼ同文に記す。
(30) 宝月圭吾・前掲(注28)書、三四二頁。
(31) 折口信夫「河童の話」(『折口信夫全集』三巻、中央公論社、昭和五十年)、同「草相撲の話」(『折口信夫全集』十七巻、昭和五十一年)、和歌森太郎「相撲の歴史と民俗」(『和歌森太郎著作集』15、弘文堂、昭和五十七年)。
(32) 高谷重夫『雨乞習俗の研究』(法政大学出版局、昭和五十七年)二九頁。
(33) 中世農民の農事暦については、山本隆志「中世農民の生活の世界」(『一揆』4、東京大学出版会、昭和五十六年)、木村茂光「中世農民の四季」(戸田芳実編『中世の生活空間』有斐閣、平成五年)が概観している。
(34) 辻本好孝『和州祭礼記』(天理時報社、昭和十九年)一七〇頁。
(35) 壱岐では、棟上げに粥をたいて祝ったという。折口信夫「壱岐民間伝承採訪記」(『折口信夫全集』十五巻、昭和五十一年)。
(36) 辻本好孝・前掲(注34)書、一六八頁。

(37) この頃には、かなり銭湯があった。新浄土寺には湯屋があり、これは銭湯であった。その経費は請負いであったらしく、井上若狭公が一〇年分を請負ったのであるが、徳（得）分なしということで、五年分知行して返上した。最初の契約では、返付するときには湯屋を修理することになっていたが、一向にそのことなく、湯屋は「以外破損」の状態にあったという（『大乗院寺社雑事記』長禄四年九月二十三日条）。文明十年に焼失した朱雀院の銭湯風呂は、前年五〇〇貫文余りの費用をかけて新造されたが、費用数百貫を要した。この風呂は二〇〇年ばかりの歴史を持つという。浄土寺の銭湯には、唱門師男女の入ることを禁ずる制札が立てられていた（同記延徳元年九月十二日条、同二年四月二十八日条）。

(38) 辻本好孝・前掲(注34)書、一二八頁。

(39) 網野善彦・阿部謹也『対談　中世の再発見』（平凡社、昭和五十七年）二一「飛礫」。

(40) 大森志郎「茅の輪行事」（『歴史と民俗学』岩崎美術社、昭和四十二年）が詳しく扱っている。

(41) 和歌森太郎「七夕習俗の展開」（『和歌森太郎著作集』9、弘文堂、昭和五十六年）。

(42) 木村茂光「中世農村と盂蘭盆—農事暦との関わりで—」（『歴史公論』一〇—四、昭和五十九年）。

(43) 山中裕『平安朝の年中行事』（塙書房、昭和四十七年）二三〇頁。

(44) 辻本好孝・前掲(注34)書、一六六頁、三三二頁、三三七頁。

(45) 新村拓『日本医療社会史の研究』（法政大学出版局、昭和六十年）一二六頁、一八九頁、二五三頁。

(46) 「田舎」は「奈良」に対する語で、能登・岩井川以南を指している。

(47) 紺座には二座あり、文明頃、東林院奉行の座と持宝院奉行の座があった。次郎四郎はいずれかの座に属したのであろう。豊田武・前掲(注21)論文。

(48) 質物の場合だと、火災で亡失したとき質屋に弁償の義務はなかったが、同時に借り主の債務も消滅した。火事による損亡は不可抗力とされたのである。中田薫「板倉氏新式目に就て」（『法制史論集』第三巻、岩波書店、昭和十八年）参照。

(49) 朝倉弘・前掲(注1)書、三一二頁。

一〇　畿内小領主の存在形態
―山城国革嶋荘と革嶋氏―

(一)　はじめに

革嶋荘は山城国葛野郡の南端川島郷付近にあった。現在の行政区画でいうと、京都市西京区に属し、阪急電鉄桂駅の南方に位置する。この付近は、田園風景の望まれる静かなところであったが、第二次大戦後、急速に宅地化が進行し、とくに桂駅近辺は計画的な住宅地として整備されている。

この地は、東に桂川が流れ、西方の丘陵との間は現在約二キロメートルほどであり、きわめて狭い地域に立地していたことになり、京郊荘園がほとんどそうであるように、比較的規模は小さく、しかも入り組みの多い複雑な構成をとっていた。

中世、革嶋荘には在地領主革嶋氏がおり、その子孫が伝えた文書群「革嶋家文書」が現存する。古文書一六三〇点は昭和四十八年（一九七三）十二月京都府立総合資料館に寄贈されたが、そのうち中世文書は活字化され『資料館紀要』第五号（昭和五十二年三月刊）第六号（同五十三年三月刊）で紹介されている。なお「革嶋家文書」の大概については、京都府立総合資料館編『革嶋家文書について』（昭和四十九年九月刊）において解説されている。本

稿は右の『資料館紀要』所載「文書」を利用して行った考察の成果である。(1)

㈡　前　史

頼長没官領　革嶋荘の名は『台記』仁平三年（一一五三）十一月二十九日条に初めて見える。藤原頼長の春日詣のさいの二十八日の屯食（下仕えの者に給する酒食。脚のある台にのせた）一具を革嶋荘が備進したのである。ついで『兵範記』の保元二年（一一五七）三月二十九日条に見える。すなわち、前年七月のいわゆる保元の乱に敗死した藤原頼長の所領が没収され、後白河上皇の後院領とされた。(2) 頼長没官領は一九か国二九の荘園・牧に及んだが、山城国では川島荘のほか田原荘と大道寺の二所があった。三月二十五日付の後院司宛太政官符は、「於二官物一者、弁二済国庫一、至二地利一者、徴二納院家一、但元来不輸田畠非二此限一」と述べているから、半不輸・雑役免(3)に類する荘園が多かったことがうかがわれる。

建長五年（一二五三）十月二十一日付の近衛家所領目録(4)には「庄務本所進退所々」のうちに、

同国
革嶋
京極殿領　成賢法師徳望

と見える。京極殿とは関白師実のことであるから、頼長の曽祖父の代からの所領であったと思われる。成賢法師の徳望は、おそらく預所職を給与された者であるが、名目的なものであり、給分としての性格しかないであろう。没官された頼長領革嶋荘の一部は、いわゆる七条院領の一部を構成し、安貞二年（一二二八）八月五日に修明門院に伝えられた。(5) のち、当荘は南北二荘に分かれ、北荘は山科家領河嶋荘、南荘は近衛家領革嶋荘と標記の上でも区別した。

法花寺供田　「革嶋家文書」を編年してみると、年次明白な文書の最古のものは正嘉二年（一二五八）九月日付の三通である（以下、引用注記は京都府立総合資料館『資料館紀要』の文書番号による）。近衛家政所は革嶋荘内の田地一町（分米一〇石）を光明真言供養料として法花寺に寄進し、坪付を副えてその旨を荘官らに通告した（三九号文書）。近衛家の当主は前太政大臣兼経である。

法花寺とは葛野郡谷村上《うえ》ノ山にあった寺で、一名峯ノ堂という[6]。荘の下司曽我部氏女が注進した供田坪付（三八号文書）によると、その所在地と田積は表1のごとくであり、「段別石代」であるから、分米は計一〇石となる。この一町の田は「一色定」と注記されている。この場合、一色とは「本役万雑公事」のかからない田地であり[7]、「領家職プラス名主職の分を一元的に収奪できる田地」[8]である。中世後期、大和興福寺領などにおいても、「重職」と称し、荘園領主興福寺が名主職を兼帯することがあった[9]。

一色＝一職＝重職支配は、領主と作人とが直接対峙する、いわば近世的体制であって、中世後・末期の畿内および畿内周辺で広く見られたところである[10]。寄進された法花寺供田が「石代」といい比較的斗代が高いのは、領家得分と名主得分を合せ収奪する形をとっていることから、当然のことなのであった。荘田一町の法花寺への寄進は預所を通じて荘官・百姓らに通知される（三七号文書）。預所の名は不明であるが、おそらくは近衛家ゆかりの者、たぶん家司の一人であろうか。ただし寄進された四筆一町の田地が実際に、いかに耕作されていたかは明らかではない。

表1　法花寺供田

所在地	田積(反)
高木	2
はん田	2
しんほり	4
唐室	2
計	10

革嶋南荘指図　指図（二〇〇号文書）は、宝月圭吾氏らによって「嘉暦二年近衛家領革島庄図」として紹介され[11]、杉山博氏によって「嘉暦二年条里坪々図」として紹介された[12]。

杉山氏はこの図を山城国乙訓郡と葛野郡の郡界の問題を解決する重要史料として紹介されたのであるが、宝月氏らは、郡界の問題を「中世土豪の土地所有形態」と関連させて説明したのである。その後、尾藤さき子氏は図を手がかりとして荘のあり方を概観している。(13)

指図は西を上にして描かれている。葛野郡の四か里（シマタカ里、ヒメチカ里、ムシナカ里、ウエツキ里）の坪の排列は、西北のすみを起点とした千鳥式であるが、乙訓郡のムナヒロ里を見ると、東南のすみを起点とする千鳥式である。指図では、荘田所在の坪には田積が記載され、また「南庄」（＝革嶋荘）の注記がなされている。それは左の坪々である。

ムシナ里一六坪（三〇〇歩）、同里二九坪（三段）、同里三四坪（三段小）、シマタ里一四坪（一段）、同里三三坪（四段）、ウエツキ里七坪（四段小）〈計・一町六段一八〇歩〉

しかしまた、指図は、注記また田積記載と関係なく、一定の坪を太い線で囲んでいる。その範囲は、

ムシナ里二八坪、同里三〇～三四坪、ウエツキ里五～七坪、ムナヒロ里二～一一坪

である。これが何を意味するのか。尾藤氏は、指図の記録者である下司幸円は「この囲んでいる地区を革島本庄（惣庄）と考え、かこみ外の庄田は、他の地域への入組地」として扱っていたのであろうと推測し、その推測の上に立って、この指図は「革島庄の領域性を裏付けるものである」(14)と考える。これは、かつてこの指図を学界に紹介したときの宝月氏らの見解、すなわち「革嶋庄と呼ばれる荘園が一つのまとまった地域の名称でなく散在した名田畠集合体である事を明示し、又これら名田畠の間に高野山・法性寺・賀茂社の寺社領を始め、山科家・西園寺家・三条家の公家領等が入組んでいたのであり、畿内の村落構成、領有関係の複雑さについて定説となっている事を如実に裏書きするものではなかろうか」(15)という理解に対する批判である。

さて、指図のほぼ中心に当たるところには小さい囲みがあり「御所カキ内」と注記されている。この地点は南北七五間、東西三〇間の規模で、藪・土居・堀に囲まれた土豪屋敷の形態をとる。革嶋氏の居宅である。屋敷の西には三之宮神社（＝松尾神社の末社）がある。その北側を東西に走る大道は山陰街道である。屋敷を中心とするこの一角は荘の中心であり、集落を形成していた地区である。

指図には、ムシナ里とウエツキ里の堺線に「ミソ」の記載がある。これは千代原用水（＝川嶋用水）で、垣内の堀の一部を成し南へ流れる。千代原用水は、もちろん桂川から引水する用水であるが、現在の松尾中学校の近く、西芳寺川の川口から取水する。革嶋荘にかかわる用水はさらに一系統ある。荘の東を南下する今井用水（＝寺戸用水）である。これも西芳寺川口から流れる何本かの用水のひとつである。これら用水の問題については、のちに考察することにする。

㈢　下司革嶋氏

正和元年（一三一二）十一月、革嶋憲安（童名亀鶴丸）は革嶋南荘の下司職に補任された（四二号文書・一九五号文書・一九六号文書）。所伝によれば、革嶋氏は佐竹源氏の裔で、初代蔵人義季は佐竹昌義の五男。治承の頃（系図によると文治三年とある）、義季は讒にあって源頼朝から所領を没収されて関東から出奔、近衛基通の縁故をたよって革嶋の地に蟄居し、近衛家下屋敷（のちの革嶋氏居宅）に住んだという（一八三号文書「伝記」、一八四号文書「系図」）。そして二代義安のときから革嶋を称した。系図によると憲安は八代めということになる。

憲安の下司職補任に当たって、領家に当たる下野民部大夫頼職は憲安に契状（一九七号文書）を与えている。これによって、憲安への下司職補任の事情と条件が明らかになる。これより以前、下司は賢法・定覚と称する者（「一類」と呼んでいる）であったが、賢法は「母子敵対」、定覚は「悪党名誉」により改替したという。母子敵対とは親（この場合は母）の教令に違反し母を告言することをいい、当然罪になるのである。[16] 定覚は悪党として名高い人物だというのである。契状は五か条より成る。

第一条は「雑免壱町伍段　屋敷一所」とある。これは下司の職務に伴う特権というべきもので、下司田一町五段は雑役免除の地であり、屋敷は当然のこととして諸役免除であろう。

第二条は「弥五郎入道名田畠屋敷」の進退権を下司に認めるもの。

第三条は「職事給弐段」を下司に付与するというもの。

第四条は、「浮免田」については下司の進退とするというもの。浮免は雑免で、第一条の雑免は革嶋氏固有の田地であるが、この浮免はそれ以外の雑免田のことである。

第五条は「検断可㆓相綺㆒事」とある。荘内百姓に対する検断権である。

以上の内容を以て革嶋氏は下司に任ぜられたが、任命に当たっては任料を納めた。ただしその額は不明である。下野民部大夫頼職は前掲五か条を約し「為㆓永代相伝之職㆒、更不㆑可㆑有㆓改動之沙汰㆒」といい、もし違約せば「任料日吉神物之上者、以㆓山門公人等㆒押可㆑分㆓知行㆒之上、以㆓御年貢㆒可㆑被㆓募取㆒」という。これによれば、革嶋氏が出した任料は日吉神人の出挙の銭[17]であるらしい。したがってもし、頼職が違約し革嶋氏が下司を召放たれるならば、日吉神人から借りた任料の返済が不可能となる。その場合は、下司職は山門公人の知行するところとなり、また年貢の中から差引くことも約束するというのである。

正和二年名寄帳　名寄帳（四四号文書）は下司幸政によって作られている。幸政は憲安の子息である。[18] 名寄帳に

表2 名田別耕地面積

名田	上里 (段)(歩)	下里 (段)(歩)	所在不明 (段)(歩)	計 (段)(歩)
又三郎名		一〇・		一〇・
千代四郎名		九・一八〇		九・一八〇
弥治名	・一八〇	八・二四〇		九・〇六〇
弥平次名		七・一八〇	一・〇三〇	八・二一〇
藤三郎入道名	二・一八〇	四・	二・	八・一八〇
弥五郎入道名	二・一八〇	四・三〇〇	一・	八・一二〇
鍛治四郎名	一・一二〇	五・	一・〇九〇	七・二一〇
五郎二郎名	三・	四・一八〇		七・一八〇
今ほり名		七・		七・
町尼名	三・	二・		五・
光信名	一・	四・		五・
計	一三・三〇〇	六七・	五・一二〇	八六・〇六〇

表3 作人別耕地面積

作人	上里 (段)(歩)	下里 (段)(歩)	不明 (段)(歩)	計 (段)(歩)
仁和寺西谷	一・	一二・		一三・
佐土阿闍梨		一〇・		一〇・
せたい		八・		八・
寺分梅三		七・	一・	八・
二郎三郎	三・一八〇	三・一八〇		七・
今ほり		七・		七・
定蓮坊	・一八〇	四・三〇〇		五・一二〇
光信		四・		四・

犬二郎		三・一八〇		三・一八〇
弥治三郎	・三〇〇		一・〇九〇	二・〇三〇
量阿（堂田）		二・		二・
藤原氏女	一・	一・		二・
幸真		二・		二・
御子		二・		二・
糒内入道		二・		二・
谷石見法橋	二・			二・
源氏女		一・二四〇		一・二四〇
俊士十郎		一・一八〇		一・一八〇
弥陀女			（畠田）一・〇三〇	一・〇三〇
ヲト女		一・		一・
田上源氏女		一・		一・
峯中尾坊		一・		一・
仏道	一・			一・
今堂七郎入道		一・		一・
越前阿闍梨	一・			一・
蔵人阿闍梨	一・			一・
ハラノ武蔵尼			一・	一・
馬太郎			一・	一・
唯道		一・		一・
光安	一・			一・
藤内	・一八〇			・一八〇
かつらさぬき入道	・一八〇			・一八〇

は名田ごとにその所在（上里・下里）の記載がある。記載のないものも若干あり、それを区分しながら田積を示すと表2のごとくである。又三郎名の一町を最大とし、町尼名と光信名の五段まで差がある。名耕地には作人（＝作職所有者）と思われる人名が付されている。それによって、人別に面積を集計すると表3のごとくである。仁和寺

西谷の一町三段を最大とし、藤内とかつらさぬき入道の一八〇歩に至る。

正和二年の年貢・公事注文　注文（四三号文書）によると、下司革嶋氏が管轄する南荘の年貢は米五九石九斗七升八合五勺で、これは公田九町五段六〇歩に課される年貢総量である。上里は九斗七升代、下里と畠田は五斗七升代で、両者の斗代は大いに相違している（表4）。上里の斗代の高さは前述の一色田を想起させる。「注文」は前欠で、年貢米の総額を記すのみであるが、年貢米のうちから一石一斗が「松尾御料米」として差引かれる。

荘民が負担する公事は多様で、計一四種類にのぼる。

①屋敷草代……屋敷公事であろうが、「草」とは何か不詳。草秣に起源するものか。四月から八月までの五か月間、毎月付銭三七五文を出す。毎月三十日に出し翌月一日に京進。

②屋敷わら……六〇束。これは現物である。

③公田わら……田地にかかる公事で、同じく、わら三〇〇束。

表4　南荘の斗代

地域	面　積	斗　代
上里	1町4段120歩	9斗7升代
下里	7町8段	5斗7升代
畠田	2段300歩	5斗7升代

④畠地子……麦八斗で、六月三十日に京進する。

⑤菜畠……菜を五〇把。

⑥御所のをのかき内……苧か。六〇〇文を四月中に京進する。

⑦柴木……二四把。七月七日に出す。

⑧麦代銭……一〇〇文を七月七日に出す。

⑨瓜……六〇。六月三十日に出す。

⑩人夫……七五人。うちの二人は吉書・わかなを運ぶ人夫で、実際に労役に従うが、他の七三人分は代銭人別二〇文（計一貫四六〇文）を三月三日に出す。

⑪ちまき代……一〇〇文を五月五日に出す。
⑫御節料木……四五。十二月に出す。
⑬若菜……七荷。正月七日に出す。
⑭餅……鏡三枚・小餅「一せん」(?)を正月に出す。

右のうち代銭納となっているものが五種で、金額合計は四貫一三五文となる。他は現物である。(19)

南北朝内乱と革嶋氏　その置かれている地理的位置からして、革嶋荘および革嶋氏はいやおうなしに、南北朝の動乱の中にまき込まれていく。時間の順序に従って見ていくとつぎのとおりである。

①建武三年(一三三六)七月二日に足利尊氏の軍勢催促状をうけた。「新田義貞已下凶徒誅伐」の院宣に拠るものである(四八号の六文書)。
②同年八月十一日に足利尊氏から革嶋南荘領家職半分を地頭職として宛行われ、向後御家人としていよいよ軍忠を致せと命ぜられている(四九号文書。この問題はのちにあらためて扱う)。
③同年八月二十五日、革嶋幸政は、去る十三日に峯堂に馳せ参じた旨、着到状を書いた(四八号の六文書)。
④同年九月二十七日「為㆑追㆓伐天王寺以下所々凶徒等㆒、所㆑令㆓発向㆒也、相㆓催一族㆒可㆓馳参㆒」と宮内大輔某の軍勢催促をうけた(四八号の五文書)。
⑤同四年八月十六日、幸政は、十四・十五の両日、八幡宮寺放生会警固役を山城口薬師堂小路において勤めた由の着到状を書いた(四八号の四文書)。
⑥暦応元年(一三三八)十月二十三日、尊氏の「八幡御参詣御供」をしたとの着到状がある(四八号の三文書)。
⑦同年十一月七日、尊氏の「熊野御参詣御供」をした旨の着到状がある(四八号の二文書)。

⑧観応元年（一三五〇）十二月八日「河内国凶徒退治事」について足利義詮の軍忠状が革嶋景安に与えられた（四八号の一文書）。

「革嶋家文書」中の史料を列記すると右のごとくである。⑧を除き他はすべて革嶋幸政にかかわる。革嶋氏が足利方について戦場を馳せた様子が浮かんでくる。注目されるのは②である。あらためて史料全文を引用する。

〔史料1〕（四九号文書）

（花押影）

山城国革嶋南庄下司幸政、㝡前参二御方一之条神妙也、領家職当名田畠以二半分一為二地頭職一、所二宛行一也、且為二御家人一、向後弥致二軍忠一者、重可レ有二抽賞一状如レ件

建武三年八月十一日

この文書の正文は紛失しており、写しであるが、飯尾為頼の裏判（証明）を持つ。四八号文書も同様の写しで、為頼の裏判を有する。[20]正文ではないので疑う余地もあるが、当時、同様の文書が他の小領主たちにも発給されていることから、内容的には信じうるものと考えられる。[21]ここでの問題は二つである。第一は、革嶋幸政が半済を地頭職として給与されたこと、第二は、革嶋氏が幕府（足利氏）御家人となっていることである。

前者についていえば、文書による限り疑いはないが、領家職半済分を革嶋氏がいつまで手にしていたか明らかではない。革嶋氏が建武三年以後長く地頭職を有していたとは思われず、のちの文明十七年（一四八五）三月六日月代官職補任状（七六号文書）に見える半済は、応仁の乱の過程で革嶋氏が実力で獲得したものであって、建武以来の継続ではないとの諸説に従うべきであろう。[22]後者、革嶋氏が足利氏の家人となった問題であるが、これも地頭職と同様、その継続については否定的であり、のちの史料からの状況証拠であるが、革嶋氏は幕府政所執事伊勢氏の

被官か、あるいはかなり深い間柄にあったと推測されるのである。(23) 下司職は延文元年（一三五六）十一月十五日、幸政から景安に譲られ（一九九号文書）以後、光安—秀安……と伝えられていく。(24)

㈣　用水の問題

今井用水　暦応□年七月九日付の、今井用水に関する契状がある。

〔史料2〕（五二号文書）

契約

桂河要水今井事

右契約旨趣者、就二此要水事一、自然煩違乱等出来之時者、久世河嶋□(寺)戸尤受二此流水一之上者、彼三ケ郷令二一身同心一成二合躰之思一、面々無二私曲一、可レ有二其沙汰一、若於下背二同心之儀一郷上者、要水可二打止一之、此契約之旨、偽申候者、奉レ始二上梵天帝尺四大天王一、下三界所レ有天衆地類、惣者皇城鎮守諸大明神、別者郷之鎮守大少神祇冥罰お可二罷蒙一之状、如レ件

暦応□年七月九日

上久世季継（花押）

河嶋　安定（花押）

寺戸　親智（花押）

これは、東寺鎮守八幡宮領上久世荘、仁和寺領寺戸荘と山科家領河嶋荘の三荘が用水について契約したもので、約束に違反したときはその郷への給水を止めるというのである。今井用水は革嶋荘の東側を南下する用水であるが、

革嶋氏はそれに何らの権限も有しなかった。

桂川西岸には徳大寺荘・上桂荘・下桂荘・革嶋荘・下津林荘・寺戸荘（以上、上六箇郷）と、牛ヶ瀬荘・上久世荘・下久世荘・大藪荘・築山荘（以上、下六箇郷）などの荘園が分布していた。これらの荘園は共通の用水を頼りとして水田を営んでいた。この用水、十一郷用水（今井用水）は松尾神社東方の松尾馬場先で桂川から分水し、上桂でさらに二つに分かれ、西側の流れが寺戸用水となって南下する（上方今井）。東側の流れは桂川に沿うように南下し、牛ヶ瀬から上・下久世に至る（下方今井）(25)。

東寺八幡宮領上久世荘の用水は東寺領上野荘内で桂川から引水していたものであった。梅津前五ヶ庄大井手という堰堤を設け、ここで桂川をせきとめて十一郷用水に水を引くのである。前述のように、用水は下流で二つに分かれるが、下方今井溝は上方井関（横井という）と称する堰堤でせきとめる。「石を畳《かさ》ね水を堰《せ》き、石間の漏水を以て下方の田堵《たと》（＝田地）を養う」のがこの川の大法であり「往古規式」であると東寺は述べている(26)。石を積んで堰くのであるから、当然、そのすき間から水は流下する。これを「漏水」と称している。申状に付された差図では、水路を完全にふさぐものではなく、水路の中央は空いている。仮に全面的に石を積んでも漏水の量は多いから、下方の水量は上方より少ないとしても、通常は灌漑に支障を来すことはなかったかと思われる。しかし、桂川の水量の少ない旱魃のときなどは、影響を免れがたい。応永二十五年（一四一八）下方諸荘の「名主土民」（「土民」＝「百姓」であろう）らは、先規に背いて勝手に井を「切落」した。石積みを崩したのである。これにより上方の田地は用水不足に陥り、東寺領は大略「不作」となったという(27)。

上野荘の用水(28)　東寺領上野荘は水便に恵まれた所であったが、それだけに洪水の危険も大きく、その修復には多くの費用を必要とした。東寺が収取する年貢額が三〇石余にすぎないのに、用水関係の恒常的な出費（井料・堤料として荘に与えたもの）は五石八斗に及び、年貢額の二〇％に近い。文安二年（一四四五）の史料によると、応永末年から永享年間にかけて、東寺は灌漑施設の修理費に一〇〇余貫文を投じているが、結局効果はなく、永享四年（一四三二）には「近年依ㇾ不ㇾ掘上ㇾ、一庄悉畠成畢」という状況に陥ったという。東寺は「右当庄用水者、自ㇾ往古ㇾ為ㇾ名主之所役ㇾ」との立場をとるが、荘民たちはこれに応じなかった。この状況を打開するために東寺は、永享十二年七月、上野荘代官職に革嶋勘解由左衛門尉を任命した。(29) 革嶋氏の代官職請文の用水関連の条文を見るとつぎのごとくである。

一、用水路を掘り上げ、機能を回復し、田地経営を行うべきこと。

一、新田開発については明年辛酉の歳（＝永享十三年）から三三年を期限とし、その間に毎年開発に従い最初の三年間は本年貢を免除する。四年めからは本年貢を徴収するが、その三分の二は灌漑施設費にあて、三分の一は東寺に納入する。ただし、三三年以後の新開田については、本年貢全免の特権期間が三年に満たぬことになるから、その額を東寺に請求せよ。しかし本年貢の三分の二を灌漑施設費に支出する件は、期限を三〇か年とする。

一、用水路を修理して荒廃田を再開発するについては、明年から二〇か年間に、もし再開発分が惣荘の不作田数の半分に達しない場合は代官職を改替する。

以上のような条件で革嶋氏は上野荘代官職を手にした。用水に関する権限を手中にした革嶋氏は、在地における支配者としての地位を確立するに有利な条件をえたということができよう。

十一郷と松尾社の相論(30)　十一郷用水については前述したが、十五世紀半ば頃に至り、十一郷方が松尾神社前の田地に桂川からの取水口を造成したという。長禄二年（一四五八）松尾社神官は、近郷の者たちが勝手に取水口を築いたので去年幕府に訴え裁許をえた、山城守護の手で埋められたにもかかわらず、東寺はただちにまた掘削していると訴えた。近郷の者というものの、十一郷農民の欲望を代表するかたちで工事を進めたのは、上久世荘・下久世荘であり、当然その領主である東寺こそ張本だと松尾神社は見たのである。

松尾社はしばしばこれを幕府に訴えたが、なぜか反応はなかった。新たに掘られた用水路が、二月晦日将軍義政が西芳寺に花見に出かける「御成路次」に当たるというので、[31]松尾社側では人を出して水路を埋めた。ところが三月四日になって十一郷方から多数の人夫をくり出して水路を掘ってしまった。松尾社としては、三月十五日の祭礼の神輿迎えの神事の妨げともなるとし、厳重にその埋塞を申し入れたのであった。松尾社の訴えに対して十一郷方は四月に、三か条にわたる反論の申状（＝反状）を提出した。その内容はつぎのごとくであった。

一、松尾社は、去年将軍の奉書の旨に従って守護として溝を埋めたというが、これは事実と違っている。去年将軍が西芳寺へ参詣したときは、あらかじめ通知があったので、十一郷方から人を出して道を作り、溝を一時埋めたのである。ところが今回は、松尾社が十一郷方を陥れようと企て、ひそかに社家の手で溝を埋め、いかにも十一郷方の落度であるかの如くにしくんだのである。いったい将軍「御成道」については、路次の郷々が水路に橋を架ければ何の支障もないことである。就中用水堀については普広院殿（＝足利義教）の御代に、隣郷の清水、古川郷でも「土沙大藪」を掘り取っている。

一、松尾社の神輿の妨げとなるという点について。これは、いったい何事か。御神幸の通路は用水から一〇町も離れているのであって、何の支障もないはずである。従来、多年にわたって神幸は無事に行われてきたのに、いまさら濫訴を企てるとは何事ぞ。

一、松尾社は、本溝の他に新たに水路を開削したと非難しているが、もともと、この水路が「本溝」なのである。以前は、石堂口から取水したことがあるが、「水便」の変化によって一六年以前からこれを廃止し「本溝」を復活させたのである。それを何で「新儀」と非難するのか。もし不審があれば糺明してほしい。

そして、なおまた十一郷側はいう。「松尾社が、本溝の取水口は決まっているものだと主張するが、これは理のない申し分である。いったい、用水というものは『水の便』〈河水の状況〉によって左右されるものであり、したがって、井口（取水口）は一定させることはできないのである。井口の変化を非難するのは当たらない」と。

翌年三月、幕府は、裁決の出るまでは現状どおり水路を開いておくように命じ、四年二月に至ってようやく決着をつけた。それは将軍の西芳寺お成りに関わらせての裁決であって、「去年の将軍お成りのときには通路に当たる溝を埋めたが、これでは農作に支障を来すから、今後は溝に橋を架けるようにせよ。水路はもとどおり掘り通すようにし、耕作に支障ないようにせよ」というものであった。十一郷側の主張が通ったのである。

しかし紛争はやまなかった。久世荘と松尾社の争いは続き、その間に、十一郷内部の上郷と下郷が用水論争を起こし、分裂してしまったのである。事は、下郷が新たな用水路を開き、それにより上郷が水不足に悩むことになったというものであった。対松尾社の訴訟から下郷は脱落し、ついには訴訟も上郷の敗訴となった。

寛正の誓約　寛正二年（一四六一）松尾神社神田前からの分水は停止された。この用水に依存していた上野荘は、「なをもってみそ《(溝)》をふさき候間、五かの庄、かみの《(上野)》ゝ庄いつれもあれ《(荒)》候へく候」「もとのことく御まへのふち《(淵)》をとをし候やうに」「さやうになく候はゝ、かみの《(上野)》はかならす〱あれ《(荒)》候へく候、此ほかはよ《(余)》のれうけん《(了見)》あるへからす候」と訴えた。上五か郷は松尾神社に屈服せざるをえない。寛正三年三月、革嶋勘解由左衛門を口入人として、神田前の取水口開口を認めるかわりに、つぎのごとく誓約せざるをえなかった。

一、取水口には堤を築き、五か郷に適当な水を供給するため「戸板」を立てる。これで水量の調節をはかるのであるが、大水のときは戸板で水路をふさぎ、松尾社領内に水が入るのを防ぐ。もし堤防が破損したときは五か郷の責任で修理する。

一、将軍のお成りや勅使の通路には橋を架けることとし、もし破損したときは、その都度、五か郷方として修理する。

一、「神田流失分」（取水口設置に伴う田地の損失分で「川成」と称すべき分）を補償するため、年貢米七石を社家器物（＝松尾神社の枡）ではかり納める。いわゆる「井料」である。

一、口入人（＝斡旋者）革嶋勘解由左衛門の請文も松尾神社に納れる。

一、このほか、何事によらず社家に敵対することはしない。

文明の水論　寛正二年の幕府の裁決にもとづき、上五か郷（久世・寺戸・河島・富田・下桂）は石塔口から引水する旨誓約していたにもかかわらず、「一乱」――応仁・文明の乱中に新溝を開削して水を引くようになったとの松尾社の訴えにより、文明十一年（一四七九）六月、幕府は五か郷に対して「如レ元石塔口可レ通レ溝」と命じた。しかし、その松尾社および幕府の主張は、寛正三年の松尾社と五か郷との妥協を無視したものであって、五か郷側としては、とうてい容認できないものであった。妥協のあげくに獲得した神田前からの引水権を否定されることは、五か郷側にとっては断じて承引できないことである。松尾社は、五か郷が「新溝」を掘ったと非難しているが、これが①文字どおり新水路を開いたということか、②あるいは旧溝の復活を指しているのか、はっきりしない。ただ、用水路を開くことが大工事であることを思えば、①の場合は考えにくく、②の旧溝の復活、取水口の変更ということであろうか。

五か郷としては、松尾社の理不尽な態度は許せなかったし、松尾社の言い分に乗った幕府の裁決をも認めるわけにはいかない。しかもこの用水の問題は、上五か郷のみの問題ではなく、先に共同戦線から離脱した下六郷にとっても看過できないことであった。これを契機に上・下十一郷は再び団結し、松尾神社に対抗する。文明十二年三月十日、幕府は、「至㆓水路㆒者、如㆑元掘㆓通之㆒、郷々可㆑全㆓耕作㆒」と十一郷の要求を認めざるをえなかった。

㈤　田地売券の検討

革嶋氏の所領　在地領主革嶋氏の存在形態については、すでに研究があって、考察し尽されたかのごとくである。なかでも、最初に詳細な考察を行った尾藤さき子氏の論文(32)と、乙訓郡一揆の基礎構造を明らかにすることを目指しつつ、革嶋氏の支配の性格を考察した湯浅治久氏の論文(33)が、当面最も参考すべきものと考えるので、以下の論述も両論文のあとをなぞる形で進めざるをえないことを、まずお断りする。

在地小領主（「国人」層、あるいは「土豪」層、「荘官・名主」層など、さまざまな名称で呼ばれた）革嶋氏の在地における有り様は、尾藤・湯浅両氏が同様に検討しているごとく、「職《しき》所領」「買得地」などの性格の考察から入っていくことによって果たされよう。永正四年（一五〇七）家督をついだ革嶋泰宣の知行目録（二〇六号文書）が、十六世紀初頭における革嶋氏の所領の全容を示しているので、そこから見ていこう。目録に記された所領はつぎのごとくである。

①革嶋荘地頭職　②革嶋荘下司職　③高野田代官職　④南北荘内買得田地　⑤山城国内買得田地
⑥丹波国内買得田地

①革嶋荘地頭職……先に述べたように、建武三年八月、革嶋幸政は革嶋南荘領家職半分を地頭職として宛行われ、

同時に室町幕府御家人としての地位を獲得した（四九号文書）。しかし、この所職の保持は長続きしなかったと思われる。[34] 御家人の地位についても同様で、すでに明らかにされているように、革嶋氏は幕府奉行人伊勢氏被官であった可能性がたかい。

②革嶋荘下司職……これについても先に述べた。革嶋荘下司職は鎌倉期から代々相伝され戦国期に至る。革嶋氏は年貢・公事をとりまとめて近衛家に納め、代償として給分と荘内百姓に対する検断権が与えられた。文明十七年三月六日付の革嶋南荘代官職補任状（七六号文書）なるものがある。文書の宛所は「紹龍知蔵禅師」となっている。この人物がいかなる者か不明であるが、諸先学は代官職に補任された者が革嶋氏の当主であると前提して論じている。請負年貢額は本来の年貢の半分の二四石で、近年は不作との理由で二〇石を納めていたという。ところが当代官は一八石に請切り「不レ論二地下未進一」厳密に沙汰してきた。公事は銭で納め二貫二五〇文で、六月晦日に一貫文、九月晦日に一貫二五〇文を納めた。年貢米の納期は十一月二十日であった。この他に正月の鏡餅、六月の夏麦・小麦藁、十二月二十日に破木を沙汰するという。右の補任状の記載から、領家職半済分が革嶋氏に与えられていた[35]——というより「応仁の乱中に革嶋氏自身が実力で獲得したもの[36]」といわれる。

③高野田代官職……荘内にある山科家領高野田の代官職で、文明十三年において田地一町余、年貢米一六石と雑公事を負担した。尾藤氏は、公事物の押領・年貢未進の状況の中で、伊勢氏被官であった革嶋氏が代官に起用されたのであろうといい、[37] 湯浅氏はさらに一歩進めて、知行目録の作られた永正頃には山科家領である可能性はうすく、伊勢氏家領と化していたのであろうと推測している。[38]

④南北荘内買得田地……「革嶋家文書」中には、十五世紀および十六世紀の売券類が多量に存在し、従来これによって、革嶋氏による土地集積の状況が考察され、戦国期の在地小領主の性格を論ずる手がかりとされてきた。現

存売券の整理と考察は尾藤氏(39)、神田氏(40)によって詳細に行われており、とくに付加すべきものはないが、具体的に文書に即して若干の考察を試みることとする。

売券の考察　革嶋氏による土地集積を示す売券は、ほぼ親宣と泰宣の時代に集中しており、文明十五年（一四八三）から享禄二年（一五二九）に及ぶ。文書の残存のしかたを考えると不自然の感は免れない。この二代にとくに土地集積が活発に行われたという結論を導くことはできないが、残された売券類から買得の様相を探ることには十分意味がある。

〔史料3〕（九七号文書）

永代売渡申田地之事

合壱段佃壱石壱升八合　四至（中略）

合壱段佃壱石壱升八合　四至（中略）

合壱段鍛冶前弐石五斗　四至（中略）

合小者ハサマ五斗　四至（中略）

在丹波国桑田郡別院田能村之内

右件田地者、中沢三郎秀綱□雖レ然依レ有二要用一、直銭弐拾七貫七百文仁、革嶋新五郎泰宣仁永代売渡申処実正也、雖レ可二本証文相副一為二□目禄（録）一之間裡ヲ破セ申候、然ニ年貢米者□□仁五石三升六合也、為二一色之下地一間、無二本役万雑□申上者、作人為二買主一可レ被二宛行一候、後々不レ可レ有二違乱□一候、若向後為二売主子々孫々等一兎角申事者、私之一跡ヲ可レ被レ召候、其時一言細□之族出来者、於二　公方一可レ被レ処二御罪科一者也、仍而為二後証一売券之状如レ件

文亀参年癸亥十二月十三日

中沢三郎
売主□□（花押）
中沢弟
彦四郎（花押）
中沢三郎五郎
広綱（花押）
請人□

右の史料は丹波国桑田郡田能村にあった田地計三段小を中沢三郎秀綱から革嶋新五郎泰宣に売却したことを示している。その代価（＝直銭）は二七貫七〇〇文であった。こうした売買には、もちろん本証文（本券）が買人に渡されるのであるが、売券に記載された三段小以外の田地も本券に記載されているので、「裡（＝裏）を破る」[41]──その旨の裏書きをして本券を訂正するのみで、本券を買人（革嶋泰宣）に渡さないというのである。泰宣が買得した権利は何か。それを示す文言は売券に表わされている。①年貢米は納枡《おさめます》ではかって五石三升六合である。その内訳は売券に示されている。佃は領主の直営地であるが、果たしてこの時期に佃本来の性格を維持していたか疑問である。すでに地字化していたのかもしれない。斗代は一石一升八合となっている。一方、鍛冶前の一段は二石五斗という高斗代である。佃の方は、佃が本来の性格を維持していたとすると、おそらく収穫量の一部（約半分か）は領主の取得するところであり、残り一石一升八合が買人の得分となるのである。②後者、鍛冶前一段は文字どおり「一色之下地」で、領家職得分と名主職得分が未分化（というより両者が併合された）状態であった。③買人自らが領家であり名主である形であるから万雑公事は存在しない（納める必要はない）のである。永正十年（一五一三）十二月二十三日付革嶋泰宣田地売券（拾遺五七号文書）に「依レ為二一色進退之田地一、本役諸公事物等無レ之、斗代者段別納之枡定石代也」とあるなど、一色田が多い。④買得した田地について作人を徴募するのは買主（名主）の権限である。

〔史料4〕（拾遺五号文書）

永代売渡申西山頸《カサイ》田加地子事

合壱段者

四至（中略）

右件田地者、致二某買得一当知行無二相違一者也、雖レ然依レ有二要用一、直銭四貫文仁革嶋勘解由左衛門泰宣殿ニ支証売通相副、所二売渡申一実正明白也、但本所者仁和寺真乗院ェ五斗七升納桝定也、加地子者雖レ為二五斗一、依レ有二子細一九斗定谷野桝仁納レ之、此外無二万雑公事一、若号二子〻孫〻一違乱煩申輩出来候者、於二　公方一可レ被レ処二盗人之罪科一者也、仍為二後日一売券如レ件

永正七庚午年十二月十三日　下山田　宣阿弥（花押）

御車前　請人兵衛衛門（略押）

事書に明らかなように、売買の対象となったのは加地子得分である。この田地の本所は仁和寺真乗院で、納枡ではかって五斗七升が同院に納入される。買主革嶋泰宣が手にした権利は加地子五斗（ただし何かの子細があって九斗）を谷之枡ではかって収得するものであり、本所への公事負担はない。この権利はいわゆる加地子名主職である。

〔史料5〕（拾遺三一号文書）

永代売渡申田地之事

合壱段者（中略）

四至（中略）

合小者（中略）

四至（中略）
右田地者、鳥居橋平五郎基宗買得相伝当知行無二相違一地也、雖レ然依レ有二要用一直銭五貫五百文仁手継証文等相副革嶋勘解由左衛門尉泰宣江売渡申処実正也、但本役者九合五勺枡定六斗、谷観行坊江納レ之、此外無二万雑公事一、加地子徳分者拾合升定八斗也、又小者本所新免枡定仁麦三升四合納レ之、此外無二万雑公事一、加地子徳分者拾合升定参斗也、若号二子々孫々一違乱煩申輩出来在レ之者、於二　公方一可レ被レ処二盗人之罪科一者也、仍為二後日一、売券状如レ件

永正十癸酉四月晦日
売主鳥居橋平五郎
基宗（花押）
請人桂　四郎左衛門
上野　太郎衛門（略押）

田地一段小を鳥居橋基宗が五貫五〇〇文の代価で革嶋泰宣に売却した。二筆の田地はそれぞれ本所に年貢を負担する（本役）。加地子得分八斗と三斗が買人（泰宣）の得た権利である。本役に伴う万雑公事はない。大永五年（一五二五）十二月二十日寂福寺東南坊豪忠田地売券（拾遺四二号文書）の場合は本所西芳寺への年貢（本役）の納入は百姓が行い、[42]買人（泰宣）が名主得分を取得するとともに、本所へ公事銭（二段で一五〇文）を納めるということになっていた。名主職の売買に当たって雑公事を抜くことは、かなり一般的だったと思われる。文亀四年（一五〇四）二月九日付南左近田地売券（拾遺一三号文書）を見ると、「革嶋新五郎泰宣仁売渡申処実正也、但石見名内ノ高除ニシテ売渡申間、無二本役諸公事一」とある。「高除」とは見慣れぬ言葉であるが、前後の文意からすれば、公事抜きのことであろう。

〔史料6〕（拾遺三四号文書）

永代売渡申田地之事

合壱段者（中略）

四至

右田地者、谷之内下山田彦三郎男先祖相伝無二相違一地也、雖レ然依レ有二要用一、直銭弐貫五佰文仁革嶋勘解由左衛門尉泰宣仁永代売渡申処実正也、但本所者葉室浄住寺北坊六斗納レ之、又三斗加地子谷地蔵院江納レ之、此外諸公事無レ之、井料者本所加地子ヨリ出レ之、此外万雑公事無レ之、作職タル間証文無レ之、若号二子々孫々一違乱煩申輩出来者、為二 公方様一可レ被レ処二盗人之罪科一者也、仍為二後日一売券之状如レ件

永正十六己卯年六月八日　　谷下山田 彦三郎（略押）

下山田彦三郎から革嶋泰宣に田地一段を売却したが、その内容は作職であった。作職であるから証文（＝本券）はないといっている。本来の意味で作職とは、たぶん耕作権というべきものであろう。権利として確立したものであれば証文が成立するのではないかとも考えられるが、証文はないという。神田千里氏は、本券とは手継証文のことであり、作職は「先祖代々相続されてきた、手継証文作成の必要がないほど強固な所有権に属するもの」であると述べている。(43) さて〔史料6〕の一段の田地には「本所」分と「加地子」分が重畳している。作職には万雑公事の負担はかからず、井料も本所加地子から出すという。本所加地子は「本所・加地子」と並列させるべきであろう。大和国の例などに多く見られるように、井料（段銭）の負担は領主と名主が折半するものだったと見るのが妥当と思われるからである。(44)

〔史料7〕（一二三号文書）

永代売渡申年貢銭之事

合弐貫参百文内弐貫文者御料用銭三百文屋地子
右件料足者、雖レ為二慶林蔵主譲得地一、依レ有二要用一、直銭七貫五百文ニ革嶋勘解由左衛門泰宣仁（ママ）買渡申処実正也、手継弐通相副売渡申上者、不レ可レ有二他妨一者也、万一号二門徒法眷一有二違乱妨輩一者、為二　公方様一可レ被レ処二罪科一者也、仍而為二後証一売券状如レ件

永正十五年十二月十三日　　　慶林（花押）

泰宣が買得したものは年貢銭二貫三〇〇文の取得権である。御料用銭とは何か、理解しがたい。銭貨で取る点が同類文書中では珍しい。「革嶋家文書」中の売券では名主職・作職などの売買にさいして「公事なし」とするものが圧倒的であるが、公事負担を明記したものが、もちろんある。先にふれた大永五年十二月二十日付豪忠田地売券（拾遺四二号文書）では、名主が本所に対して公事銭を負うことになっていたが、他に二、三の例を求めることができる。

○永正九年十月二十一日周琛田地売券（一一二号文書）に「但本所雖レ為二桂東庄一、以二下地六段半一本役諸公事於致二沙汰一、相残七段余者無二諸役一」とある。

○永正十五年九月三日勝園寺下地売券（一二一号文書）に「御年貢ハ八合ノますに三石也、三年ニ一度ノ井料いて候、此ほかハ万さう公事なく候」とある。

○永正十七年五月十四日革嶋正宣田地売券（一二九号文書）に「但本所者、太秦仏餉田参斗三升段別納レ之、此外十二月仁公事木三把宛出レ之、当所斗代者、納舛定八斗代、此外無二万雑公事一田地也」とある。

以上数例を検討したが、革嶋氏が買得したものは名主職・加地子名主職・一色所領・作職などさまざまである。

ただ、室町期から戦国期に、右のような名主・作職、場合によっては地頭職についても、それを区別することが意

味を持つか疑問である。それらは一枚の田地の上に積み重ねられた「職」の一部にすぎないと思われるからである。

土地集積の意味　従来、革嶋氏の土地集積については、右に見たように、①加地子名主職（作職を含めて）買得による「地主」的側面と、②一職買得による一円領主的側面の二つの面のあることが指摘され、「半領主的半地主的性格」と称され、領主化の途は、明智光秀に与したという政治的な、そしてきわめて偶然的な事情によって挫折したものだと田端泰子氏はいう。(45) これより先、尾藤さき子氏は、右のような考え方に否定的な立場を示していた。(46) 神田千里氏もいうように、(47) 革嶋氏による「一職化」への指向性は確認されていない。(48) 尾藤氏の作られた買得地一覧表に従って検討しても、革嶋氏による「一職化」――領主支配強化への道筋を確かに見極めることはできないと思われる。

(六)　高利貸活動の問題

在地領主と高利貸付　藤木久志氏の著名な論文「畿内型の在地領主と高利貸機能」(49)（『戦国社会史論』）は、出挙・利銭と領主財政のかかわりを明快に示したもので、在地領主・在地小領主の性格を論ずるとき、その結論がしきりに引用される。加地子名主職を中心とする諸職の買得・集積の財源はそもそも何であったのか。単純なる農業経営の利潤を再投下したものと見るのは少し無理ではないか。「高利貸付―田地の集積」というテーマはいかにも理解しやすい側面を持っている。上島有氏はつぎのようにいわれる。(50)

加地子名主職の買得ということは、加地子名主が毎年作人から徴収する加地子得分の七―一〇年分に相当する「直銭」を買価として支払うかわりに、毎年一定の加地子得分を収得することである。したがって加地子得分はもはや庄園制的な年貢・公事ではなく、作人に対する無期限の貸付金ないしは投資金に対する毎年の利子ないし償還金の意味をもつものである。

上島氏は、高利貸資本家による、高利貸付による利潤追求と、加地子名主職集積による利潤追求とを並立のものとして見ている。

革嶋氏の場合　革嶋氏において、右の観点は維持できるであろうか。史料によって具体的に検討してみたい。

〔史料8〕（八八号文書）

永代売渡申田地之事

合（中略）

右之田地者、渡辺源左衛門尉当知行無二相違一私領也、雖レ然依レ有二要用一、直銭拾四貫文仁革嶋新五郎殿泰宣売渡申処実也、但両所弐段半本役米者、大岡之内斗子にて、中嶋方へ壱石三斗七升五合納レ之、十二月仁料足を三百文出レ之、此外無二万雑公事一、手継支証等可二相副進一処、他所ニ預置候間、此売券一通可レ為二肝要一候、若号二手継支証一、違乱煩輩出来之時者、於二　公方一盗人之罪科行可レ申候、仍為二後日一売券之状如レ件

明応参甲寅十二月　渡辺源左衛門尉光（花押）

（裏書）

「此料足者、来十月ニ本拾貫文利四貫文返弁可レ申御役束（ママ）也、返弁申候以後ハ此売券返可給候」

右の売券は、渡辺光から革嶋泰宣に私領の田地を売却したことを示す。直銭（＝代価）は一四貫文であるが、この額は「裏書」の「本拾貫文、利四貫文」に対応する。明応三年（一四九四）十二月、渡辺光は革嶋泰宣から一〇貫文を借りた。翌年十月まで一〇か月の利息は四貫文（四〇％）で、十月に計一四貫文を返弁する約束である。借

金が返済されればこの田地売却証文も渡辺光に返されるというのである。明らかに、革嶋氏が高利貸付による田地集積を行っていた史料となしうるであろう。

〔史料9〕（六九号文書）

借用申料足の事

合参貫文者

右料足者、毎月貫別に五十文宛の利平を加へ、来霜月中ニ返弁可レ申候、但質物にハ、中井殿のやしき壱所、同等持院の給の得分十合四斗九升同うりけんそへ進候、万一ふさた仕候ハヽ、此支証を文書として、永代御はからひたるへく候、仍為レ証状如レ件

寛正弐年五月十二日　　寺戸隼人正
成栄（花押）

〔史料10〕（一六八号文書）

「革嶋殿
進之候　寺との
隼人正成栄」

御返事なから委細承候、兼又質物不足のよし承候、自もすめ中井殿沽券二通、同やしきの沽券と合弐通進レ之候、子細なく候ハヽ、料〻此ものに渡給候ハヽ、悦喜可レ申候、万一しち物猶不足の事候共、先ニ料〻渡給て、参候而可ニ申談一候、恐〻謹言

五月十三日　　成栄（花押）

寺戸成栄が革嶋氏から三貫文を借りようと、利平（＝利息）および質物を挙げて申し込んだのであるが、革嶋方では、質物が足りないと渋った。これに対して寺戸成栄は使いに書簡（一六八号文書）を持たせ、とにかく三貫文を貸してほしい、さらに条件はあとで相談したいといっているのである。返済期まで六か月であるから、元本三貫

文に毎月の利平一五〇文を六か月分加え、三貫九〇〇文を返済することになるであろう。寺戸成栄は、結局返済できず、質物は革嶋氏の手中に入ったのであろう。

売価の端数の問題　以上の〔史料8〕〔史料9〕〔史料10〕は、革嶋氏による高利貸付の事実を直接示すものである。他の売券においては、その文面からただちに高利貸付の事実をうかがえず、たんなる田地売買のごとくにみえる。しかし、売券を通覧すると、つぎの事実に気づくのである。それは、田地買得の代価（＝直銭）が半端な数字を示すという点である。いくつか例示する。

一貫五〇〇文（九一号文書）、二貫三〇〇文（六〇号文書）、二貫五〇〇文（五九号文書）、三貫二〇〇文（七九号文書）、五貫三〇〇文（一四四号文書）、六貫五〇〇文（七〇号文書）、六貫九〇〇文（一一七号文書）、九貫一五〇文（拾遺九号文書）、九貫五〇〇文（七一号文書）、一三貫一二八文（拾遺三七号文書）、一九貫六二〇文（七八号文書）、二七貫七〇〇文（九七号文書）、三二貫五〇〇文（一〇八号文書）、五六貫八七五文（六三号文書）

こうした半端な数字を見れば、これをたんなる借金と考えるのは不自然である。〔史料9〕のごとき裏書きを持たないが、右の諸例は、利息つきの借金のかたに田地を取られたものと推測できる。質流れの結果が、革嶋氏による田地買得の形をとって示されているのである。端数を持つ直銭の例は他の地域においても広く見出すことができるが、少し例示してみる。

革嶋荘に近い、桂川対岸の梅津荘において、田地・屋敷等の売却代金が、一貫三三〇文（『長福寺文書の研究』三五二号文書）、一六貫四〇二文（同・一〇五号文書）、七貫四四〇文（同・一一一一号文書）など、いかにも半端な数字で記載されているのを見ることができる。これも、借銭元本に利子を加えた値であるにちがいない。また福田栄次郎氏[51]が整理された「田代文書」の和泉国大鳥荘関係の寛喜三年（一二三一）から長享三年（一四八九）に至る売券一覧を見ると、やはり端数を持つものを少なからず見出すことができる。

一貫八〇〇文（『高石市史　第二巻』二九七号文書）、二貫一〇〇文（同・四八号文書）、二貫一〇五文（同・三四九号文書）、二貫八〇〇文（同・二九五号文書）、二貫九五六文（同・三一八文書）、三貫九二〇文（同・三二九号文書）、六貫二八五文（同・三五六号文書）、八貫一〇四文（同・三二一号文書）、八貫四六〇文（同・三四七号文書）、一七貫二八四文（同・三五七号文書）

また、和泉国熊取の「中家文書」の中世文書九〇〇余通の大部分は売券であるが、そこにも、かなり端数を持った売価の記載を見出すことができる（史料は同文書の写真版による）。

一貫一〇〇文、一貫二五〇文、二貫七五〇文、二貫九五〇文、三貫一五〇文、三貫三三二文、三貫四六〇文、七貫一〇〇文、八貫二二〇文、米一石四斗六升、米一石五斗八升五合、米六石七斗四升

以上挙げたものは、いずれも利息つきの貸借関係を原因とする田地等の売却を示すものと見て誤りないであろう。[52]利息つきの賃借関係であり、また田地を質に入れながら、そのことが文書にあらわれてこないのはなぜか。それは、当時しきりに実施された徳政と関係がある。

徳政文言の存否　先に見た〔史料3〕から〔史料8〕までの売券には、いわゆる徳政文言がなかった。通常、徳政令の適用を免れるため、例えば「天下一同の御徳政候とも……」この売買契約は有効であるという徳政担保文言が「革嶋家文書」の売券には見られない。すでに神田千里氏が論じられたように、[53]徳政担保文言がないにもかかわらず、革嶋氏の買得田地は保証され、徳政令の適用対象とされなかった。その理由は、それら売買が「永代」売買だったからである。〔史料3〕から〔史料8〕までの売券にも、すべてそれが「永代売渡申……」と永代売買であることを明示していた。先に推測したように、質物を取りながらそれを記さず、永代売買の形をとったのは、それが

徳政免除の条件だったからである。利銭つきである場合、また質物を取った場合は徳政令の対象となり、買得者（革嶋氏）は当然買得田地を失う破目に陥るであろう。革嶋氏は巧みにそれを避けたのである。

重ねていえば、売券面に半端な金額を記載したのは、それが利息をも含むものだったからである。例えば、五貫文を借り、利平が一貫文につき五〇文とし、返済期限を六か月とすると、返済金額は六貫五〇〇文、一〇か月とすると七貫五〇〇文になる。大永六年（一五二六）十二月一日「天下一同徳政ノ時」幕府当局者の沙汰せる条々[54]のうちに、つぎのように見える。

一、借銭ノ時雖㆑加㆓利分㆒、預り状ニ沙汰ノ借㆑之事アリ、是ハ徳政不㆑行、利平ノ沙汰無㆑之故也、但、ハシタナル銭ヲ書載タル預状ハ、徳政ニ破ルヽ也、喩ハ一貫五百五文等、如㆑此之預状ハ徳政ニ可㆑行也、五文トハシタナル銭ヲ書載タルハ、定知ヌ、前々の利平ノ算用ヲ沙汰シ立テ後預タル故也云々（中略）

一、売券ヲ書アタエテ、借㆑銭事、徳政ニ破ルヽ、条勿論也

元本に半端な額の利子分を加えた預状が、通常の借銭を偽装したものであり、ために一貫五〇五文というような不自然な「ハシタナル銭」となっていることを、幕府当局はもちろん見抜いていたのである[55]。

以上のように見ると、革嶋氏の場合、その土地集積は高利貸付によるものが大部分だったのではないかと思われるのであって、従来いわれるごとく、革嶋氏の経済的基礎のひとつは、やはり高利貸付にあったといえよう[56]。

(七)　武家被官

惣領支配　すでに先学によって注目されていることであるが、「革嶋家文書」中の田地売券を見ると、①惣領から

庶子への田地配分の例があること、②惣領による庶子からの田地買得の例があることに気づく。

〔史料11〕（一一六号文書）

譲与田地之事

合参段小者（中略）

合弐段者（中略）

合参段者（中略）

合半者（中略）

右件田地者、革嶋勘解由左衛門泰宣相伝之下地也、然ニ新次郎正宣為二配分之地一所レ令二譲与一実正也、聊他妨不レ可レ有レ之者也、仍為二後日一譲与状如レ件

永正十二年十一月　日　　泰宣（花押）

解説するまでもないが、革嶋氏惣領泰宣が叔父正宣に田地八段三〇〇歩を配分したのである。ところが、この三年後に正宣は右の田地を手放すことになる。

〔史料12〕（一二二号文書）

永代沽却申田地之事

合八段三百歩者（中略）

右件田地者、革嶋正宣為二配当一相伝云地也、雖レ然今度当社御頭役、依□相二副証文一、直銭参拾五貫文仁革嶋又次郎就宣仁売渡処実正也、自然又五ケ年三箇年中ニモ、於レ致二調法一者、如二本銭一可二申受一、預二御許容一者、可二畏入一候、然上者、於二此下地一、若有二違乱之族一、可レ被レ処二盗人之罪科一者也、仍為二後日一受券状如レ件

永正拾五年十月　日　　　正宣（花押）

この田地は〔史料11〕で扱った田地そのものである。正宣は配当された田地を保持していたのであるが、[57] おそらく革嶋荘内の三の宮社（革嶋氏屋敷の西側にある）の頭役負担の必要から、代価三五貫文で惣領家就宣に右の田地を売却したのである。ただし、五年また三年のうちに金の工面がついたときは（致二調法一）本銭（＝三五貫文）支払いによって取り戻すことができるという約束であった。[58] 惣領家からの配当地については、永正二年二月九日付で、惣領親宣が賢寿比丘尼に田地を譲与したとき、「但於二此下地一者、他人ニ不レ可レ有二沽却一、若可レ売時ハ宗領（ママ）ニ可レ売者也」（二〇一号文書）というように、所領の他氏への散逸を防ぐため、売るときは惣領家に戻すよう規制を加えられている。

〔史料13〕（一三九号文書）

譲与田地之事

合壱反小（中略）

合壱反（中略）

右田地者、慶薫比丘尼仁譲与者也、聊不レ可レ有レ妨、但一期之後者、宗領（ママ）仁可二返付一者也、仍為二後証一状如レ件

享禄四年辛卯十二月廿三日　　道宗（泰宣）（花押）

田地二段小を泰宣が比丘尼に譲ったが、これは一期分であり、死去ののちは惣領の手に戻る定めであった。以上、いずれも惣領による庶子への経済的な扶助、換言すれば惣領による庶子統制の事実を示すものであって、財産の拡散防止の措置を示すものである。

〔史料14〕（一四一号文書）

譲与新五郎分事

一、惣地下百姓以下まで悉進退たるへく候、ゆつり□□□《(しゃう)》等皆可レ被レ取也

一、畠者大領田中畠北半分、南半分者次郎《(後宣)》方へ可レ遣候

一、将監分悉新五郎進退あるへく候

一、茶えんハたのかしらはかり次郎かたへ可レ遣候、のこりこと〳〵く新五郎かたへ可レ渡候、惣別惣領へとかく申仁躰ハ、道宗ゆつありとも取返へく候、仍ゆつり状如レ件

天文参年十二月十三日　　道宗《(泰宣)》（花押）

泰宣から孫の一宣への譲状である。一宣の父（すなわち泰宣の子）就宣は享禄四年（一五三一）に摂津国で討死しており、したがって祖父から孫への譲与となったのである。なお、泰宣は天文四年二月に卒去している。譲状において、末尾の、惣領に背く者の所領田地は、たとい泰宣の譲状があっても、惣領として取り戻すことができるとした点は注意される。

以上の事例は、戦国期に、革嶋氏が惣領の庶子に対する支配・統制をつよめ、一族としての結合を鞏固に維持しようとしたことを示している。戦国の激動の中にあって、一族の結束をはかり、下は農民支配に遺漏なからしめ、一方、めまぐるしく変わる上部権力に、いかなる形でか連なる、また連ならざるをえないことによって、在地小領主としての立場を守ろうとしたのである。

武家被官　革嶋氏の第九代幸政が建武三年以来足利尊氏の手に属して各地に転戦し、第十代景安も観応元年に河内国で軍功をあげ、第十三代貞安は応永三十四年細川満元に従って播磨に出陣したという。戦国期に入り、第十七代就宣は享禄四年摂津神尾表で討死、第十八代一宣は永禄八年将軍義輝の死後、本領を奪われて一時丹後国栗田荘

に住んだが、元亀元年織田信長に属して還住、同年越前で戦功をたてた。第十九代秀存、第二十代忠宣は永禄から元亀・天正の間、あるいは将軍に従い、信長に従い、長岡藤孝、明智光秀に従って各地に戦った（「系図」）。

京都近郊に住む土豪、小領主の宿命というべきであろうが、かれらは政治の圏外に安住することはできず、いなむしろ、小領主としての立場、権益を保全するために、積極的に上部の権力につながりを持とうとしたのだと思われる。革嶋氏は「百姓」として生きることはできなかった。荘園制の秩序の中で、革嶋氏は下司であり、経済的な基礎として名主職や作職、あるいは「一職」所領を保持し、在村の地主としての性格を持つが、それら諸職を維持・拡大するためには「武士」身分は必要な支柱のひとつであり、将軍、守護、あるいは有力大名権力に従属せざるをえなかった。京都西岡の地が著名な土一揆発源の拠点であったことを思えば、小領主革嶋氏が村落の農民たちを支配の下につなぎとめて置くためには、強力な武力的背景を必要としたのである。

(八) 村落における革嶋氏

「公方」による保障　中世社会において、人びとの諸権利（いま問題とするのは「得分」）を保障するものは何か。それは、①公権力（武力）、②個人の武力、③在地の法秩序・習慣などであろう。売券の文言に注目すると、

「若号二子ゝ孫ゝ一違乱煩申輩出来候者、於二　公方一可レ被レ処二盗人之罪科一者也」（拾遺五号文書）

との保障文言が見える。「公方」は、別の売券（〔資料6〕拾遺三四号文書）では「公方様」とある。「公方」の呼称は幕府、朝廷から守護大名、戦国大名、在地の地頭までを指す幅広い内容を含んでいるが、(59)「革嶋家文書」に見える「公方」は室町幕府を指している。(60)具体的には、革嶋氏が幕府政所執事伊勢氏の被官であり、そのルートを通じて便

宜をうる可能性があったと思われる。幕府は法的な後ろ楯であるに違いないが、保障を実効あるものとするのは、もちろん武力である。そして、より日常的な保障力となるのは、地域的な武力であり、それは革嶋氏がその中に属する「西岡諸侍」の地侍連合の武力であった。すでに指摘されているように、売券に名を残した階層は、いわゆる地下の百姓ではなく、名主層・地侍層・寺庵等であった。このことは、革嶋氏の高利貸付に起因する田地（得分）の移動が、地域の社会構造を変革させるものではなかったことを意味する。

村落による保障　永正十七年春の徳政令公布に関連して、革嶋氏と松尾社の間に紛争を生じたが、松尾社の主張は退けられ、革嶋就宣の知行安堵が幕府によって認められた（一三一号文書）。これに対して松尾社祠官らは、争われている田地が「神領」であることを楯に、返却を要求した（一三二号文書）。大永二年六月に至り幕府は就宣の知行を安堵し（一三一号文書）、その旨を「所〻名主百姓中」にも通知し、「年貢等、如二先〻一可レ致二沙汰一」と命じた（二八号文書）。それから一〇年余りのち、天文二年十月十六日にも、幕府は松尾社祠官らの要求を退けて革嶋泰宣の当知行を安堵し、またこの旨を「西岡諸侍中」（二九号文書）と「当所名主百姓中」（三〇号文書）に通知した。

革嶋氏の知行安堵の事実が西岡の諸侍（＝小領主連合）と「当所」の名主・百姓中（＝惣）に通知されることは、他面からいえば、革嶋氏の知行が小領主連合や惣によって支えられているということである。室町幕府が名主・百姓に宛てて奉書を出すようになるのは応仁以降のことといわれるのは、(61) 理由のあることである。形の上からいえば、革嶋氏の知行は、地侍連合と惣百姓の、重なりあう組織によって保障される。地侍連合は本質的には「惣百姓」を支配するための小領主連合であり、「惣百姓」は逆に抵抗の組織である。しかし、両者はときに手を携えて守護・幕府権力に対する抵抗組織を形成したりして、歴史の進行は必ずしも一筋縄ではいかない。いわゆる二重の「一揆」が在地の法秩序を形成するのである。

それにしても、小領主革嶋氏と在地（「当所」）の農民との間柄を示す史料は乏しい。革嶋氏が当所の「用水」に関与していたことは先に見た。村落上層、地侍層が用水をコントロールする役割を担ったことは明白であるが、戦国期に、堺論や用水について権力（戦国大名）側からの通告・命令を受ける窓口となったのも革嶋氏である（一二号文書、一三号文書）。

革嶋氏は名主として、当然耕作に従う「作人」を徴募する。先にもふれたが、売券中には、「作人ハ為二買主一可レ被二宛行一」（九七号文書）と明記したものもあった。しかし、革嶋氏は何よりも荘の下司であり、その意味で「惣地下百姓以下まで悉進退」（一四一号文書）が可能であった。

〔史料15〕（一八八号文書）

御未進物ミニ付めいわく仕候、御米壱石借用申候、来る九月中急度御算用可レ申候、此御米無沙汰仕候ハヽ、森之下の田地御取被成候て可レ被レ下候、そのとき一言御わひ事申間敷候、為レ其後日状如レ件

慶長十二年十二月廿三日

かわしまノ
彦左衛門（略押）
坊　主（略押）
口入
□右衛門（花押）

くわんさいさま（革嶋忠宣）へ参

彦左衛門が年貢を納められず、革嶋忠宣から米一石を借り急場を凌いだのである。九月末までに返済を約し、もし返済できぬときは森の下の田地を取られてもやむをえないと書いたのである。

慶長四年（一五九九）十二月二十八日付の孫介請文（一八六号文書）では、孫介が年貢の未進米を催促されて困っていたところ、「米壱石之御請取被レ下候」――九月中に返済するが、もし無沙汰のときは屋敷・田畠・藪を取られ

てもやむをえないと記している。「米一石の御請取を下され」という点に注目すると、この米は革嶋氏に納めるべきもので、納入したことにして請取りを出し、それを借米の形にし、新たに請文を書いたということになろうか。年貢未進で困却し、七八〇文を借用した例もあり（一八九号文書）、また米一石五斗を「しやく用」し「来あき《(秋)》なつしよ《(納所)》申候」と約した例もある（一九一号文書）。

これらいくつかの史料から、少なくとも近世初頭、村の地主的存在としての革嶋氏が、困窮した農民たちに米・銭を貸しつけ、あるいは年貢の肩替りをするなどして、近傍の農民を支配下に置いた様相をうかがうことができる。

㈨ おわりに

以上、主として「革嶋家文書」に拠りつつ、山城国革嶋荘と小領主革嶋氏について考察してきた。先行論文が明らかにした諸事実を超えることはほとんどできなかった憾みはあるが、個人的な問題関心にしたがって、史料にそって歴史をたどった。

革嶋の地は、京都西郊西岡に位し、中世後期、誰知らぬものもない土一揆発源の場であった。したがって、従来の諸研究も、主たる関心は土一揆との関わりで「土豪」「地侍」「小領主」としての革嶋氏の性格を明らかにしようとするところにあった。史料残存の情況から、問題は革嶋氏による田地集積にしぼられ、議論もこの点に集中したかのごとくであった。あるいは田地集積における「高利貸付」の問題が主題に据えられ、または田地集積の契機としての「武士的」側面を強調する論考、また得分を保障する諸条件の解説など、社会・経済・政治の各側面にわたる考察が積まれてきた。

しかし、「革嶋家文書」という文書群のみからの考察には限界がある。とくに課題解明に必須な、革嶋氏の農業経営者としての側面、村落における地主的存在としての側面はほとんど不明のままである。これらは、近傍諸荘園、村落に関する諸研究を総合的に摂取することによって達成されるべきものであるが、今回は、革嶋荘と革嶋氏に限定した報告にとどめたい。

注

(1)　革嶋荘と革嶋氏については従来多くの研究があり、本論文もそれら先行論文に多くを負っている。参照論文についてはその都度注記するが、主なものを一括して挙げておく。
①宝月圭吾『中世灌漑史の研究』(畝傍書房、昭和十八年)　②宝月圭吾・他「中世土豪の土地所有形態に関する一資料―『嘉暦二年近衛家領革島南庄図』について―」(『歴史学研究』一三八号、昭和二十四年)　③杉山博「山城国葛野・乙訓両郡条里補考」(『史林』三二―一、昭和二十四年、のち「乙訓郡の条里について」と改題して『庄園解体過程の研究』東京大学出版会、昭和三十四年に再録)　④今井林太郎「東寺領山城国上久世荘」(小野武夫博士還暦記念論文集『日本農業経済史研究』下、日本評論社、昭和二十四年)　⑤黒田俊雄「畿内荘園における在地の諸関係―作人・名主および土豪について―」(『日本史研究』一七号、昭和二十七年、のち『日本中世封建制論』東京大学出版会、昭和四十九年に再録)　⑥黒川直則「十五・十六世紀の農民問題」(『日本史研究』七一号、昭和三十九年)　⑦永原慶二「荘園制解体期における農民層の分解と農民闘争の形態」(『歴史評論』四四号・四五号、昭和二十八年、のち『日本封建制成立過程の研究』岩波書店、昭和三十六年に再録)　⑧尾藤さき子「畿内小領主の成立―十五世紀末における革嶋家の所領形成―」(宝月圭吾先生還暦記念会編『日本社会経済史研究』中世編、吉川弘文館、昭和四十二年)　⑨田端泰子「中世後期畿内土豪の存在形態―革島氏・寒川氏を中心に―」(『日本史研究』八二号、昭和四十一年、改稿のうえ、『中世村落の構造と領主制』法政大学出版局、昭和六十一年所収)　⑩上島有『京郊庄園村落の研究』(塙書房、昭和四十五年)　⑪脇田修「畿内在地領主の存在形態」(『織田政権の基礎構造　織豊政権の分析Ⅰ』東京大学出版会、昭和五十年)　⑫神田千里「戦

国期における山城国革嶋氏の活動基盤」（『史学雑誌』九六―九、昭和六十二年）⑬湯浅治久「革島氏の所領と乙訓郡一揆―『惣国一揆』の性格規定にふれて―」（『駿台史学』七七号、平成元年、『中世後期の地域と在地領主』吉川弘文館、平成十四年、所収）

（2） 後院および後院領については、八代国治「後院の考」（『国史叢説』吉川弘文館、大正十四年）、中村直勝「後院と後院領」（『歴史と地理』一〇―三、大正十一年）、橋本義彦「後院について」（『平安貴族社会の研究』吉川弘文館、昭和五十一年）参照。

（3） 雑役免荘園については、渡辺澄夫『畿内荘園の基礎構造』（吉川弘文館、昭和三十一年）、阿部猛『日本荘園成立史の研究』（雄山閣、昭和三十五年）、村井康彦『古代国家解体過程の研究』（岩波書店、昭和四十年）など参照。

（4） 『鎌倉遺文』十巻七六三一号。

（5） 『鎌倉遺文』六巻三七七二号。

（6） 建武三年八月二十五日革嶋幸政着到状（四八号の六文書）に「今月十三日峯堂令二馳参一候」と見えるが、この地は中世には丹波へ抜ける交通の要衝に当たり、しばしば戦場となった。明徳の乱（一三九一）において山名満幸軍は丹波から老ノ坂を経て峯の堂に陣をしき、逃走するときもここを通っている（『明徳記』中）。法花寺は室町幕府の庇護をうけ、西岡地方の主要な寺のひとつとなっており、永享五年（一四三三）ここを通った伏見宮貞成は「加藍猶殊勝、仏閣多建、羅漢拝見、此寺重宝云々」と日記（『看聞日記』）に記している。しかし、文明元年（一四六九）四月の合戦に放火され、大永七年（一五二七）柳本賢治軍により放火されるなどして、しだいに衰微したといわれ、天文三年（一五三四）頃には廃墟となっていたらしい（平凡社『日本歴史地名大系 27 京都市の地名』）。

（7） 九七号文書に「為二一色之下地一間、無二本役万雑□一」とあり、一〇八号文書に「為二一色田地一間、諸公事無レ之」とある。一色田については、島田次郎「畿内庄園における中世村落」（『日本中世の領主制と村落』下巻、吉川弘文館、昭和六十一年）参照。

（8） 田端泰子・前掲（注1）論文。

(9) 阿部猛『日本荘園成立史の研究』、同『中世日本荘園史の研究』(新生社、昭和四十二年) など参照。
(10) 安良城盛昭『幕藩体制社会の成立と構造』(御茶の水書房、昭和三十四年)、宮川満『太閤検地論』第Ⅰ部 (御茶の水書房、昭和三十四年) など参照。
(11) 宝月圭吾他・前掲(注1)論文。
(12) 杉山博・前掲(注1)論文。
(13) 尾藤さき子・前掲(注1)論文。
(14) 尾藤さき子・前掲(注1)論文。
(15) 宝月圭吾他・前掲(注1)論文。
(16) 石井良助『日本法制史概説』(弘文堂、昭和二十三年) 三五二頁。
(17) 日吉上分米について早く注目したのは豊田武『日本商人史 中世篇』(東京堂出版、昭和二十四年) で、私も『中世日本荘園史の研究』(第四章「荘園制下の生産と流通」) で少しく、述べた。また、黒田日出男『日本中世開発史の研究』(校倉書房、昭和五十九年) 四五二頁以下、網野善彦『日本中世土地制度史の研究』(塙書房、平成三年) 一六二頁以下、小田雄三「古代・中世の出挙」(『日本の社会史』第四巻、岩波書店、昭和六十一年) を参照。
(18) ただし、憲安 (幸円) が下司職を幸政に譲ったのは嘉暦元年 (一三二六) 七月六日付である (一九八号文書)。この前後関係は不審である。
(19) のち応安七年 (一三七四) 三月の革嶋南荘本所年貢公事注文 (拾遺一七号文書) によると、公事はつぎのごとくであった。①正月五日~吉書鏡餅一枚・小餅一せん・鮭一尾・若菜、②二月中~御料米段別二〇文、③三月晦日~人夫用途段別二〇文、④六月~うくめ段別二文、⑤十二月二十日~節料木一〇把、⑥段別五斗七升代、わら段別五束。
(20) 近世の「源家革嶋之伝記」(一八三号文書) につぎのように記されている。「文亀年中、義澄公へ訴訟有テ、飯尾左衛門大夫被二執申一、先祖幸政致二軍忠一之證文並尊氏公御判ヲ以テ言上江川山上ト云所ニ彼證文等飯尾被二預置一之処令二紛失一、依レ之子細飯尾下総守為レ頼右證文之写ニ裏判ヲ加ヘ被返投仰父子之状相添有之」

(21) 京都府立総合資料館『革嶋家文書について』(同館発行、昭和四十九年)三頁。
(22) 尾藤さき子・前掲(注1)論文、上島有・前掲(注1)書、神田千里・前掲(注1)論文。暦応元年(一三三八)十月四日付の重成奉書(五一号文書)によると、革嶋南荘下司職が「得平越後公御房」に安堵されている。後世の「押紙」の理解は「建武三年革嶋南庄下司職幸政地頭トナル、因テ得平氏下司ト成ト見ユ」とある。すなわち革嶋氏による地頭職・下司職兼帯を否定した意見である。五一号文書をどう理解するか、後考をまつ。
(23) 尾藤さき子・前掲(注1)論文、神田千里・前掲(注1)論文。
(24) 「革嶋家文書」には、一四世紀から一五世紀に入る頃(応永年間)まで、一通(拾遺六一号文書)を除いて、直接革嶋氏とかかわりのない譲状・売券等が何通か存在する。これら文書は現に見るとおり最終的には「革嶋家文書」中に入ったのであり、その限り、のちの売券等と連券あるいは副進文書の関係にあったものであろうと思われる。本文の叙述には直接的には関係ないので、省略に従う。
(25) 宝月圭吾・前掲(注1)書、二七六頁。
(26) 大日本古文書『東寺文書之二』二二号、応永二十六年七月日付東寺申状。
(27) 宝月圭吾・前掲(注1)書、二七八頁。
(28) 以下は、宝月圭吾・前掲(注1)書、一二一頁以下に詳しい。
(29) 「貞□」とある。系図によると、貞字を冠するのは、第十三代貞安であるが、弥七郎を称し、勘解由左衛門尉を称するのは第十五代親宣と第十六代泰宣の二人である。
(30) 以下は、宝月圭吾・前掲(注1)書、二七八頁以下に詳しい。
(31) 室町将軍は二月下旬から三月上旬に、花見のため西芳寺に参詣した。長禄二年は二月晦日であった(「蔭涼軒日録」)。宝月圭吾・前掲(注1)書、三一三頁注(六)。
(32) 尾藤さき子・前掲(注1)論文。
(33) 湯浅治久・前掲(注1)論文。

(34)　神田千里・前掲(注1)論文。
(35)　尾藤さき子・前掲(注1)論文。
(36)　神田千里・前掲(注1)論文。
(37)　尾藤さき子・前掲(注1)論文、三二三頁。
(38)　湯浅治久・前掲(注1)論文。
(39)　尾藤さき子・前掲(注1)論文。
(40)　神田千里・前掲(注1)論文。
(41)　応永十四年十二月十四日付革嶋光安田地売券（六三号文書）には、「本譲状并本目録之裏をわり申候上者……」と記されている。
(42)　永正四年二月九日付革嶋親宣地譲状（一〇四号文書・一〇五号文書）に、「参段半　本所新免百姓直納、得分弐石五斗」とある。
(43)　神田千里「中世後期の作職売買に関する一考察」（石井進編『中世の村と流通』吉川弘文館、平成四年）三二四頁。また、本券なしについては、笠松宏至「本券なし」（『日本中世法史論』東京大学出版会、昭和五十四年）参照。
(44)　阿部猛『中世日本荘園史の研究』九五頁以下、また一四〇頁以下参照。
(45)　田端泰子・前掲(注1)論文。
(46)　尾藤さき子・前掲(注1)論文。
(47)　神田千里・前掲(注1)論文。
(48)　脇田修・前掲(注1)書、六八頁以下、湯浅治久・前掲(注1)論文。
(49)　藤木氏の論文は、近江国の土豪朽木氏を例にとって論じたものである。湯浅治久「中世後期における在地領主の収取と財政―朽木文書の帳簿類の分析から―」（『史学雑誌』九七―七、昭和六十三年、湯浅前掲〈注1〉書所収）は同じく朽木氏についての詳細な研究である。

(50) 上島有・前掲(注1)書、二三八頁。

(51) 福田栄次郎「和泉国大鳥荘と地頭田代氏について—畿内村落と領主制の発展—」(『駿台史学』五号)。

(52) 田畠等の売券に示された売価には半端な数字のものが実に多い。本文で、革嶋荘関係以外の例をいくつか示したが、なお例えば、売券を多く含む『大徳寺文書』でも、四貫二〇〇文(八一四号文書)、九貫二〇〇文(八三六号文書)、六貫六〇〇文(八五〇号文書)、四貫八七五文(八七五号文書)、一四貫三〇〇文(五五五号文書)、二三貫二〇〇文(一〇三〇号文書)、四貫七〇〇文(一〇四七号文書)など多くを拾うことができる。また、時代はさかのぼるが、試みに『鎌倉遺文』(全四二巻)に収載されている売券一八〇〇余通を通覧すると、明らかに端数をともなうものを、かなり拾うことができる。著しいものを挙げる。四貫四五〇文(六二六七号文書)、四六貫六六〇文(九七〇号文書)、一貫五六〇文(一〇八六〇号文書)、九四貫一七二文(一四六九九号文書)、一五貫八五〇文(一五〇〇五号文書)、三貫二八〇文(一九六〇七号文書)、一一貫一五〇文(三二九三五号文書)、四貫六五〇文(二三六五一号文書)、二九貫四八四文(二四〇一九号文書)、一七貫三三二文(二六八二四号文書)、二貫八七〇文(三〇八〇〇号文書)などである。もっとも整数でも利分を含む場合はありうるのであって、端数をともなうものだけが元利合計を示すとは限らない。安貞二年(一二二八)十二月十六日付平某家地流分案(『鎌倉遺文』六巻三八〇〇号)によると、平某は負仏一〇貫文の代に左京の私領二五丈を質流れとした。この一〇貫は借りた本銭五貫と利分五貫の合計であった。整数でも利分を含むこと、かくのごとくである。

(53) 神田千里・前掲(注1)論文。

(54) 『中世法制史料集』第二巻、参考資料二四二~四条。

(55) 中島圭一「中世京都における祠堂銭金融の展開」(『史学雑誌』一〇二—一二、平成五年)は、祠堂銭について考察し、明応七年二月晦日付で紹鶴が清涼院祠堂方へ田地作職一段を七貫四四〇文で売却した例を挙げて「ハシタナル銭」について解説している。

(56) 田地売券の「直銭」(=対価)を本文のごとく考えると、従来しばしば行われた、売券を史料として田地の価格を表示し、そこから時代的傾向や地域差などを考えようとする操作は、慎重ならざるをえないであろう。直銭の額に利分が含まれているということになれば、直銭が田地の価格を示すことにはならないからである。そもそも、中世社会において、現代の私どもが抱くような「土地の価格」などという観念の存在を想定することは誤りであろう。売買されているのは「土地」ではなく、その土地から生ずる「得分」である。その内容は、領家得分であったり、名主職や加地子名主職、また作職などであり一様ではない。土地の面積が価格を決めるのではない。

(57) ここで「相伝」というのは、私どもがふつう抱く語感としては「相い伝える」「代々伝える」と理解しやすい。しかし、すでに明らかなように、本文引用の〔史料11〕〔史料12〕をあわせ見れば、ここには「代々伝える」という意味はない。新田一郎「『相伝』—中世的『権利』の一断面—」(笠松宏至編『法と訴訟』吉川弘文館、平成四年)参照。

(58) 文書が「永代沽却」といいながら、内容的には本銭返である矛盾をどう理解すべきであろうか。神田千里・前掲(注1)論文、五八頁。

(59) 笠松宏至「中世在地裁判権の一考察」(『日本中世法史論』)、入間田宣夫「中世国家と一揆」(『百姓申状と起請文の世界』東京大学出版会、昭和六十一年)。

(60) 神田千里・前掲(注1)論文。

(61) 上島有「室町幕府文書」(『日本古文書学講座』四、雄山閣、昭和五十五年)。

一一　大和田重清と文禄の社会

―「大和田重清日記」を読む―

㈠　日記

よく知られている記録であるが、佐竹氏の家臣大和田近江重清の日記なるものがある。自筆原本は佐竹氏旧蔵であるが、いかなる経緯を経たか未詳ながら、現在は千秋文庫（東京都千代田区）に収蔵されている。佐竹氏旧蔵時代、原本による明治時代の謄写本が東京大学史料編纂所にある。自筆本の表紙は左上のごとくである。「第二」とあるとおり、本来は二冊より成るものであったと思われる。現存日記の書き出しが「卯月十八日」からであることもそれを裏付ける。自筆本は美濃判一〇一枚である。昭和二十三年十一月、秋田の佐竹義栄家を訪れた小葉田淳氏は日記を一見し、翌年これを借りうけて熟読書写した。のち『日本史研究』四四～四六号、四八号・四九号・五二号（昭和三十四年九月～同三十六年正月）に掲載されて広く知られるようになった。編者小葉田氏は、昭和三十二年十二月、『神田博士還暦記念書誌学論集』(1)に「文禄年間一中流武士の日録―大和田近江重清日記について―」を発表し、日記の内容を摘記しながら紹介した。右論文はのち『日本経済史

文禄弐年　九州名護屋にて書之
従卯月拾七八日
至極月晦日　日ゝ記
第二

の研究』(2)に再録された。さらに小葉田氏は、史料編纂所にある「近江日記名寄」（一冊）を利用して「大和田近江重清日記人名索引」を作製し、これを『日本史研究』（五二号）に付載している。

大和田重清は佐竹氏の算用方をつとめ、転封先の秋田へも従い、慶長八年（一六〇三）に二〇〇石の扶持を給された。元和五年（一六一九）正月に没している。この「日記」は部分的にはすでに、さまざまな研究に利用されているが、いまここに改めて全文を読み通し、個人的な興味に惹きつけてではあるが、いくつかの問題をとりあげて述べてみたい。全編、小葉田氏の論文に多くを負うことを記し、まず謝意を表する。

(二)　名護屋にて

主君佐竹義宣は、文禄元年（一五九二）二月、三〇〇〇の兵をひきいて水戸を出発し、京都を経て、四月肥前名護屋に着いた。大和田重清もこの軍勢のなかにあった。重清の日記は文禄二年四月十八日から始まるが、その職務は朝鮮半島への出兵（渡海）準備であった。

五月二十三日、石田三成から招かれて、佐竹義宣は三成陣屋に赴き、渡海の命を伝達された。義宣は夜半に帰り、ただちに佐竹南義種、同北義憲および岩衆（岩城衆）にその旨を触れた。重清の仕事は、渡海のための舟と楯および下積米（＝兵糧米）を受領し、出陣する部隊に割り当てることであった。このころ、天候不順で雨の日が多く、また大風が吹いたりした。六月六日に出航した上杉景勝は大風のため港に戻っている。

六月十二日から重清は忙しくなる。まず十二日、渡海用の舟七艘をうけ取り、兵糧米二〇〇石と楯一二〇丁を受領した。その後この作業が続くのであるが、一覧すると表1のごとくである。下積米は南の御蔵からうけ取ってい

表1　受領兵船等一覧

月日	舟(艘)	楯(丁)	下積米(石)
6－12	7	120	200
13	5	84	140
14	7		
15	1		
16	2	18	
17	2①		
19	3②		
23	1③		300
7－1	17④		400
3	14⑤		340
4	31		
6		707	
計	90	929	1,380

注　①五反帆の舟。
②六反帆・七反帆・八反帆の舟。
③大舟。
④四反帆・五反帆・六反帆・七反帆の舟。
⑤四反帆・五反帆・六反帆・八反帆の舟。

るが、この蔵は本営の兵糧米蔵のひとつであろう。兵糧米は、のちの記載によると兵員一人一石の割合であった。楯は一艘に一〇丁ほどの割合になる。

七月六日まで受領が続き、つぎつぎと準備を整えて出船した。六月十五日に真崎宣宗・小貫頼久・太田五郎右衛門・石塚義辰・戸村義和が出港し、十七日に吉田隼人、十八日に宍戸外記、十九日に大塚信濃守、二十六日に大山・菅谷憲景の家臣、岩城衆が乗船した。七月四日に真壁・柿岡・小田・宍戸らが乗船した。しかし七日、「高麗より御吉左右アリ、モクソ城責落、首三千取トアリ、就之御渡海御無用之由」石田正澄・長束正家から佐竹義宣に使があって渡海は中止となった。そこで、うけ取った舟などの返却が重清の仕事となった。八日、下積米七六〇石を境（＝堺）の代官（松井友閑かという）に返済、十二日に二四五〇石の算用を遂げ、すでに渡海した一四四〇人分の兵糧米一四四〇石については請取状を渡した。

八月になり、十四日に江戸上野介が帰還、十五日に小貫頼久が帰った。島津家からの借分八〇〇石のうち五四〇石は返済し、残り二六〇石について預かり状を作成している。これとは別に石田三成から八〇〇石を借用しているが、うち一二〇石を下積米に積み、奉行から請取状をうけている。この借米は御蔵米であろう。

(三)　名護屋での日々

「日記」のなかから、生活にかかわる事項を拾い出し簡単な注解を加える（番号①②③……は表2中の番号①②③……に対応する）。

表2　生活関連事項抽出表

月日	事項
4-18	高麗の歌を聞く。茶①。酒②。湯づけ③
19	汁④
20	酒。風呂⑤。蹴鞠⑥。月待⑦
21	切麦⑧。つふね⑨
22	湯漬
23	酒。けし餅⑩
24	愛宕地蔵札をうける⑪
25	月次⑫。連歌
26	はやし⑬。蹴鞠
28	はやし。切麦。さたう餅⑭
29	蹴鞠
30	新茶⑮。町を見物。風呂
5-1	湯漬。蹴鞠
2	愛宕へ初穂
3	酒。茶
4	ゐそのまるやき⑯。たいのなます⑰。切麦。茶⑱
5	新茶
5-6	至宝集⑲。茶。さたう餅。蹴鞠
8	蹴鞠
9	湯漬。酒。蹴鞠。将碁⑳
10	風呂。湯漬
11	蹴鞠
12	蹴鞠
14	連歌。酒。さたう餅
15	風呂。唐人見物。蹴鞠
16	至宝集
17	連歌。俳諧
18	至宝集。ナス。大舟見物。香肉桂㉑
19	能見物㉒。餅。はやし
20	餅。茶
22	至宝集
23	茶
24	腹薬㉓
25	なまり㉔
27	薬
5-30	かうはん㉕
6-1	蹴鞠
2	酒。香㉖
3	湯漬。はやし
6	はやし
7	酒。茶。むし茶
8	茶。茄子㉗。餅
9	風呂。はた物見物㉘
10	ねり酒㉙。連歌
11	湯漬。瓜㉚。連歌。茶飯。こもが尺八を吹く㉛
13	茶。さうめん㉜。けし餅
15	ほしいい㉝
16	酒、茶。扇子㉞。みそ㉟。ろうそく㊱。連歌
17	ちょうちん㊲
18	茶
20	そろばん㊳。ちょうちん。月待

6-21	ちょうちん
22	ちょうちん。はやし
23	茶。にんにく㊴。うり畠㊵
24	茶。そうめん。うり畠
26	焼米㊶
27	瓜。酒。はさみ箱㊷。唐がんな㊸
28	けし餅。碁。ちょうちん。湯漬。双六㊹。香。はやし
29	官人帰唐之舟㊺。ほし飯。碁。酒
7-1	いんこ見物㊻。なまこ㊼
2	能を見物
3	切麦
4	辻切㊽。馬にくつ打つ㊾。ほし飯。吸物。酒。いんこ見物。みそ桶
5	酒。切麦。吸物。干魚㊿
6	茶。うす畳(51)。大豆
7	虫気(52)
8	干飯。酒。枡取(53)臼で茶をひく
9	酒。茶。瓜。花火(54)
7-10	腹薬。目薬(55)。茶。風呂
11	薬研(56)。枡取。酒。花火
12	昼寝をする(57)。カンボジアの舟を見物。孔雀の尾(58)。ザウノキバ(59)。酒
13	はやし。炭
14	火アブリ(60)。南蛮の舟(61)、にわとりを料理(62)、にんにく。桂心。胡椒。砂糖
15	そうめん。酒。茶。ひるね。花火
16	酒。干飯
17	切麦。唐人見物。連歌。花火。はやし。扇
18	紺の木綿(63)。布。火敷(64)。連歌。茶。ちょうちん
19	糸。薬研。障子張り(65)
20	月待。酒。大豆
21	帯。扇。薬研
22	酒。ガウハン。薬研
23	酒。菜飯(66)。牛殺しの処刑(67)
24	栗毛馬。ロバ(68)
25	小刀。けし餅。はやし
7-26	酒。麝香。碁。謡の本。はやし。まんじゅう
27	酒〈平戸・長崎へ〉
8-5	黒砂糖。茶。手火矢(69)。酒
6	針。阿仙薬。砂糖。酒。天秤(70)。むりやう。唐土。麝香。沈香。鉄砲。小豆餅。髪留。指かね。
7	南蛮筒。砂糖。酒
8	眼病祈念(71)。塩断ち。茶。砂糖。けし餅。野牛
9	能。砂糖餅
10	梅干
11	鶏を食す。餅
12	謡のけいこ。粟粥(72)
13	能。とば(73)
14	赤絵茶碗(74)
15	お月見
16	茶碗。酒。干飯。梅干。南蛮言葉を書く
17	砂糖。風呂〈18日。名護屋発〉

①彼らが日常茶をたしなんだことはよく知られているし、日記中にも記載が多い。

②酒も毎日のように飲んでいる。人の接待には欠かせないものであった。

③湯漬。蒸した強飯《こわめし》を熱い湯のなかに漬けたり、あるいは飯に湯を注いで食べる。夏の暑いときは水に漬けて「水漬」と称する。古代以来の食事である。

④汁は吸物であろう。

⑤風呂。もと蒸風呂であったが、この時代すでに水風呂である。

⑥蹴鞠の記事も多い。元来は公家の遊戯であったが、このころは大名・武士間でも流行したものとみえる。
⑦月待は月の出を待って拝む行事。二夜待・三夜待・十八夜待・十九夜待・二十三夜待などがあるが、民間では講を結んで宿に集まり、念仏を唱えたり飲食したりしながら月の出を待つ。重清は二十日に行っている。
⑧切麦は、小麦粉を練って、うどんより細く切った食品で、多く夏に、ゆでて水でひやして食べる。ひやむぎの類である。
⑨つふね、未詳。たにし？
⑩けし餅。煉あんを包んだ餅の表面に煎《い》った芥子《けし》の実を散らした餅菓子。日記にしきりに見える。
⑪愛宕《あたご》地蔵のお札。火伏せのお札であろう。五月二日には愛宕へ初穂を納めている。初穂は、元来は神仏や朝廷に奉るその年はじめてとれた穀物・野菜・くだものなどをいうが、一般に神仏に奉納する穀物や金銭をいう。
⑫月次《つきなみ》。「御北へ月次ニ参、梶原殿生雲川又西阿以上八人、連歌四十四句アリ」と日記にある。「月次連歌」であろう。定例の連歌会。
⑬はやし。囃の字をあてる。能の略式演奏の一つで、囃を入れて演奏する。横笛・太鼓・大鼓・小鼓を用いる。
⑭砂糖餅。砂糖を混ぜて甘味をつけた餅で、すでに『言継卿記』天文十一年（一五四二）正月二十九日条、『石山本願寺日記』天文十八年（一五四九）十二月十三日条などに見える。
⑮新茶。どこの茶かは未詳。日記のなかには「宇治茶」の名が見える。重清は堺の道葉から黒茶碗を買っており、九月二十五日、岐阜から御嶽へ赴く途中で初めて用い「黒茶わんニテ茶ノミ初ル」と日記に書いている。のち閏九月十四日義宣が水戸から太田に来たとき、この黒茶碗を借用しており、重清はこのとき茶碗を進上している。
⑯ゐそ（鱛）は、かまぼこなどの材料になる魚。おそらくこれはマエソであろう。体長五〇センチメートルほどで、背面は黄褐色、腹面は白い。口が大きく歯が鋭い。
⑰鯛の膾。細かく切り刻んで酢・みそ・酒などで調理したもの。
⑱この日、重清は北義憲に従って宗薫の庵に赴いた。宗薫は今井宗久の子で、秀吉のお伽衆として名護屋に滞在していた。日記の五月五日条には、宗薫の茶の手前が詳しく記載されている。「炭ハ食之前ニ被レ次、水次にて水を入後ニ被レ居《ヲカ》、手

水之間ニつきあけを開、はないけを被レ入、せいし《（青磁）》のつゝ《（筒）》也、つゝじノ花長くみちかくりん五か、水さしひさく被レ出、くきニかけて、ふた置ハ一番ゟたなニアリ、めんつニちやわんを入、なつめもちそへていて被レ立、ふた置をおろし、なつめの袋をはつしそのまゝふくさを取きんする、茶巾をしほり水さしの上ニ置、釜のふたふくさ物をとりからミてとる、茶は七すへいかに中ふたをしてふた置勝手へ直ひさくハめんつニ乗テ被レ置、又ふた置を直うす茶をとさいそくアル、思慮にて被二仕置一以後ふた直しに被レ取、水にてすゝき、水をさしふた置ひさくハもとのことくめんつを入、茶わん棗を入テ、水さしをも居なから被レ入、遠くゝり迄被レ送」。

⑲『至宝集』は『連歌至宝抄』のことであろう。同書は天正十三年（一五八五）、同十四年ごろの成立で、著者は里村紹巴。豊臣秀吉に献上された。第一部は連歌に対する心得を説き、第二部では発句・切字・脇・第三・面八句・てには（てにをは）などを解説、第三部で連歌に用いる語彙を四季・多義語・恋・雑などに分類して掲げ、略注を施したもの。『連歌論集』下（岩波文庫）に収める。重清はこの書を借り書写している（五月二十二日条）。

⑳将碁。平安末期の『新猿楽記』に「将棊」と初見する。天喜六年（一〇五八）の木簡とともに興福寺境内跡から出土した「玉将」など駒一五枚が最古の現存物とされる。戦国時代の公家や僧侶の日記に多く対局の記述が見られる。十六世紀末には現在と同じ駒数四〇枚となっていたらしい（増川宏一『将棋』Ⅰ・Ⅱ、法政大学出版局、昭和五十二・六十年）。

㉑肉桂はクスノキ科の常緑高木で中国雲南省やベトナムに自生。わが国には十八世紀前半に渡米した。樹皮・根皮を乾燥させたものを肉桂皮といい、健胃薬・香料とする。葉から香水を製する。

㉒能についての記述は日記の各所に見える。日記にはないが、文禄二年（一五九三）四月九日、名護屋城本丸で能が催され、その次第が『太閤記』に見える。

㉓腹薬。薬のことも日記に数カ所記述がある。

㉔なまり。かつを（鰹）の蒸したもの。

㉕かうはん。強飯、こわめしであろう。

㉖香。燻物《たきもの》として用いる香。

㉗「初テ喰」とあるから野菜のナスである。

㉘はた物見物。機物、はりつけ。中世の機物については、黒田日出男『姿としぐさの中世史』（平凡社、昭和六十一年）一二五頁以下参照。

㉙ねり酒。練貫酒。白酒の一種。蒸したもち米と酒をかきまぜ、石臼でひいて漉《こ》したもの。その色が練絹のようだったので名がある。博多の練酒は著名であった。

㉚瓜。ウリ科の果実を総称するが、古くはマクワウリをいう。

㉛こも。「虚無」で「こもそう（薦僧）」の略。『節用集』に「普化コモ或作レ薦」とある。尺八を吹くとあるから普化僧のことである。

㉜さうめん。そうめん。「索麵」「素麵」などの字をあてる。

㉝ほしいい。干飯、糒。米を蒸して乾燥させたもの。湯水に浸せば、もどして直ちに食用となるので、兵糧や旅行用携帯食とされた。

㉞扇子。『日葡辞書』には「センス。すなわち、ワウギ」とある。贈答用にも多く用いられた。

㉟みそ。桶に入れ、一桶・二桶とかぞえられている。みその製法は中国伝来。桶は円筒形の容器で、蓋《ふた》つきのものが樽《たる》。

㊱「らっそく」と書かれている。蠟燭。

㊲ちやうちん。提灯。もちろん携行用のもので、このころ、小田原提灯のごとく折りたたみのできるものが作られた。

㊳そろはん。算盤。室町期に中国から輸入された。初期のそろばんは上珠二、下珠五の形のもの。重清のころは国産ではなく輸入品の可能性が高い。

㊴にんにく。西アジア原産で、中国を経てわが国に渡来した。食用または強壮薬として用いられる。『節用集』に「葱蒜ニンニク　或云蒜又云葫」とある。「土用入付にんにく三粒ツ、のみ初る」とある。夏季の疲労予防に、にんにくを食べたのであろう。土用とは、陰暦で立春・立夏・立秋・立冬の前十八日間を指す。ここでいうのは夏の土用で小暑から立秋までの最も暑い季節。なお、土用にウナギを食べる風は古代に始まる（阿部猛『万葉びとの生活』東京堂出版、平成

七年）。

㊵うり畠。六月二十三日条に「太閤様うり畠ゟ御帰見物スル、御かち《徒歩》也」とあり、二十四日条にも「太閤様瓜畠之御遊山アリ」と見える。豊臣秀吉は諸将を会し商估販人を装い遊興し、秀吉自ら瓜商人となって興じたと『太閤記』に見える。

㊶やき米。焼米。いり米。新米を籾のまま炒《い》り、搗《つ》いて平たくし、殻を取り去ったもの。古代から用いられた携帯保存食。

㊷はさみ箱。挟箱。武家の公用の外出に際して必要な調度装身具を納め、背負って従者に運ばせた箱。

㊸唐ガンナ。鉋。わが国でも古来用いられてきたカンナはヤリガンナであって、現在使われる台ガンナは、もとツキガンナともいい、大陸から伝来したものである。大陸伝来のカンナは台の両側に握り棒が突出していて、これを握って前に推して削るものである。しかし、この握り棒は比較的早い時期にとれて、現在のようなカンナの形になったらしい。ここで「唐ガンナ」と称しているのは、握りのついた鉋のことに違いない。鉋については、村松貞次郎『大工道具の歴史』（岩波新書、昭和四十九年）、中村雄三『増訂 図説日本木工具史』（大原新生社、昭和四十九年）参照。

㊹双六。盤双六で、古代に中国から伝来した。起源はエジプトにあるという。室町期には社交を兼ねた遊興として公家社会で広く行われた（増川宏一『すごろく』法政大学出版局、平成七年）。

㊺官人帰唐之舟。中国（明）の官人か。

㊻いんこ。鳥のインコ。オウムと区別しがたい。オウムは平安時代すでにわが国に伝来していた（秋山謙蔵『東亜交渉史論』第一書房、平成十九年）。

㊼ナマコ。食用とするなまこ。

㊽つぢ切。辻斬り。武士が道で往来の者を不意に襲って斬るもので、言葉は『太平記』に所見。

㊾馬ニくつ打。わが国の昔の馬には蹄鉄を打つことがなかった。「くつ」は藁沓であろう。馬にわらじをはかせていたことはよく知られている（黒田日出男『姿とくらしの中世史』平凡社、昭和六十一年）。

㊿干魚。魚の干物。

(51)うすたゝミニヘリ付ル。薄畳に縁《ふち》をつけた。うすべりのこと。

52虫気。腹痛をともなう腹部の病気。腹中に住む三尸《さんし》の虫によって起こると信じられていた。なお、小児が寄生虫によってひきおこす腹痛、ひきつけをもいう。

53舛取。枡取。米の計量を行う専門家。中世の年貢米計量は納入者である農民の手によって行われることが多かったが、公定枡が一般的になると村役人的な農民に計量を任せることが多くなり、さらに職業化した枡取が出現する。日記では、下積の米を堺の代官に返却するに当たって「舛取ノ者両人」に依頼したのである。賃金は銀二〇匁とある（宝月圭吾『中世量制史の研究』吉川弘文館、昭和三十六年、三一四頁以下）。

54花火。古くは通信用に打ち上げるものであった。その製法・技術は南蛮渡来のものであろう。天正十三年（一五八五）夏、下野で皆川山城守と佐竹衆が対陣したとき、慰みのため互いに花火を焼き立てたという（『北条記』五）。

55目薬。「目薬サス」とあるから水溶液であろう。『言継卿記』天文十九年（一五五〇）二月四日条にも「目薬」と見える。

56やけん。七月二十一日条に「ヤゲン」とある。薬研。漢方医学で、製薬に用いる金属製の器具。細長い舟形で深いくぼみがある。ここに薬種を入れ、軸のついた円盤形の車でおし潰す。「くすりおろし」ともいう。

57ヒル寝。昼寝。午睡。平安時代からこの語がある。

58クジャクノ尾。孔雀の尾。孔雀の原産地はビルマ・インド地方であるが、わが国には六世紀末に新羅から伝来している。平安貴族の邸宅の庭に飼われていた記録がある。孔雀が珍重されたのは、貴族の異国趣味の故のみではなく、当時仏教教団では孔雀王経の修法が重んじられていたことにもよる。孔雀王経を読誦すれば諸龍歓喜して、もし雨滞ればすなわち晴れ、もし亢旱すれば必ず雨降るとされている。すなわち孔雀王経は農作物の豊穣を祈念するものであった。この修法には三茎の孔雀尾を必要とした（秋山謙蔵『東亜交渉史論』第一書房、昭和十九年、三頁以下、阿部猛『平安貴族の実像』東京堂出版、平成五年、一七七頁以下）。

59ザウノキバ。象の牙。工芸用材としての象牙は早くから伝来したが、生きた象は応永十五年（一四〇八）六月二十二日若狭国今富荘小津浜に着いた南蛮船によってもたらされている（秋山謙蔵前掲書、四八頁以下）。

60「江戸崎之者火アブリニ被ㇾ行」とあるから火刑である。

(61)「ナンバン仁ノ舟懸ル」とある。ポルトガル船が入港したのである。

(62)庭鳥ノ料理。鶏をさばく。それを見物したのである。日記には「鳥共之ふえ（＝のどぶえ）をサシ切テ、湯ヲワカシ立入毛ヲトル、ヤギリ（＝毛を焼く？）テ後ワタ（＝内臓）ヲトリ、首ヲ切テ捨、能洗テサトウ其外薬ヲ入、蓋ヲシテ二時程ニル、トリ上、サマシテ、其汁ニテ食ヲカシク《(炊)》、ニンニク・ケイシン《(桂心)》・コセウ《(胡椒)》其外様々ノ薬入ル、何ニもサトウ入也、焼鳥ニモサトウヲ付ル、キモ《(肝)》ヲ鳥ノ内へ入ル」とある。

(63)紺色に染めた木綿。室町・戦国期における木綿の普及については、小野晃嗣『日本産業発達史の研究』（至文堂、昭和十六年。のち法政大学出版局から復刊）、永原慶二『新・木綿以前のこと』（中公新書、平成二年）を参照。

(64)火敷《ひしき》。香をたくとき香炉の火の上に敷く雲母の薄片に金銀で縁《ふち》どりしたもの。香敷とも。

(65)「障子張」とある。障子はもとは板戸であったが、茶室建築の影響もあって、白い紙を張る明障子《あかりしょうじ》が普及する。「張」とあるが明障子か否か明らかではない。

(66)菜飯。蕪・大根などの葉をゆでて細かく刻んだものを、塩味でたいた飯にまぜたもの。近世初頭の回想記『おあむ物語』（岩波文庫）に、「その時分は、軍《いくさ》が多くて何事も不自由な事で、勿論、用意は、めんめんたくはへあれども、多分、あさ夕雑炊をたべて、おじゃった」（兄が山へ鉄砲うちに行くときだけ菜飯を炊いたが）「その時に、われらも菜飯をもらうて、たべておじゃったゆゑ、兄様を、さいさいすすめて、鉄砲うちにいくとあれば、うれしうて、ならなんだ」とある。

(67)他人の牛を殺した犯人二人が「ハタ物ニアガル」とある。はりつけに処されたのである。中世の刑罰のきびしさはよく知られている。

(68)ロバ。「驢馬」の字をあてる。ウサギウマともいう。わが国でも古代から知られていた。貞観十六年（八七四）従五位下に叙され兵部少輔ついで民部少輔となった三〇歳の菅原道真は、夜の明けぬうちに灯火のもとで身仕度をして、ロバに乗って出勤したという（阿部猛『菅原道真』教育社、昭和五十四年、九三頁）。

(69)手火矢。『日葡辞書』に「鉄砲」とある。また、火薬をしかけて敵中に投げて爆発させる火器という。

⑺テンビン。天秤。

⑻日記には「薬師眼病ノ祈念ニ十二灯上ル、同十二文、午時迄塩タツ、同三月宿願《ツキ》スル」とある。重清は眼病に悩んでおり、目薬を用いているが、毎月八日には、願かけをし、塩断ちをしたのである。十二灯は、神仏の供養に、年間一二本の灯明をあげること、また灯明料として一二文を納めるものである。塩断ちも、神仏への祈願に、一定期間塩漬けの物を食べないこと。

⑺アハガユ。米の飯を炊き、湯がふき上がったときに、水洗いした粟を入れて炊き込む。病人用の食事とされる。

⑺とば。苫。菅《すげ》・茅《かや》などを菰《こも》のように編んだもの。馬屋を造るための材料とした。

⑺赤絵チやハん。赤絵茶碗。赤絵とは赤色をおもに使った陶磁器の上絵付けのこと。宋赤絵、明赤絵。

(四)　平戸から長崎へ

名護屋在陣中の文禄二年（一五九三）七月、大和田重清は主君佐竹義宣の命を受け、長崎に赴いて船来物の購入を行うことになった。二十五日に君命をうけ、二十七日、皮袋に入った代銀一貫二〇〇目と注文書をうけ取り、山県正左衛門宣澄から銀六五匁四分と注文書を預かり、大山采女重光から銀一四匁と注文書を預かった。赤土勘左からはゼロリニモ宛の挙状を貰った。この挙状は紹介状といった意味のものであろう。ゼロリニモはヒエロニモHieronymoで、キリスト教徒の日本人かとみられる。重清は野上右馬介とともに従者人夫六人をつれて名護屋を出船、平戸に一泊したのち、二十九日に長崎に着いた。アリシアンディAlexandroなる者に、平戸で託された書状を渡した（ただし彼は留守であった）。その宿の亭主はリンスLuisといい、兄はヂャコウベ（ヤコポ）Jacopoといった。ヂャコウベは鈴一双と「ハント云南蛮ノ食事三ツ持参」したので、その返礼として重清は扇・小刀を贈った。

表3　長崎での購入物品

物　　　品	代価銀(匁)
段子（2巻)①	110.
緋段子②	68.
むりゃう（1反)③	22.
段子（1巻)	22.
段子	50.
緋段子	45.
段子（半端)	22.
蘇芳（20斤)④	11.
金襴の端⑤	5.5
しゃぼん（2)⑥	5.
麝香（半斤)⑦	110.
龍脳（9匁)⑧	45.2
沈香（3斤)⑨	45.
あせんやく（3斤缶)⑩	3.8
沈香（336匁)	32.9
麝香入物	1.5
蜜壺（1)	8.
髪どめ（25本)	1.
針（2束3,000本)	5.2
合羽⑪	104.
龍脳壺	0.3
金盃	1.2
硯箱	1.7
金の茶碗（9)	9.
七宝るり皿（6)	10.8
れいてんぐ⑫	0.44
びん（1)⑬	2.
硯箱	1.7
指かね（50)⑭	0.9
唐土（10斤)⑮	5.2
手火矢⑯	120.2

※同一物品名が繰り返し出てくる場合も，別個の購入である。

ハンはパンであろう。翌三十日にもアリシアンディのところを訪ね扇を贈った。戻って前日二十九日には、船来品購入のために南蛮人（=ポルトガル人）を肝煎として傭った。この人物は商売の仲介人ではなく、通訳または取引の世話係であろうと小葉田氏は推測している。長崎で購入した物品は多様であるが、列記すると表3のごとくである。反物類・香薬種・調度器具などであり、中国産・東南アジア産の物が多い。簡単に注記するとつぎのごとくである（番号①②③……は表3中の番号①②③……に対応する）。

①段子は緞子。地が厚く光沢のある絹織物。
②緋段子は緋色の緞子。
③むりゃうは、中国渡来の繻子《しゅす》に似た絹織物であるが、繻子より経（たて糸）が粗く光沢が劣る。
④蘇芳はマメ科の落葉小高木で、インド・マレー原産である。蘇芳の木の樹皮・材に含む色素を灰汁《あく》媒染により発色染色する。

⑤金襴は綾・繻子・羅・紗《しゃ》などの緯（よこいと）に、紙に金箔をはりこれを細かく切った平金糸で模様を織り出したもの。「金襴緞子」といえば高価な織物を指す言葉。
⑥石けん。スペイン語の Japon の古い発音に由来するという。
⑦麝香はジャコウジカの下腹部にある麝香腺を乾燥させた香料。紫褐色の粉末で芳香が強い。強心剤としても用いられる。
⑧龍脳樹（マレーシア原産）の心材に含まれる芳香物質で、香料に用いられ、材を蒸溜して得られる龍脳油は眼薬・歯痛薬に用いられる。
⑨沈香はインド・東南アジアに分布するジンチョウゲ科の常緑樹で、香木として珍重された。この材から採取したもので、光沢のある黒色の優品が伽羅《きゃら》である。
⑩あせんやく。アセンヤクノキ（熱帯アジアに生育）から製した薬剤で「阿仙薬」の字をあてる。カテピンを主成分とし、止血剤や清涼剤として用いる。
⑪「カツハ」とあり、小葉田氏は「合羽」にあてる。ポルトガル語の capa に由来する。キリシタンの僧の法服など、ゆったりしたガウン状の上衣。
⑫れいてんぐは「釐等具」の字をあてる。金銀など貴重品の少量までも量るのに用いる秤《はかり》のこと。
⑬ガラスのびんであろう。
⑭指かねは「指金」で、㋑指輪のこと。㋺縫物をするときの指貫のこと。後者であろう。
⑮唐土は中国の土か。何に用いるのか未詳。
⑯手火矢は鉄砲のこと。

当時長崎に来航したポルトガル船は、インドのゴアからマラッカを経てマカオに着き、マカオで日本向けの中国品を積み込み、長崎でこれを銀に易え、帰途マカオで銀を中国貨物に易えてゴアに帰った。日本への来航は西南季節風の吹く六、七月であり、帰りは初冬の季節風のころとなる。重清は平戸で、ちょうど唐人・南蛮人が着いたとの情報を得ているし、長崎では黒舟・白舟を見ている。黒舟はポルトガル船、白舟は中国船（ジャンク）であろうか（『日葡辞書』）。七月十二日、重清は名護屋で「カボチャ」（カンボジア）の船を見ている。この船からは、豊臣秀吉に生きた孔雀一羽と孔雀の尾五本、象の牙その他の品が贈られた。十四日には、佐竹南義種にお供して南蛮船（ポルトガル船）の着岸の様子を見物した。また同十八日、高麗人の歌を聞いている。

㈤　肥前から京都へ——旅について

大和田重清は、文禄二年（一五九三）八月十八日に肥前名護屋を発って常陸へ向かう。重清の一行は、重清のほか小者甚五郎、同三七と常陸石神の人夫ら六人であった。小黒と呼ぶ乗馬一疋をともなっていた。その経路はつぎのようであった。

〈八月十八日〉名護屋→ハマクボ。一〇里。雑用三九文。

〈八月十九日〉ハマクボ→博多。六里。雑用五七文。暗いうちに出発し、重清は一里半を徒歩で行った。博多に着くころは雨になった。途中で「こさわし」（＝きざわし、柿）を食べた。重清は宿で灸をすえた。

〈八月二十日〉博多→上（植）木。八里。雑用七六文。宿舎悪しく「形少」《ママ》と同宿した。ナンバン詞の書物（ポルトガル語の書物）を渋江政光に貸してあったが返却をうけた。

〈八月二十一日〉上木→豊前小倉。六里。雑用四八文。芳賀殿の衆は宿に宿札を打った。江戸時代の例では「何々様御泊」と書いた木の札を竹の先につけて立てる。陪臣の宿泊の場合は奉書紙を貼るという。供の徒歩の者六人に飯代三六文を支払った。乗懸の鞍を銀一〇匁で購入した。

〈八月二十二日〉 小倉→長門こう。四里。雑用一〇八文。「こう」は国府であろう。長門国府は現在の下関市長府にあった。海峡は四端帆の船で渡った。旅宿では「シャウジン食喰」――精進料理を食べた。関で豊後染一端を一匁五分で購入した。神宮（功）皇后宮へ参詣。

〈八月二十三日〉 国府→よしみ（吉見）。七里。五つ時まで雨であった。

〈八月二十四日〉 吉見→大崎。八里。雑用一〇〇文。

〈八月二十五日〉 長門大崎に逗留。陣屋が混んでいたのでミギ田の崇寿寺へ陣替えとなった。川漁で鮎七十余疋をとった。崇寿寺の住持の茶のもてなしをうけた。雑用四八文。

〈八月二十六日〉 ミギ田→甲カダ。九里。鮎をたべる。雑用七八文。

〈八月二十七日〉 甲カダ→周防岩国。五里。宿舎は永興寺。鮎料理あり。雑用四七文。

〈八月二十八日〉 岩国→安芸広島。一〇里。雑用一六七文。

〈八月二十九日〉 広島→安芸たかや（高屋）。一〇里。雑用一四三文。

〈九月一日〉 高屋→備後ミハラ（三原）。六里。雑用四八文。

〈九月二日〉 三原に逗留。雑用八九文。

〈九月三日〉 三原→備後セナ田（瀬名田）。八里半。陣屋に宿泊できず、半道ほど先に通る。「宿所散々」と記されている。雑用六七文。

〈九月四日〉 瀬名田・備中宮内。一〇里。一里ばかりは徒歩で行った。供の徒歩の者は御簾川を歩いて渡った。川は浅かった。荷物担ぎの人夫が疲労したので馬をやとい荷を運ばせたが、九里を六八文であった。駄賃について、翌日の宮内→香登間では三里半が二八文であったが、日記から駄賃の例を拾って列記すると表4のごとくで、およ

表4　駄賃

里数（里）	駄賃（文）	駄賃（文／里）
9.	68	7.55
3.5	28	8.
16.	116	7.25
5.	43	8.6
3.	30	10.
16.	122	7.6
7.	62	8.8
10.66	80	7.5
12.5	107	8.56

そ、一里・一駄・八文前後であったとみられる。さて、御簾川で鮎をとり、ついで一宮大明神（吉備津神社）に参詣し、初穂一三文、牛王三文を納め、百合若大臣の鉄の弓と称するものを拝観した。釜殿の釜鳴りを聞いた。初穂三文を納めた。宿の亭主が菓子を持参した。雑用駄賃とも一六六文。吉備津神社については、のち天和二年（一六八二）の岡田惟中の紀行「あまの子のすさび」（巻三）に、「其翌日の舟のたより有て備中宮内にわたる（中略）、社司は賀陽信親の祝部上番中番下番高安の何がし、藤井末吉、かれもこれも従来知たる人なれば、みちびかれて見ぐりぬ、百合若大臣のもち給ふ七尺五寸の鉄の弓、射場氏藤太夫引折りしなど、おほこのむかし語りを聞きて、細谷川のほとりに吟行す、それよりかの鳴動する釜の詣ふで俳句つぶやき退く云々」とある。また寛政ごろの「春奏浪話」に、「近き世のことなれども此国に伊庭藤太夫という精兵あり、備中吉備津宮に昔より鉄の弓あり、誰が奉納せしことを知らず、俗に百合若大臣の弓という、是は弦をかけて藤太夫引試みけるに其弓半より折たり、此事世の人口にあり、引折たる弓今社頭にありといへり」とある。(3)

〈九月五日〉　宮内→カヽト（香登）。七里。うち三里半の駄賃は二八文。宿の亭主の煩いに、薬を遣わした。雑用一〇五文。

〈九月六日〉　香登→片嶋。九里。予定した陣屋は不都合で他に移った。片嶋では「銭買」をした。雑用駄賃とも一二〇文。

〈九月七日〉　片嶋→大窪。一〇里。揖保川や加古川は徒歩で渡った。浅かった。雑用駄賃とも一四八文。

〈九月八日〉　大窪→西宮。九里。朝は餅を食べて宿を発った。同行の人見主膳は、供の者が前日片嶋で喧嘩し、その始末のため残留した。人見は喧嘩の当事者を搦め首を刎ねた。西宮の宿には敷物（夜具？）がなかった。雑用駄賃とも一三六文。

〈九月九日〉　西宮→山崎。九里。夜中より大雨大風で「木竹ヲ吹折洪水」とある。馬の飼料に大豆なく稗をあてた。

〈九月十日〉　山崎→大坂。六里。ヒトツ屋の瀬を舟で渡り、代物一貫を支払った。塩ノ町の旅籠に宿す。旅宿には「はたご（旅籠）」と「キチン（木賃）」がある。のち落合・奈良井・望月では木賃に泊っている。木賃宿は現今でいう素泊りであって食事の用意がない。木賃とは薪の代金（木銭《きせん》）のことで、もとは宿泊者が自炊するための薪代をいう。これに対して旅籠は、元来は馬の飼料を入れて持ち運ぶ旅行用の籠のことであり、また旅行に際して食物や手回り品を入れて持ち歩く籠をいい、そこから、食物、旅館の食事を意味するようになる。食事を摂ることを「ハタコヲ喰」と日記は記している。また、のち閏九月五日笠間を出発するとき、早朝「シタヾメナシニ立ツ」と記しているが、「シタダメ」とは食事のことである。

〈九月十一日〉　堺見物など。雑用駄賃一〇三文。

〈九月十二日〉　供衆の宿に宿札《やどふだ》を打った。風呂に入る。宿の亭主は芥子餅を振舞った。

〈九月十三日〉　「食不レ成シテカユ（粥）ヲ所望シテ喰」とある。四人の食事代三度分として銀一匁三分五厘を渡す。

〈九月十四日〉　大坂→京都。銀三匁で黒茶碗を手に入れた。

㈥ 京都にて

九月十四日から二十二日まで、重清は京都に滞在した。この間さまざまな物を購入している。布・撚綾《よりあや》・かが染（加賀染?）・紅布・しじら（綾の経《たていて》と緯《よこいと》の張りの不均衡によって表面に凹凸があらわれるようにした織物）・ぬめ（天正年間中国から西陣に伝来した織物。精練・裏糊を施したもので、書画の絹本地、ふくさ地、帽子裏、造花などに用いられる）・島（縞、二種以上の色糸を用いて、たてよこに筋を織り出した織物）・下緒・筆・茶（宇治茶の名が見える）・靫《うつぼ》の皮・鼓の皮・梨地の鞍鐙・印籠などで、商店の名としては、松屋・針屋・米屋・八文字屋・彦四郎・紅屋・裏辻の宗賀・蒔絵屋小鶴屋・宗意などである。このうち宗意は、佐竹氏と特別な関係のあった商人であり、九月十六日、重清は宗意を訪い茶碗を贈った。宗意は重清と同道して買物の斡旋をしている。翌十七日にも宗意は重清に同道し、値段の交渉をしている（「宗意同心シテ御かい物ノねキハムル（極）」と日記に見える）。宗意は佐竹家の人びとに対して金・銀両替の世話もしている。のち、元和・寛永のころには宗喜なる人物が佐竹家の御用をつとめていた。おそらく、地方の大名家は京都で諸物資を調達するために、御用達商人を指定していたものと思われる。

㈦ 京都から常陸まで

九月二十二日に重清らは京都を出発し常陸に向かう。

〈九月二十二日〉　京都→草津。二条から山科までは馬に乗り、山科から近江大津までは徒歩。八橋まで舟に乗り、五つすぎに草津に着いた。雑用四八八文。

〈九月二十三日〉　草津→高宮。雑用九一文。

〈九月二十四日〉　高宮→美濃岐阜。一六里。雑用三六文。

〈九月二十五日〉　岐阜→御嶽。購入した黒茶碗ではじめて茶を飲んだ。夜、地震があった。太田の渡船のあと駄賃馬がなく、乗馬小黒に荷をつけ、重清は三里を徒歩で行った。

〈九月二十六日〉　御嶽→落合。一二里。旅籠を都合できず、木賃宿に泊った。雑用駄賃とも九二文。

〈九月二十七日〉　落合→上松。一二里。ツマコ（妻籠）まで四里は徒歩、野尻からは小黒に乗った。宿の食事に肴がなかったので鮎をつけた。野尻では大豆がなく、馬に麦を食わせた。雑用一三一文。

〈九月二十八日〉　上松→奈良井。七里。福島までは徒歩。鳥居峠も徒歩で越えた。峠はすでに霜の降る寒さであった。宿は木賃であった。雑用一〇四文。

〈九月二十九日〉　奈良井→下諏訪。七里。三里は徒歩。塩尻峠は雨であった。宿に着き餅を食べ湯に入った。この日、七里の駄賃は六二文。旅籠代が一〇四文、雑用一三一文であった。夜には雪が降り、夜と暁と二度も湯に入った。

〈閏九月一日〉　下諏訪→望月。六〇里。日記にはこの「六十里」について「関東道」と冠している。関東道とは一里六町で、一里三六町のそれと異なる。一里六町制は北条氏分国や武田氏分国内で行われていたものである。(4)

〈閏九月二日〉　望月→松井田。七五里。追分・軽井沢・坂本で馬を継ぎ、駄賃は一〇七文であった。筑摩（千曲）川には橋がなく、川越えに一文を追加した。坂は徒歩で越え、坂本から馬に乗った。軽井沢の問屋ではそばを食べた。

〈閏九月三日〉 松井田↓新田。九〇里。未明に出発。板鼻で馬を継いだ。雑用八文。
〈閏九月四日〉 太田↓富田。四五里。雑用七文。
〈閏九月五日〉 富田↓笠間。笠間には宿がなく、小山刑部と同宿した。供の者たちは「小宿」をとり旅籠とした。翌朝は食事を摂らずに出発している。
〈閏九月六日〉 笠間↓水戸。駄賃二三文。

(八) 通　貨

大和田重清は、各種の支払いを銀や銅銭で行っている。銀はもちろん秤量貨幣として用いられる。四月二十日条に「艮《(銀)》百拾八匁四分うる、此代十貫三百七十九文也、此内艮残而八匁帰ル」とある。また七月三日条に「艮五十九匁七分こす。七分へりめ、此代五貫三百六十也、但十壱匁之さん《(算)》用也」とある。「但」以下の数字は、銭一貫文（一〇〇〇文）の銀相場を示すものである。九月六日播磨片嶋では「銭買」として「艮十匁五分此代壱貫五十文請取」とある。一匁＝一〇〇文である。岐阜では「銀十匁六分ニ銭壱貫文買、艮次ナリトテ六分入テトル」とある。一匁＝九四・三文である。ここでは銀を銭に替えることを「銭を買う」といっている。岐阜の場合「艮次《つぎ》ナリトテ……」の文言がある。これは、銀が少し劣る（質が悪い）ということで、通常ならば一〇匁＝一貫文となるべきところ、六分付加せしめられたのである。九月十七日京都で銭を買ったときは、専誉なる者に依頼し、銀二四匁五分で銭二貫九一五文、すなわち、一匁＝一一八文で、かなり有利であった。

金を銀に替えることもあり、九月二十一日京都で宗意に依頼している。「金拾三匁三分宗意憑両ニ替ル、此艮百十弐匁七分アリ」と記されている。これを「両ニ替ル」と称している。金を以て銭を買う場合もあり、九月二十七日野尻で「金壱匁うる、より銭八百文請取」とある。金には砂金と吹金の両種ある。十一月三日山方対馬の斡旋で砂金三両を二六貫で買い、すあい（牙儈）に一五文与えている。また黒沢監物の肝煎で「ハツシ金」（吹金）二両一分三朱を二三貫文で買い、すあいに一〇文を与えた。この場合、すあいは「金の品位量目の秤定に従」い、一五文・一〇文はその代償であろうという(5)。

「より銭」は「撰銭」で、善銭（銅銭）をいう。周知のごとく、中世社会では多種多様な鋳造貨幣が流通しており、売買交易に当たっては当然銭を撰ぶことが起こり、支払いには悪銭を、うけ取りには精（善）銭をという傾向が存在した。重清は九月十六日京都で、田中若狭守に依頼して永楽銭を取り寄せ、八一一文を手にしていた。同日従者の左介が常陸へ下るとき旅費として二〇〇文を与え、別に永楽銭三〇文を添えてやり、九月二十日小者八人に永楽銭二〇文ずつ与えている。閏九月二日、松井田宿で旅籠賃に五三文を払ったが「永楽五十三文」と「永楽」の字を冠している。これは、東国では永楽銭が高い価値で基準銭として流通していた事実を前提として解しうる事柄である。これに比して畿内・西国では永楽銭は善銭として基準銭の一種ではあったが、格別価値が高かったというわけではなかった。悪銭は大量に流通しており、閏九月三日、松井田から新田に至る途次、駄賃四一文を支払ったが、このうち六文分は「ビタ十二文」で払っている(6)。

(九)　商人たち

日記の十一月十七日条によると、重清は反物を買い求めようと、山方対馬久定らとともに小川宿に止宿していた

「アキ人」のところへ赴いた。この商人は堺の商人であった（「境衆」とある）。「境衆ノ宿」とあり堺商人の定宿であろう。「遠山所」「源谷所」「越後所」などと見えるのも、いずれもこうした商人宿であったろう。堺商人のほか、「宮衆」「伊勢衆」が見える。伊勢衆は伊勢国からきた商人であり、宮衆は宇都宮か（永原慶二氏説）那珂郡大宮（小葉田淳氏説）の商人と考えられる。[7] 購入に当たって理介なる者が介在し、値段の取り決めに当たるなどしているが、「市右衛門旅人ノ物合拾五たん此代拾弐貫四百五十文越後理介渡残而七貫七百五十八越後ニ預テ置」（十一月十八日条）と見えることから、理介が越後所（宿）の主《あるじ》であり、商人宿の経営者、さらに佐竹家の諸品調達に際して、代価を預かったり値段のかけあいをするなど、仲介的役割を果たす者であったと思われる。堺商人・伊勢商人・宮商人らは「旅人衆」であり、水戸の町に店舗を持たず、越後理介のごとき「宿」に荷を卸したのであり、理介は「商品の預りあるいは委託販売も行ったもの」[8]と推測される。商人宿兼販売代理店というところであろう。なお外来商人としては「京ノ材木や源四郎」なる者も見える（十一月九日条）。

京都の宗意のごとく佐竹家御用達をつとめていた商人、いわゆる御用商人の存在なくしては大名領国の経営も成り立たない時代となっていたが、年貢米の換金も重大事であった。十一月二十八日条に、「宝積寺ノ御こく（穀）放候金、御奉行衆へ越中所ニテ渡ス、弐分《フン》出ル、スナハツシトトモニ合五両弐ブノ請取ヲ奉行衆ヨリトル、拾三貫五百五十也」と見える。宝積寺は佐竹氏の直轄領（蔵入地）であり、その年貢は御蔵に収納されており、これを売却したのである。[9] 売却代金は「スナ」すなわち砂金と「ハツシ」すなわち吹金の二種で五両二分であった。「越中所」とあるのは、やはり「宿」である。日記からは明らかでないが、「越中」は御用出入商人、蔵本かもしれない。[10]

直接「日記」とはかかわりはないが、米の集積と移動の問題には未詳のことが多い。反物や装飾品など奢侈品については、軽量であり（軽貨）その運搬は容易であるが、米すなわち重貨の運搬には多くの運賃がかかる。米の陸上輸送にはコストがかかりすぎる。大量の運搬には船舶によるのが有利である。豊臣秀吉の小田原攻めや、当面の文禄の外征などには大量の米が兵糧として集積される。小田原攻めの場合、小田原周辺の伊勢湾沿岸から船で大量の物資の送られたことが明らかにされている。(11)しかし、これらはコストを無視した「戦時」の例であり一般化できないであろう。日常的な「米の移動」については未詳のことが多い。年貢として集積した米は、どのように消費され、余剰はどのように売却・流通したのか必ずしも判然としないのではなかろうか。

注

(1) 『神田博士還暦記念書誌学論集』は、神田博士還暦記念会編、平凡社、昭和三十二年。
(2) 小葉田淳『日本経済史の研究』は、思文閣出版、昭和五十三年。
(3) 小葉田淳「文禄年間一中流武士の日録―大和田近江重清日記について―」、前掲（注1）書、六三七頁。
(4) 相田二郎『中世の関所』（畝傍書房、昭和十八年）。
(5) 小葉田淳・前掲（注3）論文。
(6) 通貨の問題については小葉田淳『改訂増補　日本貨幣流通史』（刀江書院、昭和十八年）を参照。
(7) 永原慶二『戦国期の政治経済構造』（岩波書店、平成九年）、小葉田淳・前掲（注3）論文。
(8) 小葉田淳・前掲（注3）論文。
(9) 永原慶二・前掲（注7）書。
(10) 戦国大名の「蔵」については、阿部浩一「戦国期の『蔵』と蔵本」（『戦国期の徳政と地域社会』吉川弘文館、平成十三年）が、後北条氏の場合を詳説している。
(11) 永原慶二・前掲（注7）書。

〔付記〕　はじめに断わったように、『大和田重清日記』を通読して、簡単な注を加える作業に終始した。論文と称すべきものではないが、研究のつぎの段階を踏むための予備的作業としたい。

一二　徳政管見

㈠　折口信夫氏の「徳政」論

昭和五十一年に刊行された岩波講座『日本歴史』(中世3)所収の、笠松宏至氏の論文「中世の政治社会思想」[1]は、折口信夫氏の「徳政」論を再発見し、その後『徳政令』[2]なる著書で再びこれを紹介し、広く知られるようになった。問題とされたのは、『萬葉集』(巻第十六)に収めるつぎの歌である。

商変領為跡之御法有者許曾吾下衣反賜米　(三八〇九番)
商返しろすと　みのりあらばこそ　わが下衣かえしたばらめ

右の歌の「商変(返)」についての折口氏の理解が笠松氏の心をとらえたのであった。折口氏は、「商変」について、その著作の中で何回も触れている。『折口信夫全集』[3]によって見ると、最も古いのは大正五年に刊行された『口訳萬葉集』(全集第五巻)で、右の歌について、

「売買したものを、返却したり、取り戻したりすることを聴許する、と言ふ御命令が出たならば、成程、私の記念に差し上げた下の着物も、返しても頂きませうが、さもなくては、頂戴する理がありません」

と訳している。因みに、ここでは「商変」は「あきかはり」と訓まれている。ついで大正八年に刊行された『萬葉集辞典』（全集第六巻）では「あきかへし〔商返し〕」として、

古代に行はれた一種の徳政と見るべきもの。社会経済状態を整へる為、或は一種の商業政策の上から、消極的な商行為。売買した品物を、或る時期の間ならば、各元の持ち主方にとり戻し、契約をとり消す事を得しめた事。

と解説しており、「商変＝徳政」論を明確に示している。その後、「商変」に触れた論考を、年次を逐って見ると、以下のごとくである。昭和二年の講演筆記「神道に現れた民族論理」（全集第三巻）には、

此『商変』といふのは、貸借行為の解放であって、一たび其詔勅が下れば、一切の債権・債務が帳消しとなるのである……商変のみのりの思想は、察するところ、春の初めに、天皇陛下が高御座に上って、初春の頌詞を宣らせられると、又天地が新になるといふ思想から出てゐるのであらう……その宣らせ給ふお言葉は、直ちに、天神自身のお言葉である。そして其お言葉が宣られることに依って、すっかり、時間が元へ復るのである。商変のみのりの効力は、畢竟、此の同一観念に基くものである。民間に関した記録が尠い為に、後世、室町時代に現れた徳政の施行が、物珍らしい事の様に、一部では見られてゐるが、祝詞に対する信仰から言えば、此は当然の形であって、我が国には古くからあった事なのである。

と、やや具体的に述べている。同じく昭和二年に書かれ二年後に発表された「国文学の発生　第三稿」（全集第一巻）では、「二度正月」に触れて、歳があらたまるということは、時間が元へ戻ることを意味し、これが「徳政や古代の

商変しなど言ふ変態な社会政策の生み出される根柢になった」と重ねて主張した。ついで昭和四年の講演「古代人の思考の基礎」（全集第三巻）において、「天皇が高処に登られて、祝詞を唱へられると、春になる」のだという考えを重ねて強調し、

「商返は、日本の歴史の上では、長い間隠れてゐた。歴史の上に見えないと言ふ理由で、事実が無かったと思ふのは早計に過ぎる。室町時代以後になって、徳政と言ふ不思議なことが、突然記録に現れて来たが、此は今まで、記録にも歴史にも現れずに、長い間、民間に行はれてゐたのが、時代の変化に伴うて、民衆の力が強くなって来たので、歴史の表面に出たのである」「かうした習慣の元をなしたのは、天皇は一年限りの暦を持って居られ、一年毎に総てのものが、元に戻り、復活すると言ふ信仰である。此信仰は続いてゐたが、事実を見ると、人間は生きてゐて変らない。其処に、信仰と現実との矛盾を感じて来た。其でも地方では、売買貸借で苦しめられて、やりきれないので、十年目とか、二十年目とかに一度、と言ふ風に、近年までやってゐた。土地をきりかへて、班田法のやうな方法によって分けてやるのである。江戸時代の末まで行はれてゐたが、明治になって、絶えて了うた」

と述べた。右の文章の一部を引用しつつ笠松宏至氏は、「全くわれわれの意表をつく見解」であるといい、「これはまさに現在の常識的徳政観の根本的再検討を要求する見解であったはずである」と述べたのであった(4)。

折口氏は、昭和五年から七年にかけて発表した「年中行事」（全集第一五巻）において、歳のあらたまりに伴う契約破棄の問題を「誓文払い」の信仰に関連させて説いた。

「誓文払ひは上方殊に京都・大阪辺から流行し出したもので、其を見習って他処でも行ふ様になったもので、十月二十日頃に行はれる」「書き積まれ、言ひ重ねられた数々の誓文は、明年へ持ち越すことなく、其年限りで

帳消しにしなければならなかった」「誓文払ひの様に、過去の約束を解除、破棄する信仰は、誓文払ひに起ったものではない。昔は、商返《アキカヘ》しの詔勅が出ると、売買・貸借の関係が帳消しになった。後世人民の疲弊によって行った徳政と同じである」

というのが趣旨である。古代日本人の生活のあり方は、春から冬までをサイクルとするものであって、暦が終わるごとに元へ「もどる」ものであり、この「もどり」の思想こそ「徳政」の根柢にあるものだと、折口氏は随所で主張している。昭和十年に発表した「上世日本の文学」（全集第一二巻）では、さらにつぎのように述べている。

「昔は、生活といふものは、四季の移り替りも、農作物の出来栄えも、祭りの来るのも総べて周期的に皆元へ戻って、毎年々々同じやうに春から始って冬に終わると考えて居た」(5)「一年が暦の一区切で、来年は又元へ戻って、何もかもがすっかり初めに返るのである」(6)「暦の移り替る時、万物が総べて再び、新たな其生活を始めようとする時、一定の場処で唱へるのが祝詞なのであった」「祝詞が一度出ると、貸借の関係が元へ返って、一切の事が、元通りになって新に始まるのである。つまり、祝詞が二つに分れるので一つは、毎年初めにのるものであって、此は後まで伝へられ、まう一つは、其から分化して臨時に貸借の関係を帳消しにするみのりと、こんな風に分れる」

と述べている。

以上、折口信夫氏の著述の中から「商変」にかかわる部分を抜書きしたが、これらによる限り、笠松宏至氏が再発見した「徳政」論は、少なくとも一九二〇年代に入る頃には、国文学や民俗学の分野での共有財産となっていたのであった。それだけではない。法制史家瀧川政次郎氏も、その論考「商変考」(7)でこの問題に触れていた。瀧川氏は、佐佐木信綱氏から、例の『萬葉集』（巻第十六）の歌の存在を教えられたという。契沖の「既ニ物ト価トヲ定テ取交シテ後ニ、忽ニ変シテ或ハ物ヲワロシトテ価を取返シ、或ハ価ヲ賤シトテ物ヲ取返スナリ」（『萬葉代匠記』）との注に拠り、「売買契約を一方的に解除すること」とし、『法曹至要抄』の「売買約諾後不悔還事」の一条を引き、「商変」は「悔」「悔還」に相当すると述べている。

瀧川氏に「万葉集の歌で法律に関係ある歌は、これだけだ」と教示したその佐佐木氏による『萬葉集辞典』（有朋堂、昭和十五年）は、もちろん「あきがはり（商変）」を項目に採りあげている。そのほか、手近にある書物を見ると、武田祐吉『萬葉集全註釈』（改造社、昭和二十五年）、新村出『広辞苑』（二版、岩波書店、昭和三十年）、武田祐吉『萬葉集全講』（明治書院、昭和三十一年）、佐佐木信綱『萬葉事典』（平凡社、昭和三十一年）、日本古典文学大系『萬葉集』（岩波書店、昭和三十七年）、中田祝夫『新選古語辞典』（小学館、昭和三十八年）、澤瀉久孝『萬葉集註釈』（中央公論社、昭和四十一年）、日本大辞典刊行会『日本国語大辞典』（小学館、昭和四十七年）、大野晋ほか『岩波古語辞典』（岩波書店、昭和五十二年）など、いずれも「あきかへし」「あきかえし」「あきかはり」「あきかわり」「あきがはり」などの項目によって解説を行っている。それは一般向けの小辞典にまで採用されているのであって、「商変＝悔還＝徳政」論は、国語・国文学の世界では「常識」だったのである。

「泰時の徳政」と題する興味ふかい論文を書いた入間田宣夫氏は、折口氏の「徳政」論に触れて、「折口ならではのこの直観の冴えにはただただ驚嘆するのほかはない」といいながら、折口氏のいう「みのりの思想」については、「せっかくの徳政論は復活としての徳政という重要な提起にもかかわらず、ある一面では、その豊かな広がりを失い、天皇制の枠組のなかに閉じこめられる結果となってしまってはいないだろうか。あくまでも普遍的な光のもとで、徳政の問題は解明されなくてはならない」と批判した。入間田氏はその論文で、北条泰時が出挙米借用証文を焼き捨てた行為に注目し、借書・証文の焼却という事実を広く比較考察したが、その点まことに興味ふかい論考というべきであった。折口氏の「徳政」論は「みのり」——天皇の宣りによる世のアラタマリととらえる限りにおいて、入間田氏がいうように、問題を狭い所におし込めてしまった感はある。折口氏の業績がいまから六、七十年も以前のものであること、またその学問の方法の上からいえば、「限界」を云々することは容易であろう。

しかし、入間田氏が「折口ならではのこの直観の冴え」といい、笠松氏が「その（折口説）当否を事実にそくして検討することは、歴史学の方法では恐らく不可能に近いと思われる」というとき、「歴史学」と隣接諸学との断絶が如実に語られている。折口氏が「商変は、日本の歴史の上では、長い間隠れてゐた」といった意味は、歴史の表面に現れない、正史に記録されないできたというような意味であり、折口氏にしてみれば、「直観」だけでものをいっていたのではなかった。「もどり」「復活」の思想や事実、民間や地方で行われていた事実、あるいは年中行事の中に見える契約破棄の慣行などが、商変・徳政を支えてきたものだと考えられたのであった。

国語・国文学や民俗学の分野で「常識」となっていたものが、歴史学の研究において、ほとんど顧みられることがなかったというこの不幸な状態は、われわれの学問が、いかに狭量で未熟なものであったかを示して余りある。笠松氏の言葉をかりれば、折口氏の「徳政」論を「意表をつく見解」とうけとらざるをえなかった、歴史学の水準の問題であったといえよう。

㈡　徳政状況

「徳政」の歴史の中で、永仁の徳政令がとくに注目され、これをもって徳政の起源とする見方はかなり一般的であったが、研究史に明らかなように、文永前後にまでその起源をさかのぼらせようとする意見なども出されたりして、かつて、中田薫氏(10)、三浦周行氏(11)らを中心に幾篇かの論文が発表されたのであった。

しかし、債務の打切り、質地や買得地の返還という点に限って見るならば、こうした事象は何も中世にのみ見られるものではなく、前近代を貫く問題としてとらえることが可能である。すでに早く明治三十二年に、井野辺茂雄氏(12)は古代の公私負稲免除令を中世の徳政令の法的先蹤としてとらえ、三浦氏も同じように連続的にとらえられることを示していた。こうした見方は、戦後の菊地康明氏の研究(13)に引きつがれており、「古代の負稲免除令や質地・買得地の返還令」と「鎌倉期以降の徳政における同種の措置」を「基本的には一貫した理解をなしうる」ものと述べている。

「徳政」を歴史の流れの中で一貫してとらえ、また慣行や民衆の意識を裏づけとして考えようとする方向は、例えば昭和八年に刊行された小早川欣吾『日本担保法史序説』(14)にも見られた。小早川氏は「中世後半に於ける徳政令、例えば嘉吉、享徳、永正年代の令の何れも」が「本物返契約並に年季売」についても無償で担保物の返還を命じている点に注意し、つぎのように述べている。

「此れ要するに反面に於て当時如何に多く此等の行為が慣行されたるかを物語るものであって、徳政令が此等の行為に迄其の効力を及ぼさざる時は、徳政令発布の本来の実効が非常に減少するためであった」

といい、徳政令が当時の慣行あるいは実情をふまえて、それを合法化するものであったろうと考えたのである。

折口信夫氏が力説した「代替り徳政」論について、さかのぼって江戸時代の知識人がいかに認識していたか、不敏にして知るところがない。ただ、幕末の小山田與清（弘化四年没）の『松屋筆記』を見ると、その巻六十五に資料がある。すなわち、「冬夜客談ニ客問テ云ク徳政ハ何比マデ行ワレシニヤ答テ云ク天正マデ徳政行ワレシトミヘタリ」として、天正七年の文書を掲げるが、そこに「天下一同之徳政国次之徳政私徳政」の三種あることを示し、家康の天下統一によって「弊政蕩尽シ天下一洗」したと称揚している。ついで「我国徳政ノ始ハ何比ナルニヤ」との問いに対しては、つぎの文を掲げている。

徳政相論之事

近年の徳政は先例に替て兵具をこしらへかい(具)を吹鐘をつき勢をそつして倉を責る事只山賊海賊にひとし君の御傍に王御一代に一度づゝ御年忌に六十六ヶ国の徳政をやらせ給ひし当時は内裏の宣旨にて三年の内の借物をことごとく成べからす取べからずといふ御綸旨にて徳政をやり給けるは今時の徳政はすくめ往生にてとくにて只盗人にも似たり堅く御成敗を可被加

コレニテミレバ我国ノ正史ニ載ザレドモ徳政ノ始ハ久シキコトトミヘタリ

徳政の契機として、天皇・将軍・領主・代官の交替、代替り、あるいは戦乱などのあることは、すでに指摘されている。鎌倉時代、文永頃の文書と推定されている東大寺華厳宗学侶等申状[15]は、網野善彦氏の「徳政雑考」[16]にも採りあげられて周知のものであるが、全文を引用する。

東大寺華厳宗学侶等謹言

請下早有二尋御沙汰一、蒙二裁許一、為二多武峯三綱辨鑒寺主一、被中収公上宗領大和国田部庄間事

当庄者、本願光智大僧都寄入、一宗重色之地也、而先預所盛永少納言、以二当庄一□武(峯脱カ)辨鑒寺主之許、称レ取二借上一、自二彼辨鑒之許一、令(於カ)レ収二公一庄一、不レ叙二用領家下知一、此条言語道断狼藉也、縦雖二一代之預所一、可レ差二置質物一之由契約、可レ触二申子細□領家一之処、無二左右一収公之条、理豈可レ然哉、如レ此公領之習、一任遷代之領家売買地、猶以被二改起一者例也、況於二預所非法之沙汰一哉、事次第絶二常篇一、然間、恒例臨時之宗役、併以闕如、一宗

衰微、何事如レ之哉、早任二道理一、欲レ被レ停二止彼辨鑒寺主非分之濫妨一、仍勒二子細一、言上如レ件（後欠）

事の次第を整理すると、東大寺華厳宗学侶の所領大和国田部荘の預所盛永が、学侶に無断で田部荘を多武峯三綱の辨鑒寺主の許に質入れをした。盛永は辨鑒から金か米を借り、その質物として荘を入れたのであろう。結局それが質流れとなり、荘は辨鑒の手に帰し（それを「収公一庄」と表現しているのであろう）、辨鑒は領主（学侶）の下知に従わず、したがって年貢は納入されず、恒例・臨時の宗役も闕如するに至ったという。(17) 問題とすべきは傍線の部分である。たぶん、こういう意味であろう。

たとい一代（限り）の預所（職）であっても、質物に置くことを契約するときは、子細を領家に通知すべきであるのに、（買主たるものが）左右なく収公するなどということは、全く不当なことではないか。この（田部荘）ような公領（これは国衙領という意味ではなく、東大寺領を指すが、同じ大和の興福寺の場合だと雑役免荘＝進官荘、すなわち年貢〈官物〉の一部を国衙に出している荘をいう）の習いとして、（永代の職でない）遷代の職である領家の場合でも、売買地は、代替りによって「改起」〈＝改発〉、元に戻されるのが例である。況んや、預所の非法の沙汰によって売却されたものについては、当然「改起」さるべきものである。

東大寺華厳宗学侶は、代替りによって売買地が本主に取り戻されるのが慣例なのだと主張したのである。代替り徳政の思想は、当然いわゆる徳政文言として現れてくる。近世初頭の例を幾つか挙げてみる。

・御国かへ、人かえし、如何様の新御仕置出来候共(18)
・天下一同之御国かへ、御代官かわり、又ハ御　公方様より何様之御法度御座候共、少も違乱申間敷候(19)
・天下一同之はた（畑）返し、如何様之義（ママ）御座候共、右之本金壱両三分、不二相済一うちは、其方にて御てさく（手作）可レ被レ成候(20)

・たとへ御代官替、御国替、其外いかやうの儀御座候共、少も相違申間敷候(21)
・ゆミやとく《(弓矢徳)》政、御国替、田地徳政、天下一同之新義《(ママ)》法度御座候共、彼之田地ニ付、全違乱有間敷(22)

さまざまなレベルの代替り徳政の存在とは、換言すれば、また地域的な徳政の存在ということである。近年、徳政研究は著しい進展をみせ、公家・武家・本所の徳政とともに在地の徳政が注目され、その行きつくところ、笠松宏至氏のいうように、「公武徳政から私徳政や在地徳政が生れたのではなくて、逆に私徳政・在地徳政の海の中に、公武徳政の島が浮かんでいる」(23)という認識に至った。例えば嘉吉元年八月近江国奥島・北津田荘定は、(24)

一、質物ハ可ㇾ請㆓十分一㆒
一、出挙借銭ハ只可ㇾ取
一、年記只可ㇾ取
一、講憑子破云々
一、長《(永)》地十五年内半分、当毛作半分可ㇾ付
一、三社々物ハ不ㇾ可ㇾ取

といい、中世後期の惣村の発達の中で、各地で文字どおり在地徳政がしきりと行われたのであった。紀伊国鞆淵荘では、貞和三年、百姓と下司との闘乱があって、のちこれは「鞆淵トウラム」として人びとに記憶されたが、このとき荘民はつぎのような置文(25)を書いた。

田畠等ノ文書ヲアルヒハ山野ニカクシテ、アメツユニヌラシ、アルイハヒキ《(引)》失、フルヤ《(古家)》ニ取ヲト《(落)》シテ焼失候事、其ノカス《(数)》ヲ不ㇾ知候、カヤウ時他所エ□《(モ)》取レ文書アリトカウ《(号)》セム人ニヲキテハ、任㆓置文ノ旨㆒、不ㇾ可ㇾ用ㇾ之、アルハ質ニヲキ《(置)》タルトモ申、又ユエナクせうこ《(証拠)》不㆓分明㆒シテ文書アリト申トモカラ《(輩)》ニヲイテハ、永庄ケ《(家)》一同ニ不ㇾ

可レ用レ之」「フ《(負)》物事、カリタル人ヲイタル《(負)》人不二分明一候ワムヲ、イカナル高所ニモツケテ有二其沙汰一イウトモ、

庄屋一同ニ不レ可レ用レ之

こうした田畠の質入れ、貸借関係の破棄、すなわち在地「徳政」にほかならない。折口信夫氏の「直感」あやまたず、笠松宏至氏の折口再評価の方向に誤りなくんば、問題の行方はおのずから明らかである。「徳政」論は「共同体」論として展開できるのである。

(三)　共同体

惣村、ムラ共同体の問題を新しい角度から、われわれに意識させたのは、勝俣鎮夫氏の国質・郷質の研究[26]であった。国質・郷質とは、「債務者の所属する国・郷という政治的・社会的結合体を一つのユニットとして、その成員の動産に対する債権者の質取行為」であるが、ここには「個人対個人の関係として設定された債権・債務関係が、個人対集団、又は集団対集団の関係に転化する」状況の存在が前提とされている。「個は集団の中においてはじめて全存在が保証されているのであり、集団は外部に対して個人にとってきわめて強烈な保護機能を発揮するものとして存在する」が、その集団を維持するためには、集団は個を「強烈」に規制しなければならないであろう。

近江国菅浦の惣結合については多くの研究があって、よく知られているが、例えば貞和二年九月の惣置文[27]を見ると、

日指・諸河田畠をいて、一年二年ハうりかう《(売買)》といふとも、永代おうる《(売)》ことあるへからす、このむねをそむ《(背)》かんともから《(輩)》においてハ、そう《(惣)》のしゆんし《(出仕)》をとめらるへく候、よん《(仍)》てところのおきふミ《(置文)》の状如件

とあり、短期の年季売りは認めるものの、永代売りはこれを禁じた。菅浦は大浦との間に長期にわたって紛争をくり返し、事件の経過と教訓を詳細な置文として残すなど、惣結合の強化につとめていたところであった。[28] また文亀二年紀伊国粉河荘地下掟は、[29]「定地下《(に脱カ)》おいてせ井ほう《(制法)》の事」として、その中に「他庄ゑふしやう作職売へからす、此旨をそむ《(背)》き候ハんする人ハ、阿弥陀・ひしやもん《(毘沙門)》之御はん《(罰)》をあたるへきものなり」と書いた。

共同体規制は都市でも見られた。天正十六年三月の京冷泉町掟に、[30]

一、家うりかい定之事

一、家うりかい、御奉公人、ミちの物ゑうり申候ハヽ、卅貫文過銭たるへき事、たゝしすいけう人ゑ相かゝるへき事

一、町人へ家うり申候ハヽ、町衆として同心之上ハ、家うりぬしより、壱貫文出申へき事

一、かり家之物あるにおいては、御しゆく《(宿)》老衆へ安《(案)》内申、御かてん《(合点)》ニおいては、二百文の御樽出申へき事

とあり、同様な規制は、元和六年九月五日本能寺前町中掟[31]など多くの例がある。

共同体規制の問題のひとつに、近頃はほとんど論じられないが、土地割替制の問題がある。令制成立以前に、班田制類似の耕地割替制が存在したのではないかという学説は、かつて多くの人びとによって主張され、かなり論争を呼んだテーマのひとつであった。発端は、内田銀蔵氏の「我国中古の班田収授法及近時まで本邦所々に存在せし田地定期割替の慣行に就きて」[32]なる論文であった。わが国の班田収授制が、中国の均田制を模倣しながらも、比較的容易に受容されたのは、わが国にそれをうけ容れる下地があったからではないかと内田氏は考えた。すなわち、わが国に古くから班田制類似の土地割替慣行が氏族共同体において行われており、それを全国的な制度として定着させたものが班田制にほかならないというのである。

その後、同様の説を述べたのは吉田東伍氏で、「班田収授は古い習慣である」とし、「上古の氏族村落の結合が厳重で、その結合の範囲内に田地を共有共耕した時代にワカチタ（班田）が当然でありましたらう」「一村落の田地も、上古は一村の多数共同で保護せられた。即、毎年の春に、その水口祭をなし、斎串を立てゝ、その一年の田主を定める儀式を、一村多数の百姓立会で」行ったと述べ、また、大祓の詞の串刺の罪、重播の罪などからも水田の定期割替慣行の存在を推定しうるとした。[33] 吉田氏説は、黒正巖氏、[34] 本庄栄次郎氏、[35] 小野武夫氏[36]らに継承され、班田制以前における土地割替慣行の存在が主張された。

これらの説に対しては、瀧川政次郎氏、[37] 大森金五郎氏、[38] 津田左右吉氏、[39] 坂本太郎氏、[40] 今宮新氏[41]らが批判を加えた。とくに今宮氏は、それ以前の諸説について詳細な検討を加えており、研究史的把握の面でも有益である。結論的には、内田氏に始まる一連の諸説に対して、

従来諸学者によって古代の土地制度を示す資料として挙げられた記録・文献・説話等は、いづれも古代に於ける土地共有及び土地割替制の存在を証明し得るものとしては、十分なる根拠を有するものでないことを認めざるを得ない。

と断じた。しかし、今宮氏は石母田正氏の説[42]については一定の評価を示した。石母田氏の説は、わが国の王朝時代および中世の農村において、農民所有地が散在的形態を示し、または耕地が錯圃形態をなしていたことを認め、これは大化前代よりの遺制である、このことから、土地の共有および共同体成員間における土地の定期的割替慣行の存在が推定されるとしたものであった。今宮氏は石母田氏の提起した問題を重要なものとうけとめ、班田制を制度的側面からだけではなく、村落内部での実施面からも考察すべきであるとし、村落の共同体的諸関係が班田制の実施に大きなかかわりを持ったことを推測し、その後の研究の方向を示した。

割地慣行について実証的研究を精力的に行ったのは牧野進之助氏であった。牧野氏は、江戸時代にかなり広汎に存在したとみられる割地制度に注目し、早く明治末年から大正にかけて幾つかの論文を発表した。『地方凡例録』が「水腐地許り持たる百姓は潰れに及ぶに付村中一統に相立つべき為めに割地に致すことなり」というように、割地慣行は「何れも水損地たるか又は地味の変化著しき地」に行われたこと、「割地慣行の起因は全然損害を均分に負担せんとする思想より出でた」ものであると、「割地起源論」(43)なる論文で主張した。この説は、越前・越中・越後における調査にもとづいているが、その起源については、近世初頭に始まるとした。その後の論文「割地と村落制との関係」で、江戸時代の初期から中期にかけて、越前の各地において「山わけ」「苗《みょう》わけ」と称して、一村の山地および土地を均分することが行われていた事実を紹介したが、この慣行が一部形を変えながらも明治まで行われていたことを史料で示した。ついで、「割地の発生并に発達についての考察」では、検地と関係づけて、「村民地主間」の負担の不公平を除去するために、五年、一〇年、二〇年に一期を画して割替えが行われたのであろうとし、少なくとも戦国時代にさかのぼるであろうと述べた。

牧野氏は、近世的な検地あるいは納貢制度にこだわって論じたので、問題をやや限定的にとらえた感があった。負担の均分とか、一村の「総崩れ」を防ぐという観点からとらえるならば、それは共同体本来の在り方として、耕地などの割替えを考えることができるはずであって、前近代を貫く問題としてとらえ直すことができるのではないかと思われる。

前近代における土地割替制を考えるうえで参考となるのは「神田廻作」である。萩原龍夫氏は、岡山県真庭郡湯原町大字社の佐波良神社について、つぎのような例を報告している。すなわち、同社の神馬を飼う神座について、飼養料田五段余があるが、これを宮座内で最も貧困な者に三年間耕作させる。この田の負担は軽いので、この三年間に身代をもり返すことができる。「このような一種の救済制度をともなったのは、共同体の慣行としては、ごく自然のことだといえよう」と萩原氏は述べ、中世における神田廻作（巡作とも）の例を幾つか挙げている。就中、壱岐の場合、永禄十年の壱岐国田帳に「まわり神田」と見え、壱岐地方では地割制度のことを「廻作（まわりざく）」と言い慣わしていたと紹介している。壱岐で、藩の政策によって割地制が法制化されたのは正保四年であるが、地割制度そのものは古くさかのぼると推測され、中世に、神田という形で地割りの古い習慣が保持されたのであろうと、萩原氏は述べている。(44)

㈣『醒睡笑』の「徳政」

安楽庵策伝が著した『醒睡笑』(45)は、元和九年に成り、のち寛永五年京都所司代板倉重宗に献呈されたものであるという。この書は、その名のごとく「をのづから睡りを醒して笑ふ」多くの笑話を策伝が長期にわたって書留めたものであり、興味ふかい話が多いが、その中から主題「徳政」にかかわるものを抜き書きしてみたい。そこに、近世初期の人びとの考え方が如実に示されている。

ある人が他人に銭を貸していたが、年末に使いをやって、貸した銭を返すよう催促したところ、「すでに三年、四年と利息を支払ったのであるから、もはやあなたの物を借りてはいない（債務はない）」と答えた。貸主は立腹して「本利ともに支払え」と迫ったが、「釈迦の時代から本利とも済すことはない」と答える。「それはいったい、どういう了見だ」と尋ねると、「『熊野』に『仏ももとはすてし世の』とあるではないか、仏さえ赦されたは、さて」と答えた。全く笑話にすぎないが、数年にわたり利息を納めることで債務の消滅期待のあることを示すものだろうか。

室町幕府の永享十二年十月二十六日の法令（追加法二一一条）に、「本物返質券所領事」として、

以二彼在所之所当一、年々雖レ致二其沙汰一、依レ不レ辨二本銭一、及二多年一令二侘傺一之条、不便之至極也、然早勘二度々収納一、致二一倍一者、可レ返二付所領於本主一也

とある。元本に相当する利息を支払えば債務は消滅するという考えが一般に存在したのであろう。

泉州堺での話である。ある男が質屋に米を一〇石置いて銭を借りた。その後この男は、相当の銭を持参しては質に入れた米を少し宛取り戻していった。その都度、質屋は通帳に記入していた。そしてまた例の如く男がやって来たが、今回は銭を持って来なかった。米一石を渡してくれといわれた質屋は、男を信用して米一石を渡した。月末になって男が銭を持ってやって来て、残りの米を受け取りたいといった。もちろん帳面上は一石足りない。すると男は質屋を盗人だと非難した。質屋はやむなく不足の米一石を加えて渡そうとしたが、男はほかの米では駄目だ、自分が質に置いた米でなければ受け取らないと、なんくせをつけた。すると質屋は男に向かって、「では、お前が持ってきた銭を見せろ」といい、点検して「私がお前に貸した銭は一文もない、お前が元の米でなければ受取らないというなら、私も元の銭でなければ受取れない」とやり返した。この話が現実にあったことか否かは別として、貸借関係が全く原状に復することをもって解消すべきものだとの考えを示している。

天正二十年とその翌年にわたって、豊臣秀吉が奈良・京都・堺の金貸しを検挙した事件があった。金貸したちは元金を取り戻せなかったばかりか、過料を徴収されたのであるが、世人はこれを「ならかし」と称し、「奈良かしや、この天下殿二重取、とにもかくにも、ねだれ人かな」という狂歌があった。「ならかし（す）」とは「平均する」の意で、「徳政」と同義語であろうと鈴木棠三氏は注記している。

文明十五年、和泉国で徳政が施行されたとき、大鳥のあたりに住む僧一路は、つぎのような歌を詠んだ。

徳政をやりひっさげて　つくづくと　思へば物をかりの世の中

というのである。「借り」と「仮り」をかけたものであるが、徳政とは仮りの世を直すものという認識が明らかに読み取れる。

慶長・元和の頃のことである。越後国で山伏がある者のところに宿をかりた。山伏の差していた刀がたいへん立派なものだったので、宿の亭主がこれを借りて鑑賞していたところ、一国徳政の札が立った。すると亭主は「徳政令が出たのだから借りた刀を返す必要はない」といって返却しないので裁判になった。その裁きについて、徳川家康が板倉伊賀守に尋ねると、かれはこう答えた。「亭主が山伏の刀を返さないというのなら、それと同じく、山伏がかりた亭主の家も返さなくてもよい道理でしょう」と。物をかる（借りる）と家をかる（宿泊する）をかけた話である。

以上のような『醒睡笑』の笑話が、どれほどの史実を反映しているかを、いま問う必要はない。少なくとも近世初頭の人びとの間で「徳政」なるものが、いかに認識されていたかを知れば足るのである。『醒睡笑』が述べたものは「笑話」であった。そこで語られているのは「徳政」の堕落である。先に引いた『松屋筆記』所引史料が、「徳政」とは「王御一代に一度」のものであるはずなのに、「近年の徳政は先例に替て」「只山賊海賊にひとし」「只盗人にも似たり」と非難しているのも、同様の認識である。

本来「徳政」は、共同体の維持、ムラの再生産のうえで欠くことのできない、人びとの知恵であり、切実さを伴うものであった。少なくとも、そうした現実と意識に支えられて「徳政」は成立していたのであった。しかし、中世末・近世初期、商業の発達・都市の発達の中で「徳政」は堕落した。逆説的であるが、金融・商業の発達、すなわち「徳政」を要求する状況が進めば進むほど「徳政」は堕落し、元来の「徳政」は再びムラ共同体の中に隠れてしまうことになったといえるのである。

注

(1) 笠松宏至「中世の政治社会思想」は、のち笠松宏至『日本中世法史論』(東京大学出版会、昭和五十四年)に所収。

(2) 笠松宏至『徳政令』(岩波書店、昭和五十八年)

(3) 『折口信夫全集』は昭和三十年から翌年にかけて、全三一巻で中央公論社から刊行された。ただし、参照したのは昭和五十年から五十一年にかけて刊行された「中公文庫」版である。

(4) 笠松宏至・前掲(注1)書。

(5) このような認識は民俗学の分野では一般的・常識的なことであるらしい。和歌森太郎『年中行事』(至文堂、昭和三十二年)などを参照せよ。

(6) 唐突であるが、落語「掛取り」を思い出す。大晦日に、次つぎとやってくる掛取りを、あの手この手で撃退するのであるが、その攻防も除夜の鐘が鳴るまでである。トシがあらたまると、やむなく掛取りは帰っていく。そして新しい生活が元日から、また始まるのである。

(7) 瀧川政次郎『日本法律史話』(ダイヤモンド社、昭和十八年)。確認できなかったが、その初出は一九二〇年代であろう。

(8) 入間田宣夫『百姓申状と起請文の世界』(東京大学出版会、昭和六十一年)。

(9) 『吾妻鏡』建仁元年十月六日条。

(10) 中田薫『法制史論集』第三巻(岩波書店、昭和十八年)。

(11) 三浦周行『法制史の研究』(岩波書店、大正八年)。

(12) 井野辺茂雄「徳政私考」(『国学院雑誌』五―九、明治三十二年)。

(13) 菊地康明『日本古代土地所有の研究』(東京大学出版会、昭和四十四年)。

(14) 小早川欣吾『日本担保法史序説』(宝文館、昭和八年)。のち法政大学出版局(昭和五十四年)から再刊。
(15)『鎌倉遺文』十四巻一〇七七〇号。
(16) 網野善彦『中世再考』(日本エディタースクール出版部、昭和六十一年)。
(17) 網野氏の解釈では、「前預所盛永が多武峯の辨鑒寺主に借上げ取られたと称して、事実上わがものにしようとした」となっている。私はこれと異なる読み方をしたが、いずれにせよ、この文書はいささか読みづらい文書である。
(18) 寛永五年十二月十二日志田村庄太郎等人身年季売券(網野善彦『中世再考』所引)。
(19)『豆州内浦漁民史料』八三号、寛永二十年十二月十七日伊豆国重須村土屋三郎左衛門畑売渡証文。
(20) 慶安三年十一月二十七日下総国吉原村検非違使借用証(『古事類苑』政治部・四)。
(21)『豆州内浦漁民史料』一七三号、慶安四年十二月伊豆国重須村五郎右衛門畑地永代売渡証文。
(22) 慶安四年十二月晦日桜沢坊田地売券写(入間田宣夫・前掲〈注8〉書所引)。
(23) 笠松宏至・前掲(注1)書。
(24) 佐藤進一・他『中世政治社会思想』下巻(岩波書店、昭和五十六年)一七六頁。
(25)『粉河町史』第二巻・五八〇頁。
(26) 勝俣鎮夫『戦国法成立史論』(東京大学出版会、昭和五十四年)。
(27)『菅浦文書』一八〇号。
(28) 赤松俊秀「供御人と惣」(『古代中世社会経済史研究』平楽寺書店、昭和四十七年)、網野善彦「湖の民と惣の結合」(『荘園の世界』東京大学出版会、昭和四十八年)、阿部猛「歴史教育の源流」(『講座歴史教育』第一巻、弘文堂、昭和五十七年)など参照。
(29)『粉河町史』第二巻、四七四頁。
(30) 佐藤進一・他・前掲(注24)書、下巻二一二頁。
(31) 同右、二三三頁。

(32) 内田銀蔵氏のこの論文はもと明治三十一年東京大学大学院の卒業論文で、のち『日本経済史の研究』上巻（同文館、大正十年）に収められた。
(33) 吉田東伍『庄園制度之大要』（日本学術普及会、大正十年）一八〜二〇頁。
(34) 黒正巌『農業共産制史論』（岩波書店、大正十五年）。
(35) 本庄栄次郎『日本経済史論』（日本評論社、昭和四年）。
(36) 小野武夫『日本農業起源論』（日本評論社、昭和十七年）。
(37) 瀧川政次郎『法制史上より観たる日本農民の生活　律令時代』（同人社書店、大正十五年―昭和二年）。のち『律令時代の農民生活』と改題再刊（刀江書院、昭和十八年）。
(38) 大森金五郎「大化改新前後の土地制度問題」（『歴史地理』六〇―一・二）。
(39) 津田左右吉『日本上代史研究』（岩波書店、昭和五年）。
(40) 坂本太郎『大化改新の研究』（至文堂、昭和十九年）。
(41) 今宮新『班田収授制の研究』（龍吟社、昭和十九年）。
(42) 石母田正「古代村落の二つの問題」（『歴史学研究』九二・九三、昭和十六年）、同「王朝時代の村落の耕地」（『社会経済史学』一一―二〜五、昭和十六年）。
(43) 以下に掲げる牧野進之助氏の諸論文は、昭和十八年刊行の『武家時代社会の研究』（刀江書院）に収録されている。
(44) 萩原龍夫『神々と村落』（弘文堂、昭和五十三年）。
(45) 参照したのは、鈴木棠三氏校注による角川文庫本（昭和三十九年刊）である。

掌編

沽官田使

『日本三代実録』(巻四十七)仁和元年(八八五)三月八日条につぎのような記事がある。

遣二左衛門少尉内蔵有永、散位藤原野風於山城国、諸陵権助藤原国直、左衛門大志紀貞城於大和国、東市正御船弘方、右衛門少志穴太門継於河内国、主税大允朝原真行於摂津国一、令治官田、和泉国官田聴二一箇年納地子一(傍線部の「治」について、国史大系の校注は「治、原作沽、今従内本及類史」とする)

さて、このとき使が遣わされたのは山城・大和・河内・摂津の四か国で、その任務は「治官田」にあった。「治」は、オサメル・シル・トトノヘル・ツカサドルなどと読めるが、何となく落ちつかない。使者は具体的には何をしに行ったのであろうか。ヒントは和泉国にある。和泉国には遣使されず、官田については地子を納めることが聴されたとある。和泉国は他の四か国とは異なる扱いをうけている。とくに地子を納める(「納る」は〈とる〉とも読むか)ことを聴されたとすれば、他の四か国の官田については「地子」以外のものをとることになっていたということになろう。そこで、官田についての基礎知識を整理してみる。

令制下の官田は、令前の屯田の系譜をひくものと思われ、宮内省の管轄下に置かれ、大和・摂津(各三〇町)・河内・山背(各二〇町)に計一〇〇町があった(「田令」)。奈良後期から省営田と国営田に分かれ、『延喜式』では和泉国を加えた五か国に計八六町の存在が知られる。ところが元慶三年(八七九)に至り、畿内五か国に四〇〇〇町歩に及ぶ大規模な官田の設置が行われた。そして同五年以降、これが要劇料田や月料田に割かれたが、仁和の段階では二三三二町四段三五四歩が官田として存在した。この官田の経営方式は、元慶五年二月八日太政官符（『類聚三代格』巻十五）によると、半分は直営とし、遺る田は「或地子或価直、任㆓民所㆑欲随㆑宜弁行」うのである。地子制は田品による対価支払法をとる。地子は穫稲の五分の一である。価直は賃租制の価直で、賃は春時耕田の前に対価を支払うもの、租は秋時収穫後に支払うもので、その価は国例にしたがうが、公田賃租の場合に准じ五分の一である（以上、官田についての委細は、阿部猛『律令国家解体過程の研究』新生社、昭和四十一年、参照）。

古代の用語では、田を売る、田を買う、田を沽（估）ると見えるものは「賃租」をあらわしている。有期（一年期）の売買、すなわち、現代的な意味での小作である。

もとに戻って、冒頭の『日本三代実録』の記事の「令治官田」は「令沽官田」ではないか。国史大系本『類聚国史』（巻百五十九）は「令治官田」として〔治、大本猪本及本史印本作沽、明応本柳本寮本及本史一本作沽〕と頭注している。

和泉国を除く四か国に遣わされた「使」は「沽官田使」というべきものであり、「沽田」は「散田」に相当する行為であろう。

僦馬の党

「僦」とは「僦、賃也」というように、銭を出してやとうの意である。したがって、僦馬とは、馬をやとう、また、やとい馬のことである。よく知られているように、昌泰二年(八九九)九月十九日太政官符(『類聚三代格』巻十八)に「僦馬」の文字が見える。

太政官符

応下相模国足柄坂上野国碓氷坂置レ関勘過上事

右得二上野国解一偁、此国頃年強盗蜂起、侵害尤甚、靜尋二由緒一、皆出二僦馬之党一也、何者、坂東諸国富豪之輩、啻以レ駄運レ物、其駄之所レ出皆縁二掠奪一、盗二山道之駄一、以就二海道一、掠二海道之馬一、以赴二山道一、爰依二一疋之駑一害二百姓之命一、遂結二群党一、既成二凶賊一、因レ茲当国隣国共以追討、解散之類、赴二件等堺一、仍碓氷坂本権置二邏一令レ加二勘過一、兼移二送相模国一既畢、然而非レ蒙二官符一、難レ可二拠行一、望請 官裁、件両箇処特置二関門一、詳勘二公験一、慥加二勘過一者、左大臣宣、奉レ 勅、宣二依レ件令一レ置、唯詳二拘奸類一勿レ妨二行旅一

昌泰二年九月十九日

僦馬之党については他に史料が見当たらず、したがってその性格も推測に頼るところが多く、研究も少ない。もっぱらこの問題を扱った論文としては、三宅長兵衛「将門の乱の史的前提—特に僦馬の党を中心として—」(『立命館文学』一一二号、昭和二十九年)と、それへの批判を含む、森田悌「僦馬の党について」(『平安初期国家の研究II』関東図書、昭和四十七年)とを挙げることができる。三宅氏は、

その一つは僦馬の党の構成員たる個々の富豪の輩が、夫々彼の支配下にある一般農民との間にもつ保護と被保護の関係いわば縦の結合関係であり、他の一つは農民とのそうした結合の上に立つ富豪の輩が相互に結ぶいわば横の連合であり、これが僦馬の党という一つの組織を形成している。

と述べている。こうした見方は森田氏に継承され、

坂東諸国富豪の輩を称する人たちにより組織された群盗が、昌泰の頃機動力に富んだ馬を駆使して東海・東山両道にかけて出没し、律令国家の幹線的物資輸送路への襲撃を行っていたのである。

と述べ、さらに、富豪の輩とは「富豪浪人」だという。「富豪之輩＝僦馬之党」という理解である。また、福田豊彦『平将門の乱』（岩波新書、昭和五十六年）はつぎのように述べている。

「僦馬の党」は運輸業者の集団ということになるが、その構成員は「坂東諸国の富豪の輩」であって、彼らは東海道の馬を奪って東山道に用い、東山道の馬をとって東海道で使っており、一疋の駑馬のために百姓の生命をも害なうという凶賊集団でもあった。

このような見方はほぼ定着しており、概説の類でもこの解釈をとるものが多い（例えば、下向井龍彦『武士の成長と院政』講談社、平成十三年）。また、『国史大辞典　7』（吉川弘文館、昭和六十一年）の項目「僦馬の党」（井上満郎氏執筆）も三宅氏の説を祖述している。しかし私は、前引太政官符の文について別の読み方もあるのではないかと考えるのである。

上野国の「強盗蜂起、侵害尤甚」き原因は「僦馬之党」にある。なぜなら、「坂東諸国富豪之輩」は「啻以㆑駄運㆑物」ぶのである、その駄は……という文章になっている。これは、物資輸送における坂東の特徴、すなわち駄（馬）による輸送の事実を述べているにすぎない。馬を掠奪したり掠め取る行為を「富豪之輩」にかけて読まなければならない理由はない。さらに言えば、西国の舟運に対して東国の馬による陸運という図式をふまえているにすぎない。僦馬の党という運輸業者を富豪の輩が組織していたというのは、史料の読みすぎであるまいか。

（注）なお、「僦馬之党」は、ふつう「しゅうばのとう」と読んでいるが、福田氏の前掲書は「しゅうまのとう」と読んでいる。「馬」は漢音では「バ」呉音では「メ」、訓読すると「ヤトヒウマノトモガラ」であろう。「党」がのちの武士団の

「党」と関係のないことはもちろんである。

道路を耕作す

『日本三代実録』の貞観六年（八六四）十一月七日条に、

延暦七年遷二都長岡一、其後七十七年、都城道路変為二田畝一、内蔵寮田百六十町、其外私竊墾開往々有レ数、望請収公令レ輸二其租一

とあり、平安時代の奈良はしだいに衰微し、大宮人が桜かざして通った道路もついには田畝と化した有様を知ることができる。

本来、平城京の道路は条および坊の境界には八丈の大路が、町の間には四丈の小路が設けられており、また朱雀大路は二七丈の幅を持っていた。これら大路・小路が田畠と化したわけであるが、とくに都の西半すなわち右京は早くから田園的色彩を持っていたといわれる。奈良の市街は東大寺・興福寺を中心とする山麓地方に片寄ってしまい、平安時代以後、右京は全くの田園となった。

はるかに下って室町時代、嘉吉三年（一四四三）九月五日付佐保新免土帳によると、

一条大路　広南北十丈二尺也、大略成田地

二条大路　広南北十七丈、大略成田地了

とあって、一条・二条の両大路は共に田地となっていたことが知られる。ここに大路の幅が一〇丈二尺・一七丈と同一でなく、また本来の幅に比しても、かなりの差のあることは不審である。ただし、土帳によると「小路広四丈」とあり、町間の小路は平城京時代と差がない。

一方、平安京においても道路が田畠と化していた例を見ることができる。時代は下るが、「承久三年四年日次記」には、

四月（前文欠）領レ宅而還失二出入之路一、車馬避二阡陌一而過、士女踏二泥塗一而行、事之新儀乖二于旧制一、就中朱雀大路者為二大極殿之正門一、為二大嘗会之要路一、常可二修固一、豈可二耕作一乎、国司争レ之、京職論レ之、共不レ可レ有二其沙汰一、皆不レ可レ叶二道理一之故也、九重不レ可レ有二巷所一、一向只可レ従二停止一者

とあり、二八丈の広さの朱雀大路が耕作されて畠となっていたことを示している。また、「東寺百合文書」（ホ）寛正二年（一四六一）十一月二十五日付の文書によると、

当寺伽藍前九条大路、与二現地一自壬生至大宮之間株木事／凡九条大路広十二丈也、然而近年為レ躰、乱二現地巷所之境一、以二大路一成二耕作地一之間、行路夾少之条、太不レ可レ然之由及二其沙汰一、任二旧記一可レ被レ打二株木一云々

とあって、同様の事情を知ることができる。

以上のような都市の道路の耕地化とならんで、都市外の田園の道路の耕地化も見られる。いまさらいうまでもなく、平坦部においては条里制が施行されていたのであり、これはかなりのちまで耕地の所在を示す基準として用いられた。そして条里坪の境界には、道路や溝渠が存在したのである。これを大和盆地に例を求めるならば、条里間には曲尺で約九尺宛の道と溝渠があり、坪の間には各々三尺の道路と溝渠の存在したらしいことが推測されている。また、これは他地域の条里についても妥当するようである。

さて、ひと坪は一町歩の面積を持っているはずである。もちろん坪内すべてが耕地となっているとは限らないが、坪内一町歩がいっぱいに耕作されている場合は「満町之坪」と呼ばれている。ところが荘園文書を見ると、ひと坪一町をこえる例を発見できる。鎌倉期の実状を示すと考えられる年次未詳の大和国出雲荘土帳（大乗院文書）によると、その城下郡十八条四里二十八坪は、名田三段百歩・間田二段・佃一段・浮免二段・河成二段二百六十歩と注され、合計すると一町一段歩になる。これは明らかに坪をこえて耕地がはみ出していたことを示している。また『三箇院家抄　第二』高田荘の項には、

大　二条一里六坪里外

と「里外」の語が見えている。これをさらに明瞭に知ることのできるのは、徳治二年（一三〇七）大乗院領若槻荘土帳である。各坪の耕地の内容を示すうちに、

三坪里外

一段元御作半　浮免西蓮作　一段同上　弘宗元中田名内　一段春日大般若田仲二郎作

とあり、さらに四坪里外・五坪里外・六坪里外の記載もある。これらは先の高田荘里外とともに、各坪ともに大和盆地を南北に走る下津道に接する坪であるから、おそらくは下津道が耕地となって荘園内に編入されており、とくに「里外」と注されたものと考えられる。

しかし、一般に荘園史料を見ていると、坪付などに一坪一町歩をこえる例はあまり見出すことができないようである。それは、道路が耕地とはなっていなかったことを示すものではないと思う。条里間一丈八尺、坪間六尺の道路・溝渠を農民たちが果たして見逃しておいたであろうか。彼らは一歩でも拡張しようと努めたに違いない。それなのに公の土地台帳にはそれがあらわれていない。すなわち荘園領主の収取の対象となっていない。あるいは坪外

の道路を耕地化した場合、公認の隠田的な性格を付与されていたのではあるまいかと推測したくなる。もしそうだとすると、中世農家の収支計算にひとつの考慮を支払わなければならない。

巷所について

東寺文書を一見すると、とくに京都関係の史料に「巷所」と呼ぶ地域のあることに誰しも気づくであろう。従来この巷所について的確な説明は与えられておらず、戦前の日本史の知識水準を示すと思われる冨山房の『国史辞典』はこの項目を欠き、『日本経済史辞典』もまた採りあげるに至らなかった。

しかるに昭和二十九年（一九五四）十月刊の『史林』三七巻六号所載の林屋辰三郎氏は「散所—その発生と展開」（のちに同氏著『古代国家の解体』東京大学出版会、昭和三十年、所収）なる論文において初めて巷所に概念規定が与えられた。すなわち、氏は『宣胤卿記』永正元年（一五〇四）十一月十日条に、「古之小路分今為二田畠一、是巷所也」とあるのを引用して、つぎのようにいわれた。

巷所とは、旧平安京の条坊間の街路の存したところであって、その後、都市の規模の変化につれて、道路としての意味を失って空閑地となり、さら田地又は宅地化したところをさすのである。

私もかつて、昭和二十九年六月刊の『日本歴史』七三号に「道路を耕作す」（本書所収）と題する一文を投じ、平城京・平安京の街路が田畠と化した問題をも考えたことがあった。そのさい、二つの史料を掲げておいたが、それは林屋氏が久しく探し求められたという巷所の説明史料となるものと考える。今一度それらの史料を掲げると、まず、『大日本史料』五編之一所載の「承久三年四年日次記」の四月条に、

（前欠）領レ宅而還失二出入之路一、車馬避二阡陌一而過、士女踏二泥塗一而行、事之新儀乖二于旧制一、就中朱雀大路者為二大極殿之正門一、為二大嘗会之要路一、常可二修固一、豈可二耕作一乎、……九重不レ可レ有二巷所一、一向只可レ従二停止一者

とあり、二八丈の広さを持った朱雀大路が耕作されていたことがわかる。「九重不レ可レ有二巷所一」とあり、耕地化した道路すなわち巷所ということを証するに足る。また「東寺百合文書」ホ五六―七〇の寛正二年（一四六一）十一月二十五日付文書は、

凡九条大路広十二丈也、然而近年為レ躰、乱二現地巷所之境一、以二大路一成二耕作地一之間、行路狭少之条、太不レ可レ然……

という。さらに史料を付加すると、永久三年（一一一五）三月二十日東寺権上座定俊申状写（『平安遺文』五巻一八一八号）に、

針小路通并以北巷所等者、先祖慶秀執行之時、開二発之一以降、定俊相伝所二領知来一也、但件巷所、元者従レ古為二道路一無二耕作一

とある。なお史料を加える。嘉禎四年（一二三八）七月晦日乙御前巷所田売券（『鎌倉遺文』七巻五二八五号）は巷所田を藤井貞時に売却したことを示すが、件の田の所在は、

四至 左京巷所 限東中溝 限西朱雀大路
限北針小路 自針小路南三段半白也

とある。朱雀大路が耕地化したものと見られる。また、仁治三年（一二四二）八月十八日海包末永作巷所売券（『鎌

倉遺文』八巻六〇六〇号）は、相伝の巷所二四〇歩を峰田国成に売却したが、その地は、「自二八条一南、自二朱雀一東、角、朱雀面」と記されている。これも朱雀大路の一部が耕地化したものであろう。

街並に比しては広すぎるくらいゆとりのある条坊間の道路は、いつしか畠となり宅地となっていった。条坊による整然たる街並は律令政府の目指すところであったが、民衆の生活は、より現実的な、形式に束縛されない街をつくりあげていったのである。林屋氏が巷所と散所との関係を推測されたのも、私にはそんな感じでうけとられるのである。

紛失状の信憑性

紛失状については、普通つぎのように解説されている。

> 文書が紛失し、あるいは効力を失った場合、その文書の無効を宣言するとともに、それに代わるべき案文を作製して、これに政治的社会的権威の確認を求める。こういう手続きを経た案文を紛失状といい、以後、紛失状は正文に代る働きをすることができる。（佐藤進一『古文書学入門』法政大学出版局、昭和四十六年）

「確認」する主体は、時代により地域により異なるが、京職・記録所・検非違使・国司・郡司・郡老・刀禰・惣・乙名・寺の三綱・国の守護・近隣の地頭などが与判・証判を与える。

天喜五年（一〇五七）四月三日、河内国龍泉寺の氏人宗岡氏は寺の敷地・所領紺口荘の水田・氏人の家地・山一処について列記し、国および在庁官人による確認を求めた。それによれば、承和十一年（八四四）のころ、氏長者公重が強盗に殺害され、住屋が焼亡したとき「調度文書」も焼失した。そこで、残る氏人と僧らは子細を記して寛平六年（八九四）三月五日国に訴え、国判を得て寺領であることを確認してもらった。そして天喜五年に至り「証判」を給い後代の公験としたいと願ったのである。いかなる事情があったのか、焼亡から最初の確認を得るまでに五〇年、その後再度の確認を得るまでに一六〇年を経ている（『平安遺文』三巻八五五号）。

また、元永三年（一一二〇）二月十一日、藤井姉子は所領田一段を重次なる者に売却したが、姉子は同日付で紛失状を書き、在地の刀禰らの証判を求め、「件田藤井姉子相伝明白也」と在地の加判を得ている（『平安遺文』五巻一九〇八～一〇号）。このように、盗賊に奪われたり火災で焼失したと称して調度文書の不在を証明してもらうことは枚挙にいとまないほど史料がある。

永長二年（一〇九七）の史料（『平安遺文』四巻一三八四～八六号）によると、大和国の栄山寺では、別当実昭が死去したとき、弟子の良昭が調度文書を奪って行方をくらました。これにより、本寺興福寺別当一乗院権僧正増誉の代に、郡の図師僧永真を召して寺領の坪付を作らせ、それによって数年来領知してきたが、永長二年春になって「度々官符・民部省勘文・代々国判等」が出てきた。永真が作成した坪付と対校すると「十五、六町」が記載洩れになっていたことがわかった。そこで、栄山寺はあらためてその坪を記入して、寺領としての確認を大和国に求めたのである。

もっとも、永真の作った坪付については、当時から、とかくの「風聞」があった。しかし「公験」もないことであるから「不ㇾ能二其沙汰一」数年を過ごしてきたのであった。案の定、記載洩れのあったことが明白となったのであるが、これは図師永真の単なる誤記より生じたものではなく、「田堵等同心、似二謀計一」と寺側は述べている。寺としては拠るべき公験を失ったのであるから、不審に思ったものの「偏任二彼口状一」に領知せざるをえなかったのである。

紛失状の内容を確認するための国・郡等の証拠書類が整っている場合は問題はないが、文書などに拠らず「口状」に拠って証拠だてる場合、その信憑性が当然問われる。「在地随近」の者の証言が重んじられるのであろうが、栄山寺領の場合のように、在地の田堵らが、自己の利害にかかわって偽証することも当然考えられるのであって、ことはひと筋縄ではいかない。

〔付記〕本文のごとき、図師の証言は、田畠の地積・所在に及びうるが、「随近」の刀禰らの証言は、公験紛失の事由（火災とか盗賊とか）を証するのみで、公験の内容にまで及ぶものではない。

博士とす

鎌倉時代も終わりの頃、正和二年（一三一三）六月、伊予国弓削島荘の領家方の百姓らが給主の非法・非例を訴えた申状（『鎌倉遺文』三十二巻二四九一〇号）のなかに、つぎのような文がある。

当嶋習、以二塩浜一為レ業、塩浜習、以レ牛為二博士一

弓削島荘は製塩を主生業とする瀬戸内の荘園である。「塩浜を以て業と為す」とはそのことをいっている。では、つぎの「塩浜の習い、牛を以て博士と為す」とは何か。「博士」について『古語辞典』を見ると、「節博士（ふしは

かせ）の意から、標準となるもの、定められた基準」とし、『徒然草』二二〇段を掲げている。その『徒然草』の文はつぎのごとくである。

何事も辺土は賤く、かたくなれども、天王寺の舞楽のみ、都に恥ずといふ、天王寺の伶人の申侍しは、当寺の楽は、よく図をしらべあはせて、ものの音のめでたくとゝのほり侍る事、外よりもすぐれたり、故に、太子の御時の図、今に侍るをはかせとす、いはゆる六時堂の前の鐘なり

『日本古典文学大系』の頭注は、「はかせ」について、

『節博士』の略。音の長短・高低を示す符号

とする。「図」は頭注のいうように「調子の図」（楽譜）であろう。聖徳太子のときの古い図が残っていて、いまもそれを「博士」としているという。しかし、この注は分明ではない。やはり、「基準とする」とか「拠りどころとする」でよいのではないか。冒頭の弓削島荘の百姓らの申状の場合、弓削島荘は塩浜における製塩を主生業とし、その塩浜は「牛を以て博士とす」というのである。この場合は、「基準とする」というよりも、塩浜では牛の働きは必須のものだという方が適切であろう。

付銭について

『鎌倉遺文』四十一巻三二三〇〇号文書は「犬法師太郎和与状案」とされている。

ことは、元弘元年（一三三一）十月、志摩国答志郡泊浦小里の住人紀内の船に、東国からの銭三一貫文を積んで伊勢に戻る途中、三河国設楽郡高松沖で、同じく志摩国の悪止（悪石）の住人虎王次郎の船と衝突し（「はせあて」と記している）沈没（「入海」と記す）したのである。三一貫の請取人は小里の犬法師太郎であった。

犬法師太郎は賠償を要求したが、悪止の船頭虎王次郎はなかなか支払わなかった。そこで、とようらの、〃いとうさへもん〃を仲介人として交渉したところ、虎王次郎の代理人孫三郎から二〇貫文が支払われ、これで和与した。犬法師太郎は「慥請取付錢事」と、二〇貫を請取ったこと、そして「此上者、若就二此付錢事一、以二後日一わつらいを申きたる輩あらば、訴二公庭一可レ被レ処二罪科一者也」と書いた。

右の付銭《つけせん》について『鎌倉遺文』は「付錢（利カ）」としている。しかし、これでは本文の内容と合致しない。利銭とは、ふつう利息つきの借銭また利息のことをいうのであるから、ふさわしくない。ここは「付銭」のままでよいであろう。

江戸時代の用例では、付銭とは「つけがね」ともいい、挨拶がわりに置く金銭のことをいう（『日本国語大辞典』）。ところで、船舶の衝突事故の場合、中世の慣習法ではどのようになっていたであろうか。のちの史料ではあるが、いわゆる『廻船式目』（住田正一『廻船式目の研究』東洋堂、昭和十七年）がある。そこでは、衝突のことを「乗懸《のりかけ》」「当《あた》り合《あい》」「キシロフ」（軋り合）などというが、基本的には、風上の船に責任があるとされる。

当該の志摩国の船同士の衝突の場合はどうであったか、風向きなど不明である。江戸時代の場合、補償額は、沈没船の積荷の元値段と江戸値段の平均額（A）に沈没船の価格（B）を加え、これの三分の一という（$\frac{A+B}{3}$、中田薫「徳川時代の海法」『法制史論集　三』岩波書店、昭和十八年）。

名字もなき者

謡曲「鉢の木」については、いまさら解説するまでもないが、佐野源左衛門尉常世は、旅の僧（北条時頼）との会話の中でつぎのようにいう。

僧……いかに申候、主の御苗字をバ何と申候ぞ、承りたく候

常世……いや某ハ苗字もなき者にて候

観世流改訂謡本『鉢木』（昭和九年刊）の「辞解」は、「名字もなき者」に注解して「氏も由緒もなきつまらぬ者」と記す。謡本の本文では「苗字」であるが、辞解の方は「名字」としている。中世では「名字」、近世では「苗字」と用いるのが一般的であると豊田武『苗字の歴史』（中公新書、昭和四十六年）は述べている。

これについて思い合わせられるのは、建長七年（一二五五）六月二十三日尼深妙書状（『鎌倉遺文』十一巻七八七七号）の、

そせんなき下らうともの、申候ハん事ニつきて、中なとあしくをハしまし候ハん事ハ、ないけともにあしく候也

の一文である。史料を紹介した河合正治「武士団の構造」（岩波講座『日本歴史　5中世1』昭和三十七年）は、

祖先なき下郎に対し、自分ら大友一族は祖先よりの伝統をうけている選ばれたものであるという意識があった。

と解説したが、前掲史料を再引用した豊田武氏は、「下臈は祖先をもたず、したがって名字をもたないことをさすのであろう」と述べ、さらに『常陸大掾伝記』の「家ノ子ト云ハ、本領ヲ持タル名代ノ人奉公スルヲ家ノ子ト云也、一家ノ

端ナレドモ、本領重代ノ名字懸ル所無人ハ家ノ子トセズ、是ヲ家人ト云也」という文章を引用して、

家人が一族の待遇を受けていることは確かであるが、家子とちがって先祖相伝の名字地を分与されなかった。したがってまたその一族の名字を名乗ることは許されなかった。

と解釈したいと述べている。

さて、もとに戻って、「鉢の木」の佐野源左衛門尉常世は、私は「氏も由緒もなきつまらぬ者」ですよといったのかもしれない。しかし、少し理屈っぽくいうと、常世は一族の者どもに所領（本領佐野荘三十余郷）を掠め取られてしまい窮乏に陥っていたのである。かれは、本領すなわち「名字の地」を失っていたのであるから「名字」を名乗ることのできない「名字もなき者」だったのである。

「はたくる」考

弘長元年（一二六一）三月十七日力王丸田畠家財譲状（『鎌倉遺文』十二巻八六三五号）は、仁和寺の牛飼力王丸が、二人の子息に財産を譲与したものであるが、いわば中世の庶民の財産目録とでもいうべきものとして知られている。

その目録のなかに、「御牛はたくるかたな二」と見える。網野善彦「中世民衆生活の様相」（『千葉史学』七号、のち『中世再考』日本エディタースクール出版部、昭和六十年、所収）は、これにふれて、

牛をひっぱたく刀らしいので、刀はどうも武器としてではなく、そういうことに使われていることになる。と述べている。「はたくる」を「ひっぱたく」としているのであるが、果たしてそうだろうか。

「はたく」には、もちろん「たたく」「なぐる」の意もあるが、近い言葉に「はだく」があることに注意したい。「はだく」は、なであげる、かきあげる、かき落す、こそげ落すの意である。そして端的に「はだけがたな」なるものがあり、「刷刀」の字を宛てる（『節用集』）。馬の毛を刷《す》く櫛のことである。『日葡辞書』も「ハダケガタナ」として「馬のための櫛」と注記している。

馬と牛の違いはあるのだが、力王丸譲状に見える「はたくるかたな」は、牛の毛を刷く櫛であろう。譲状はいう。「御牛相構心ニ入て相いたはるへし」と。

「はやし」考

平成十五年度歴史学研究会大会での中世史部会報告のひとつは、高木徳郎氏の「中世における環境管理と惣村の成立」(注)であった。高木氏は平成十二年以来、数編の論考を公にし、山林資源の問題の歴史的解明に取りくんできた研究者であり、現代的な課題に立ち向かう新しい研究方向を示すものとして注目されている。その研究の意図の正しさと斬新さは認めるものの、しかし私としては、高木氏が論拠とする史料の解釈については疑念を抱かざるをえないところがあるので、以下に卑見を述べてみたい。

（注）　以下、高木氏説について述べるところは、平成十五年五月二十五日の大会で配布されたレジュメと、同年十月発行の『歴史学研究』（七八一号）所載の「大会報告要旨」による。なお、高木氏には主題に関連するつぎのような諸論考がある。

「中世における山林資源と地域環境」（『歴史学研究』七三九号、平成十二年）、「荘園制展開期における山野の『領有』と相論」（『鎌倉遺文研究』一〇号、平成十四年）、「中世的山野『領有』と相論」（『日本史攷究』二七号、平成十四年）、『日本中世史研究と環境史」（『歴史評論』六三〇号、平成十四年）。

環境管理　高木氏の論述でまず気になるのは「環境管理」という用語である。もちろん、これは現代的な用語であり史料用語ではない。このような現代用語を用いるときには、それがいかなる史料用語に相当するのかを示す必要があろう。用語の濫用は議論を混乱させるだけである。高木氏は、環境管理とは「持続的な利用を前提とした自然環境の保全」のことであるという。この説明じたいも必ずしも十分には理解しがたいのであるが、いちおう、右の説明のごとく承知しておく。高木氏によると、荘園領主による環境管理とは、聖地における殺生禁断など、一定の領域内における樹木伐採を禁ずる行為を指す。

正安元年（一二九九）の大部荘下向衆申状案（レジュメ史料5、『鎌倉遺文』二十六巻二〇一六九号）の、「自二領家方一、一円所令林之山木○〔為楯城墎〕数間、本領所下向以前、伐取〔了〕構城墎、又下向以後、今月十八日伐取候之間」について、「荘園領主による『はやし』（木々を生えさせること、森林の維持）」と、それに対して「地頭ら在地領主の山木『伐取』との対照」と述べる。この「令林」を高木氏は「環境管理＝『はやし』」と理解するのである。領家方の管理下にある山の木を勝手に伐ることはできず、それは「制戒」を加えられる非法狼籍である。その点は理解できるが、「環境管理」という現代用語と置換できるほどの積極性を持つか否か疑問である。

森林法　寛元五年（一二四七）二月三日付勝尾寺禁制（レジュメ史料6、『鎌倉遺文』九巻六七九九号）を、高木氏は、まとまった形での森林法の初見であるとする。

樵薪切二要木一、令二私用一之条、尤不当也、但以レ刀伐レ之□不レ及二沙汰一、以二斧鉞一於レ切レ之者、随二聞及一可レ被レ処二罪科一也、殊至二般若峯一者、不レ論二生木□枝樤一一向停止□、若有二違犯之輩一者、不レ論二貴賤上下一、可レ令レ追二却山門一也……寺領山内遠近樵夫乱入之時、守護之寺僧奪二取其斧鉞一、事已先例也……長六尺以上竹木可二切出一事

とある。「以レ刀伐レ之」とは、木の葉、小枝を払うことであって、「以二斧鉞一於レ切レ之者」とは伐木である。六尺未満の竹木を伐ることは禁制、違犯者の斧鉞を没収するのは通例であり、特別な規制ではない。

はやして候　大和国生駒の平野殿荘は特異な荘園で、松茸を年貢として納入していた。文永六年（一二六九）の平野殿名主連署状案（レジュメ史料11、『鎌倉遺文』十四巻一〇五〇二号）には、

仰下され候松茸不レ進事
永弘分十本、山みなおいす①候しあひた、きり候て不レ進候故、範舜の山、をなしくをいす候て、きり候ぬ、山に不レ候うへハ、進するに不レ及候、山をきるよし不二申上一候、此条昔者②のやまにて候を、券験をもちてはやして候、松茸をい候へハ、進候、候はねハ力不レ及候、いつれの私山も切候時、申例不レ候うへハ、不レ申候、此由をもちて、御披露候へく候、恐々謹言

とある。高木氏は、①の「おいす」は「生《は》えず」で、永弘・範舜らの山には松茸が生《は》えなくなったので、山の松木を伐ってしまった、松茸が生えないので、松茸を進上できないのもやむをえないと、あっさりと応答していると解説している。②の「昔者のやまにて候を、券験をもちてはやして候」について、「『昔』は山は『野山』＝共有地で

あり、『券験』を持つ者により共同利用……『券験』を持った者による限定的な利用≒管理された自然環境利用」とする。右の史料の解釈については、高木氏じしん、いささか自信がないとされている。しかし、かなり以前、この史料は保立道久氏によって採りあげられている。

保立氏の論文「中世民衆経済の展開」（『講座日本歴史　3　中世Ⅰ』東京大学出版会、昭和五十九年）は、必ずしも明確には述べていないが、「はやし」を「林」＝育林と理解されているらしい。この解釈が高木氏の理解に影響を与えているだろうことは推測できるが、『歴史学研究』七三九号の論文では、近江国葛川関係史料の解釈に当たって、保立氏が「林出」を「生《は》やし出す」すなわち「育林」と読んだのに対し、薪炭材としてのコナラ、クヌギ、ミズナラ、クマシデなどは「育林」の結果生じたのではなくて、天然更新によるものにすぎないと批判的な解釈を施している。さて、史料11の②の部分についての私の理解はつぎのごとくである。

「昔は、この山は野山であった（注＝山の木を伐って裸になった山で野山である。草や芝木しか生《は》えていない）。その頃は、券験（注—券文・公験の意かと思われるが明確ではない）によって、野山の草を刈っていた。」

この文言で、「切」は木を伐ること、「はやし」というのは草を刈ることである。

林取　嘉元元年（一三〇三）太政官牒（レジュメ史料28、『鎌倉遺文』二十八巻二一六六九号）は、大和国西大寺と秋篠寺の山論に関する裁定である。西大寺に秋篠山の一円進止を認め、同時に秋篠方の「伐レ薪焼レ炭」など一定の利用を認めた（「通用」と称している）。もと、通用の宣旨があって、これに従って運用すべきものであったのに、秋篠寺側が、

剰文暦以後破二通用之儀一、違二大治符一、年々林二取拾壱所一、面々令レ称二私籠山一、不レ入二立西大寺樵夫一

というのである。ここでは「林取」の語が問題となる。秋篠寺側の者が山に入り木を伐るのは、炭焼きが目的であ

った。そのための「林取」である。高木氏は「林し取る」＝下草刈り、間伐、落枝の除去などによる薪炭林の育成とする。この理解の根拠は私にはよくわからないが、高木氏は「林」＝ハヤス、育林と理解しているのである。ただこれでは、秋篠寺側が「林取」ということの意味が不明である。山の一一か所について、炭焼き用の薪伐りを行っていたのである。「林」は「生《は》やす」ではなく逆に「伐る」ことではあるまいか。

文明二年（一四七〇）の仏光坊泉兼等山預ケ状（レジュメ史料31、園城寺文書）は、

右、件山者、①為二要害一可レ林由自二藤尾庄内一申間、依レ為二興隆一被二預置一処也

といい、これに対応する明応二年（一四九三）の藤尾沙汰人浄蓮等山預状（レジュメ史料33、園城寺文書）は、

右、件山者、②為二御要害一可レ茂之由を望申処、預被レ下候、忝存候、雖レ為二何時一不儀子細有者、可レ被二召放一候、
仍三ヶ年仁一度壱貫文之御礼物進上可レ申候

という。藤尾荘の者は「可レ林」と望み、山を預けられた。その礼は三年に一度一貫文を納入するというものであった。その具体的な内容については、文明六年の新宮講衆中山預状（レジュメ史料32、園城寺文書）に見える。

右、御山ハ新宮講の衆中としてあつかり申処也、然上ハ、③かいふん山をまわり候て、はやし可レ申候、何時にてもふさた并不儀の事候ハヽ、めしあけられ候へく候、したかりなむと仕事候ハヽ、御集会へ披露申、御しせつを申給候て、かり可レ申候、仍あつかり申状、如レ件

とある。①と②は「為二要害一可レ林」「為二御要害一可レ茂」と希望したのは藤尾荘民で、そのため山を預けられ、藤尾荘民側は三年に一度一貫文の礼金を出したと読める。

高木氏は、右の一連の文書によって、荘園領主が環境管理への関心、能力を低下させ、在地に管理を委任したのであり、これは「はやし」を「望申」す在地側の要望と一致したと説く。これからすると、高木氏は「はやす」＝「育

林」と考えているようである。それは、③の史料で、「はやし」が「したかり」と結びついているらしいことから考えられる。下刈りをするときは集会へ披露のうえ、御使節を下されるなら、「かり可㆑申候」―下刈りを致しましょうと在地側はいうのである。①～③の「はやし」が育林ではなく、下枝・下草刈り（＝ハヤス）であることは否定できない。

　高木氏は、レジュメの末尾に「乱伐の規制」の見出しで三つの史料を掲げるが、その末尾は、永禄十一年（一五六八）八月二十七日付の鳩原村地下証文（観心寺文書）である。「弥勒堂修理のために山志んはやし之事」と事書があり、

　右、此山ハ鳩原弥勒堂志ゆりのために、御寺へ度々懇望仕候之処、御かつてんなされ候之条、於㆓地下中㆒、忝令㆑存、十ヶ年之間はやし可㆑申候、この年記あひすき候ハヽ、如㆓前々之㆒、野やまたるへし、然上者、各々御内の衆にお不せつけられ、御せいたうたのみたてまつり候

と見える。一〇年たった天正五年（一五七七）一二月、村の地下衆は、

　戊刁の年より初て丁酉の年まで弐十ケ年之間□(は)やし可㆑申候

とさらに二〇年間、期間は延長された（観心寺文書）。ここで「はやし」とは木を伐ることであり、「野やまたるべし」とは入会山とするの意ではなかろうか。

「ハヤス」は「切る」　弘安八年（一二八五）三月の某起請落書（『鎌倉遺文』二十巻一五五〇〇号）に、

　注進　悪たうの交名事

　一布留大明神之山ハヤス人の交名、すきもとの慶琳房、堯円房、菅田浄恩房、河原庄アワチハウノ子息きし田大夫、四條等学房

と見える。著名な悪党指名の落書の一通である。悪党的行為として告発されたのは、布留大明神の山を「ハヤス」という行為であった。悪党らは布留の山の木を勝手に伐ったのである。

「はやす」が「切る」であることについては、すでに『日本国語大辞典』（小学館）は『保元物語』（巻三）の一本の「其の後は御爪をもはやさず、御髪をも剃らせ給はで」の文を引いているが（寛永元年木版本は右と同文）、この相当部分を、新日本古典文学大系本『保元物語』で見ると、「其後ハ御グシモ剃ズ、御爪モ切セ給ハデ」とある。『日葡辞書』は、「ハヤシ、ス、イタ」に注して、「①頭髪や草などを成長させる、②切る。または、切り分ける、婦人語」と、あい反する用法を示している。

この「ハヤス」の語は後世まで残っていて、『方言辞典』にも記録された（例えば、東条操編『全国方言辞典』東京堂出版、昭和二十六年）。ちなみに、私の父は山形県庄内の出身であったが、のし餅を切ったり、野菜を切ることを「ハヤス」といっていた。

（補注）中世社会では「植林」のような積極的な「育林」の思想はなかったと思われる。伐採禁制という消極的な「保護」が基本的な姿勢ではなかったか。寛喜元年（一二二九）八月五日、紀伊国野上荘内北山の山守職が是光なる者に充行われたが、そのときの充行状（『鎌倉遺文』六巻三八五九号）は、「件北山者、近来成二荒廃之地一、無二一草一木一、皆被二切取一云々、於二自今以後一者、為二是光沙汰一、可レ生二立彼山一之由、依レ仰所二充行一也」と述べている。「生立」という語も、積極的な育生・育林ではなく、保護を意味するのではないか。山守職の任務は山林を伐採から守ることではあるまいか。

芝と粉土
—中世水論の一資料—

永正十一年（一五一四）播磨国は旱魃に見舞われた。播州平野は今も有数の渇水地帯であるが、当然、用水の確保が農民たちにとって切実な問題となった。兵庫県揖保郡太子町の名刹斑鳩寺所蔵の『古代取集記録』いわゆる『鵤荘引付』は、法隆寺領鵤荘と隣荘大徳寺領小宅荘との水争いについて記録している（史料は、阿部猛・太田順三編『播磨国鵤荘資料』八木書店、昭和四十五年、による）。

大まかにいえば、この地には西に揖保川、東に林田川（安志川）が流れ、両川の間に小宅荘があり、林田川の東に鵤荘があった。揖保川の水は左岸の島田付近で小宅井として引き込まれ、三軒屋のあたりでさらに三井《みつゆ》と称して三本の用水に分水される。三本の溝のうち東側の一本（宮川）が東流して林田川に落ち、林田川の水と合わせて内山付近から「赤井」として鵤荘全域を潤す重要な用水となる（前掲書・太田「解説」）。

事件は分水点の三井で起こった。前述のごとく、旱魃で「用水不ㇾ下間」地下において談合し、七月二十五日から番衆を置いて分水のコントロールを行うことになった。ところが八月一日、小宅荘方の住人が「岩取ヲ令二違乱一既番衆ヲ取籠」めたため、鵤荘方では「大寺之鐘ヲ鳴シ」て住人を集め、「其勢千二百ハカリ」で分水点に押し寄せ、「岩取以下如二往古一致二其沙汰一両方和談シテ則退散」した。以上は鵤荘方の述べるところであり、非は小宅荘方にあると主張しているが、小宅荘方の言い分はまったく違っている。

守護赤松氏の法廷での対決のさいに、小宅荘方はつぎのように主張した。

①岩取を七月二十五日から始め、鵤荘方は新儀の沙汰として用水をほしいままに取った。②井奉行を置いて水をすべて鵤荘に取り、小宅荘には用水が全く下らない状態になった。③鵤荘方は「芝ヲ打、粉土ヲ以ヌリフサキ水ヲ」取った、と。

以上のような小宅荘方の主張に対して、鵤荘方は、岩取が新儀ではないこと、井奉行のことは盗水を防止するための措置であり、粉土を以て塗ったという点も事実に相違し、「岩取ノ上ニ藻ヲ引カケ」ただけであると反論した。河川の水論については、すでに宝月圭吾『中世灌漑史の研究』(畝傍書房、昭和十八年)第五章で触れている。河川より引水するさいに堰堤を築くが、川水を全く止めてしまうのではなく、むしろ漏水させることにより、下流に水を少しずつ流すようにすることが慣習となっていたことを明らかにされている。

さて当面の水論について「岩取」というのがはっきりしないが、おそらくは石を積むことによって水をせき止めるのであり、当然漏水があり、小宅荘方にも少量の水は流れるようになっていたのであろう。ところが、小宅荘方の言い分によると、鵤荘方は「芝ヲ打、粉土ヲ以ヌリフサキ」水が流れぬようにしたというのである。鵤荘方は「岩取ノ上ニ藻ヲ引カケ」たにすぎないと反論したが、やはり漏水を防ぐ方法のひとつであることに違いはない。藻は川藻であろうが、問題は「芝」と「粉土」である。宝月・前掲書は「鵤庄が特に芝を堤に植へ、その上に粉土を塗って小宅庄への漏水を拒否した」と書いているが、その実体を理解しにくい。

以下は推量にすぎないが、第一に、ここでいう「芝」はもちろんシバクサのことであろう。宝月著が、堤に芝を植えるというのは現代ふうであるが、事実は、積みあげた石(岩)と石のすきまにシバクサをつめることを「芝ヲ打」といったのではないか。つぎに「粉土」とは、芥《あくた》のこと、あるいは腐った土のことである。たぶん、積んだ石のすきまにシバクサをつめ、それに加えて泥を塗り込めるというのであろう。こうすることにより、漏水量は大幅に減ずるであろう。小宅荘方が非を鳴らした所以である。

（注）　昭和六十一年十二月、群馬県佐波郡境町で古用水「牛堀」の発掘現場を見学したさいに、当地で発見された分水施設に用いた「シバ」を見せていただいた。丸太を並べて水をせくが、そのすきまにシバがつめてあったという。

一の店・一の杭
―中世の商慣習―

『能狂言』には中世の「生活」を物語る内容のものが多いが、困ったことに、厳密にいうと、その事実の絶対年代を確定できないものが多い。いったい、文芸・文学作品を歴史の史料として用いることの危うさは、周知のところである。したがって、個別的な事件や人事を直接的に指し示す史料として文学作品を使うことは難しい。かなり時間的な幅を持たせながら、およその傾向とか慣わしを読み取る資料として利用するにとどまるのである。以下の話も、そのていどのことと承知してほしい。

一の店　『能狂言』のうちに「鍋八撥《なべやっぱち》」と題するものがある。話の筋は比較的単純である。まず、このところの目代が登場する。目代は代官と言い換えてもよいのであろうが、一般的にいえば領主の代官であろう。では、その場所はいかなるところか。荘園内か公領か、あるいは戦国大名の領国内なのか、いっさい不明である。さて、目代はつぎのようにいう。

「国ぐにに市は多くあるが、とくにこのところは豊かなところだからと、新市をお立てなさる。それについて、誰によらず、いちばん早くやって来て『一《いち》の店《たな》』に着いたものには、末代までも特権を認めようと領主は仰せられている。そのことを書き記し、高札を打とう。」

最初に市にやって来たのは、この辺に住む羯鼓《かっこ》売りである。「いまでこそ羯鼓商売をしているが、一の店に着いたら何の商売をしようと思いのままだ」といいつつ市場にやって来る。羯鼓というのは奈良時代に大陸から伝来した打楽器—鼓であるが、雅楽の楽器として用いられた。しかし、ここでいう羯鼓は能楽の小道具のひとつであって、革に彩色を施した小鼓のことであろう。さて、羯鼓売りが市場につくと、幸い一の店には誰も来ていない。「なうなう、一の店には、羯鼓商売人が着《つ》いた程に、かっこの御用成らば、こなたへ被レ仰れいや」と呼ばわるが、まだ夜も明けぬので、「ちとまどろまうと存《ぞん》ずる」と、そこへ寝てしまう。

ついで登場するのはあさ鍋売りである。あさ鍋とは底の浅い土鍋《どなべ》、焙烙《ほうろく》である。かれも羯鼓売りと同様に、一の店につき特権を得ようと、未明から市にやって来たのである。「いまでこそ、あさ鍋売りなどという、さもしい商売をしているが、一の店に着いたならば、金欄《きんらん》・緞子《どんす》・純金・綾・錦など、何の商売をしようと思うがままだ」といいつつ登場する。すでに、一の店には羯鼓売りが休んでいる。あさ鍋売りは、どうしたものかと思案するが、「やあやあ、一の店にはあさ鍋売りが着いた」と宣言し、そこで寝てしまう。

目覚めてから、もちろん騒動が起こる。二人は、自分こそが先着だといい争う。そこに目代が出て来て、「おまえたち、めでたい市の始めに、なぜわめくのだ」と咎める。羯鼓売りは「羯鼓は、上流社会の、児《ちご》・若衆の持つ物で、あの浅鍋のようなさもしい物とは違う、浅鍋などは市の末（端《はし》）の方に座を与えればよい」という。浅鍋売りは反論する。「なるほど羯鼓は上品なもので、浅鍋はさもしい物に違いない。しかし、この浅鍋で朝夕の食事もととのえることができるのである。もし浅鍋がなければ、おとがいで蠅《はえ》をおう（空腹で元気が出ない）ことになる」と。二三のやりとりがあって、結局相打《あいうち》で終わる。

一の杭　『能狂言』のうち「牛馬」も同様な商慣習を伝えるものである。形のごとく、ところの目代が登場して、

国々に市あまた有る、中にも、此所富貴に付、牛馬の新市を御立なされ、何者にはよるまい早々参り、一の杭に繋《つない》だ者を、末代までも被㆓仰付㆒うとの御事で御座る

と、その由を高札に打つ。

さて、未明に馬口労《ばくろう》が一番にやって来るが、夜明けまでにまだ刻《とき》があるからと、そこで寝てしまう。つぎに牛ばくろうがやって来る。一の杭につないだなら、牛馬とも商売は自由だといいながら市に来ると、そこには先着の馬口労が寝ている。二人が口論を始めると目代が出てくる。馬口労は、あのさもしい牛など市の末（端）の方にやってしまえばいいのだと主張する。牛ばくろうは、牛は田畑を耕すのに欠くことはできず、食料がなければ、おとがいで蝿を追うことになるのだという。これに対して馬口労は、馬は馬頭観音の化身であり、仏前には絵馬を掛ける。白馬《あおうま》の節会《せちえ》に牛をひくなど聞いたこともないという。牛ばくろうは反論し、牛は大日如来の化身である。七夕も、牽牛・織女というごとく、牛は寵愛される。一天の君も牛にひかれてこそ行幸なさるのである（牛車のことをいっている）。両者は、結局は駒くらべで勝負を決めようということになるのである。狂言「牛馬」は「鍋八撥」と同巧異曲である。新市の開催に当たって、最初に着いた者、一の杭に牛馬をつないだ者には、その販売座席の占有と特権が認められたものらしい。こうした商慣習の起源は明らかではないが、かなり古いものかもしれない。市を開いた領主側としては、市の繁栄をはかるため、誘致の策のひとつであったのだろうか。

（補注）「狂言」に見える商人については、橋本朝生「狂言に見る市場の様相」（国立歴史民俗博物館編『中世商人の世界』日本エディタースクール出版部、平成十年）がある。また、市の民俗については、北見俊夫『市と行商の民俗』（岩崎美

術社、昭和四十五年）が興味ふかい。

半手について

近年、戦国時代史研究の中で見出されたもののひとつに半手がある。敵対する二つの軍事勢力の間にあって、村が双方に年貢・公事を差出すことにより侵略を免れようとする手だてのことをいうのであるが、東国・西国を問わず行われていたことが明らかになっている。

攻撃・侵略回避のために、なにがしかの米銭を差出すことは通常行われることであり、それじたいはとくに奇とすべきものではない。戦乱の世に、そうした行為が広く行われていたであろうことは推測に難くないのである。(注)

峰岸純夫「軍事的境界領域の村」（『中世　災害と戦乱の社会史』吉川弘文館、平成十三年）は、事例を挙げて東国の半手について記述している。その中に『北条五代記』二六「戦船を海賊といひならはす事」がある。北条氏直と里美（見）義頼の対立の中で、三浦半島沿岸の村は安房方からの夜間の攻撃にさらされており、これを免れようとして、

嶋崎などの在所の者は、わたくしにくわぼく（和睦）し、敵方へ貢米を運送して、半手と号し、夜を安く居住す、故に生捕りの男女をば、是等の者敵方へ内通して買返す

という。峰岸氏は、

このように「私」(村)として敵方と交渉し、貢納物を支払い平和を獲得することを、当時「半手」と号していたことが知られるのである。

と述べている。(前掲書一九八頁)。半手の解説としてはそれでいいのであろうが、『北条五代記』の「わたくしにくわぼくし」の「わたくし」を「私=村」とするのは諒解しがたい。この言葉の使い方は「わたくし」は即ち「ひそかに」とか「勝手に」と理解すべきであって、後段に「敵方に内通して」の文言のあることからも、そのように解すべきであろう。

つぎに半手の字義についてであるが、峰岸氏は、「手」は「人間の相互関係、人間集団の帰属関係、あるいは支配関係をしめす語」であるとし、手下、手勢、手先、相手などの用例を掲げている。しかし、この場合「貢納物」の支払いが「半手」の内容であることからすれば、「手」は山手・川手・野手・関手の「手」と同様に理解すべきものではあるまいか(宮本又次「手より口へ」『あきなひと商人』ダイヤモンド社、昭和十七年)。

また、貢納物の「半納」「半済」は中世社会において普通に見られた慣わしのひとつではなかったか。中世社会には「地主半分、百姓半分」「年貢半分、百姓半分」という慣行があった。室町時代、荘園に対して守護役・守護段銭などが賦課されたとき、荘民はその半額の負担を荘園領主に求めた。具体的には、負担した段銭などの半額相当の米を年貢米から差引くのである(阿部猛「大和国平野殿荘の『地主』と『百姓』」『日本歴史』一四九号、昭和三十五年。のち「中世の『地主』と『百姓』」と改題し『中世日本荘園史の研究』新生社、昭和四十一年、所収)。荘園領主と守護との二つの権力の間に立たされた農民の切実な選択であったろう。

(注)『信長公記』(首巻)に、「富田と申す所は在家七百間これあり、富貴の所なり。大坂より代坊主を入置き、美濃・尾張の判形を取り候て免許の地なり。」とある。富田は国境の地で、斎藤・織田両者に、なにがしかの銭を納めることによ

り負担を免れたのである。いわば、銭貨で「自由」を買うことは一般的だったであろう。

軍《いくさ》 市《いち》

戦いの中で、民衆はつねに犠牲者であった。戦争は厖大な浪費を伴い、その負担は直接・間接に民衆の肩にかかってくる。食糧をはじめとする多くの物資が徴発され、掠奪され、民衆は陣夫として動員された。軍隊が通過し、あるいは戦場となれば、一村ほとんど荒廃の憂目をみなければならないこともある。戦争は民衆に多大な犠牲を強いながら展開されてきた。

建武三年（一三三六）正月、北畠顕家軍は足利軍を追って西上したが、軍勢は「路次之民屋ヲ追捕シ、神社仏閣ヲコホチタリ、惣而此勢之打過ケル跡塵ヲ払テ、海道二三里カ間ニハ家ノ一宇モ不レ残、草木ノ一本モナカリケリ」という有様であった（『太平記』巻十九）。

のち、天正九年（一五八一）六月、羽柴秀吉は二万余の大軍をひきいて姫路を発ち因幡国に進攻する。在所郷々を「一宇モ不レ残」焼払い、やがて鳥取城を囲んだ。城には吉川隆久・森下道与・中村春続らがたてこもっていた。秀吉は例のごとく包囲持久策をとり、あらかじめ若狭の商人たちに命じて因幡の土民らから五穀類の買い占めを行わせた。商人らが高価で買入れたので、城中に貯えた穀類をも売却したという。『陰徳太平記』（巻六十四）の記すところである（花見朔巳『綜合日本史大系8安土桃山時代史　一』内外書籍、昭和四年）。

『陰徳太平記』や『信長公記』によると、秀吉は附城《つけじろ》を普請し、また「陣取之後にも高く築地をつき廻し」周囲すべて二里に及んだ。外部との通路を断たれた城方は「心ぼそげに成て、身の行末の日数せまりけるこそ哀れなれ」という状態になった。秀吉方は、高く築き廻した築地の内に「十町計《ばかり》町屋を立並べ、因幡・伯耆之商人軍市を立《たて》、をのがさまざまの営《いとなみ》、転《うたた》多《おおく》して軍資乏き事なし」という様子であった。

大軍の移動には武器・武具・食料・日用品に至るまで大量の物資が動く。御用商人はもちろんであるが、在地近郷の商人たちもめざとく便乗し、たちまち「市」が成立する。一方、城内は飢え、ついに人肉を喰う惨状を呈し、籠城四か月、道与らは降伏を決意し、三人の死とひきかえに城兵らの助命を求めた。十月二十五日、鳥取城は開城し、城は五万石の折紙を添えて宮部継潤に賜わったという。

絵巻物に見る中世の生活

住居　『一遍上人絵伝』が描く太宰府の町はずれの家は、木の柵をめぐらし、門木に板扉をつけ、注連縄を張り、その中央に門守の板（札）を吊っている。信濃国の善光寺近辺の家や、常陸また近江の大津の民家も同様である。一方、注連縄ではなく、門木に横木（貫）を渡したものもある。扉も蔀型のものや網代様のものもあり、『洛中洛外図』では、冠木門で土塀をめぐらした名主の家も見える。

中世の住居の規模は小さく、一四世紀初期の伊勢国の例では、最大で三五坪、小さいものはわずか一・五坪で、平均的な住居は一二坪ていどである。戦国時代の奈良では、間口は七・五尺から一八尺で、多くは一〇尺前後であった。『洛中洛外図』などに見える住居も、柱間は二間が普通で、室数はせいぜい二室であったと思われる。

屋根は板葺または藁葺、萱葺（クズ屋）で、板葺のおさえに横木を渡したり、丸太や石をのせている。少し大きな家では、厨の部分に煙出しの小屋根が構えられている。また、屋根の破風のあたりに的《まと》のしるしをつけたものがある（『信貴山縁起絵巻』『粉河寺縁起』）。これは、魔除けのまじないという説と、宮座の神主に当たっている家のしるしであるという説がある。なお、いま風にいえば沓脱《くつぬ》ぎに当たるものもあり、石を置いたり厚い板を置いたものが見える（『一遍上人絵伝』『粉河寺縁起』『春日権現霊験記』など）。

井　戸　井戸は掘ぬき井戸である。水の汲みあげは、石をおもしに使ったはねつるべによるものと、桶につけた綱をたぐって汲むもの、また竹竿の先に桶をつけて汲むものがある（『一遍上人絵伝』『信貴山縁起絵巻』『石山寺縁起』『直幹申文絵詞』）。

中世末・近世初頭の庶民生活の復原に貴重な資料を提供している広島県福山市の草戸千軒遺跡では、一〇〇基以上の井戸が発見され、数種類の形態の井戸の存在が明らかになっている。大部分は木組の井戸で、一部石組、陶器組のものもある。木組の井戸は縦板を四角に編んだ方形の井戸、曲物や桶側を重ねた円形井戸があった。町屋では数軒で一つの井戸を使っていた。

便　所　農家の便所の形態は絵巻などから直接に知ることはできないが、おそらく、ただ壺を埋めた簡単なものであったろう。京都の町では共同便所であった。町屋の背面が中庭のような空地になっており、そこに便所があった。禅寺では便所を東司《とうす》というが、溝に二枚の板を渡した簡便なものであった。貴族の邸宅などでは便器を用いた。

風　呂　当時、個々の家に風呂はもちろんなかった。寺院のなかに湯屋のあることが知られるが、『一遍上人絵伝』

に、はっきりした絵がある。釜屋が描かれ、大きな釜がカマドにのせられていて、湯を沸かしている。釜屋には煙出しの屋根がつけられている。釜屋に続く切妻の建物が湯屋である。当時の風呂はいわゆるカラブロであった。現在のような、浴槽に湯をたたえるものではなく、サウナブロ風であった。その形態は東大寺大湯屋や法華寺の湯屋（温室《うんじつ》）に見ることができる。

いろり　『粉河寺縁起』に描かれた猟師の家にはいろりが見えず、板敷に莚を敷いただけである。『絵師草紙』や『慕帰絵詞』『福富草紙』に描かれたいろりには、五徳はあるが自在鈎はない。これについては宮本常一氏は、つぎのように説明している。鉄の鍋・釜を用いるようになってからでも、食物の多くが蒸してたべるものである段階では、五徳なりカマドなりに釜をのせ、その上に甑《こしき》を置いて蒸す。煮物が食物の中心になると、自在鈎で鍋や釜を吊って火にかけるようにする。すなわち、自在鈎の出現は煮物の多い食生活に対応するものである（宮本氏『絵巻物に見る日本庶民生活誌』中公新書、昭和五十六年）。

炭と薪　炊事用か暖房用かは別として薪を用意せねばならず、『一遍上人絵伝』では、路上でマキワリをしている人物が見え、『西行物語絵巻』では、輪切りにした木を台にしてマキワリをする僧の姿が描かれている。民家の板屋根に薪を抛りあげてある様子も見える。棒の両端に薪をさげて荷う男の姿も多く描かれている（『粉河寺縁起』『洛中洛外図』）。火桶に炭を入れて暖をとるが、『洛中洛外図』には炭屋が見え、牛の背や人が頭上にのせて都に運び入れるさまも描かれている。洛北の八瀬・大原・鞍馬の地は黒木の産地であった。黒木は一尺ほどの長さに切った木をカマドで蒸し黒くして薪としたもので、炭とは異なる。これを束ねて、木の皮で包んで売り歩いたのである。

家財道具　住居そのものの規模が小さく貧弱であったから、揃えられた家財もまた想像がつく。十三世紀後半の京都仁和寺の牛飼力王丸の財産目録によると、田・畠と牛一頭のほか、立臼・摺臼・水桶・かなえ・釜・石鍋・鉄鍋・酒壺・たれ壺・瓶子・砥鉢《とばち》・提子《ひさげ》・茶碗の鉢・擣菜鉢《つき》・唐傘・刀・唐櫃・柄杓・七斗入りの釜・高杯などがあった。『絵師草紙』に描かれた絵師の家では、椀・朱杯・長柄銚子・提子・角《つの》だらい・火箸・五徳・手掃・刷毛・水注《みずさし》・文箱《ふばこ》などが見える。一五世紀初め頃の京都近辺の農家では、食料と牛一頭のほか、舂臼《つきうす》・杵《きね》・磨臼《すりうす》・犂《すき》・馬鍬《まぐわ》・鉞《まさかり》・鍬・釜・鍋・結桶《ゆいおけ》・金輪があり、鑓《やり》・弓・的矢も持っていた。

先にもふれた草戸千軒遺跡からは多量の生活用具が出土しているが、飲食器として最も多いのは土師質土器で、椀・杯・皿の三種があり、ほかに瀬戸焼の平椀・深鉢・水注、白磁の皿・椀・小鉢、あるいは美しい模様を施した漆の皿や椀も出土している。調理用具としては、カマド・土鍋・石鍋・擂鉢・すりこぎ・こね鉢・包丁などが、貯蔵用には備前焼や亀山焼（岡山県玉島付近）の大がめ、瀬戸焼の小壺、常滑《とこなめ》焼の壺などが出土している。知多半島の常滑焼きは、海上を舟で運ばれてきたものにちがいない。青磁・白磁類は朝鮮半島や中国からの舶載品であった。その他の生活具としては、曲物桶・柄杓・灯明皿・香炉・火鉢・砥石《といし》なども見出される。

〔付記〕　絵巻物類の検索については、渋沢敬三『絵巻物による日本常民生活絵引』（平凡社、昭和五十九年）が便宜である。

〔初出一覧〕

一　弘仁十四年の公営田制について―研究史的に―（『帝京史学』六号、平成三年―一九九一年）
二　転換期としての十世紀（『米沢史学』一五号、平成十一年―一九九九年、米沢史学会における公開講演の原稿）
三　悪党大江泰兼―阿波国富田荘史断片―（『日本社会史研究』三五号、平成六年―一九九四年）
四　越中国堀江荘について―成立と構造―（『帝京史学』四号、平成元年―一九八九年）
五　大炊御門家領について（『帝京史学』一二号、平成九年―一九九七年）
六　荘園における除分について（『歴史学研究』三三七号、昭和四十三年―一九六八年）
七　荘園における間田について―畿内荘園の構造―（『日本歴史』六二号、昭和二十八年―一九五三年）
八　荘園を眺める―播磨国鵤荘―（『高校通信　東書』九一号、昭和五十八年―一九八三年）
九　中世後期の大和の村落―『大乗院寺社雑事記』を読む―（小川信先生古稀記念論集『日本中世政治社会の研究』続群書類従完成会、平成三年―一九九一年）
一〇　畿内小領主の存在形態―山城国革嶋荘と革嶋氏（『帝京史学』一〇号、平成七年―一九九五年）
一一　大和田重清と文禄の社会―「大和田重清日記」を読む―（中野栄夫編『日本中世の政治と社会』吉川弘文館、平成十五年―二〇〇三年）
一二　徳政管見（桜井徳太郎編『日本社会の変革と再生―共同体と民衆―』弘文堂、昭和六十三年―一九八八年）
掌編　沽官田使（『日本社会史研究』五三号、平成十三年―二〇〇一年）／傚馬の党（同四九号、平成十二年―二〇〇〇年）／道路を耕作す（『日本歴史』七三号、昭和二十九年―一九五四年）／巷所について（同一〇一号、昭和

三十一年―一九五六年）／紛失状の信憑性（同六五四号、平成十五年―二〇〇三年）／博士とす（『日本社会史研究』五五号、平成十五年―二〇〇三年）／付銭について（同五三号、平成十四年―二〇〇二年）／名字もなき者（『日本歴史』六三七号、平成十三年―二〇〇一年）／「はたくる」考（『日本社会史研究』二五号、平成元年―一九八九年）／「はやし」考（未発表稿）／芝と粉土（『日本歴史』四六八号、昭和六十二年―一九八七年）／一の店・一の杭（『日本社会史研究』三九号、平成八年―一九九六年）／半手について（同六一号、平成十六年―二〇〇四年）／軍市（同三五号、平成六年―一九九四年）／絵巻物に見る中世の生活（学図・教科研究『社会』九二号、昭和六十二年―一九八七年）

あとがき

昭和二十六年（一九五一）の春、学部を卒業して研究科に入学したとき指導教授に提出した研究テーマは「荘園の研究」であった。小葉田淳先生、豊田武先生、竹内理三先生をはじめ多くの方がたのご指導をいただきながら勉強を続け、以来半世紀を経た。荘園関係の論集はこれで四冊めになるが、成果の乏しさを恥ずるよりほかない。

勉強を始めた頃は、いわゆる個別荘園の研究の盛んな時代であって、私もその流れに乗って幾つかの論文を書いたが、置かれた環境のせいもあって、しだいに荘園の成立過程に関心を移し、古代国家の財政機構や政治過程に興味を向けるようになり、それらについても幾つかの論文を書いた。その間に、荘園研究も大きくさま変わりし、いまさら旧弊な研究論文集などとの批判もあろうかと思う。しかし、私としては、初心を全うしたい気持も含めて敢て「日本荘園の研究」という仰々しい表題をつけた。

いささか老人の愚痴めくが、近頃の学界の動向を眺めると、研究史的な把握、先行研究への顧慮が欠けているように思われる。個々の論文の意義はその研究史的把握のしかた如何によって決するが、ときとすると、研究の流れを無視することによって独自性を主張する論文も見うけられたりする。しかし、研究なるものは一人の才覚で成るものではなく、多くの研究者のひとつひとつの研究成果の積み重ねの上に成るものであろう。

かつて井上光貞氏がそのご著者『日本浄土教成立史の研究』の新訂版を出されるに当たって「新訂本の序」で、

「私の本書の如きは、内容はもちろんのこと、対象も視角も、いまでは十重、二十重のとばりのむこうの、過去のものとなってしまったのではなかろうか」と書かれたのは印象的であった。学生の頃、私は井上氏の「高野山の浄土教」と題するご講演を拝聴したが、その折、氏は「本講演にしてとるところありとすれば、九九パーセントは先学の研究成果に拠るものであり、私の研究はそれに一パーセントを加えたにすぎません」と語られたことを忘れない。およそ研究とはそうしたものだと思っているが、井上氏のお言葉を借りるならば、私の拙い研究が先学のご研究に一パーセントを加えることができれば幸いである。

末尾ながら、事情きびしい折柄、本書の出版をひきうけて下さった同成社の山脇氏に謝意を表する。

二〇〇五年四月

著者しるす

日本荘園史《にほんしようえんし》の研究《けんきゆう》

■著者略歴■

阿部　猛（あべ　たけし）

1927年　山形県に生まれる。

1951年　東京文理科大学史学科卒業。北海道教育大学、東京学芸大学、帝京大学勤務。

現　在　東京学芸大学名誉教授、文学博士。

主要著書

『日本荘園成立史の研究』（雄山閣、1960）、『律令国家解体過程の研究』（新生社、1966）、『中世日本荘園史の研究』（新生社、1967）、『尾張国解文の研究』（新生社、1971）、『日本荘園史』（新生社、1972）、『中世日本社会史の研究』（新生社、1980）、『平安前期政治史の研究 新訂版』（高科書店、1990）、『日本古代官職辞典』（高科書店、1995）、『北山抄注解　巻十吏途指南』（東京堂出版、1996）、『荘園史用語辞典』（東京堂出版、1997）、『古文書・古記録語辞典』（東京堂出版、2005）その他

2005年６月25日　発行

著　者　阿　部　　猛

発行者　山　脇　洋　亮

印　刷　㈲協　友　社

発行所　東京都千代田区飯田橋 4-4-8 東京中央ビル内　㈱同成社

TEL 03-3239-1467　振替 00140-0-20618

ISBN4-88621-326-X C3321